Hendrik Berth, Peter Förster, Elmar Brähler,
Yve Stöbel-Richter

Einheitslust und Einheitsfrust

»Forschung Psychosozial«

Hendrik Berth, Peter Förster,
Elmar Brähler, Yve Stöbel-Richter

Einheitslust und Einheitsfrust

Junge Ostdeutsche auf dem Weg vom DDR- zum Bundesbürger

Eine sozialwissenschaftliche Längsschnittstudie von 1987–2006

Psychosozial-Verlag

Bibliografische Information der Deutschen Nationalbibliothek
Die Deutsche Nationalbibliothek verzeichnet diese Publikation in der Deutschen Nationalbibliografie; detaillierte bibliografische Daten sind im Internet über <http://dnb.d-nb.de> abrufbar.

Originalausgabe

E-Mail: info@psychosozial-verlag.de
www.psychosozial-verlag.de

Umschlagabbildung: Landesarchiv Berlin FDJ
Umschlaggestaltung nach Entwürfen des Ateliers Warminski, Büdingen.
Satz: Barbara Brendel
Printed in Germany
ISBN 978-3-89806-589-4

Inhaltsverzeichnis

Vorwort

Die Literatur zum Thema »Deutsche Einheit« ist inzwischen nahezu unüberschaubar. Aus verschiedenen Fachrichtungen, mit unterschiedlichen theoretischen Konzepten und empirischen Analysemethoden liegen dazu bisher mehr als 53.000 Publikationen vor (vgl. http://www.wiedervereinigung.de; Berth & Brähler, 2000).

Dennoch reiht sich das vorliegende Buch nicht in diese Fülle ein, sondern setzt durch sein alternatives empirisches Herangehen neue Akzente. Mit der Auswertung längsschnittlicher Daten über einen Zeitraum von fast 20 Jahren dürfte die vorliegende Studie in der deutschen Forschungslandschaft bzw. in der »Einheits-Literatur« ihresgleichen suchen. Die im Buch beschriebenen Ergebnisse ermöglichen einen relativ genauen Einblick in längerfristige individuelle Veränderungsprozesse über die Ereignisse der Wende hinweg bis in die Gegenwart hinein.

Dazu wurden zwischen 1987 und 2005, also über den Systemwechsel in der DDR hinweg, zu 19 Erhebungszeitpunkten die Daten von knapp 500 ProbandInnen erhoben. Auf diese Weise entstand eine umfangreiche, zusammenhängende Dokumentation über wichtige Etappen des Lebensweges einer identischen Gruppe von jungen Menschen des Geburtsjahrganges 1973, die in der DDR aufwuchsen, in ihr sozialisiert wurden, und die sich mit 17 Jahren unerwartet und ungefragt in einem ganz anderen Land und einem völlig anderen Gesellschaftssystem wiederfanden.

Diese Untersuchungspopulation ist für Langzeitanalysen geradezu prädestiniert: Zur Wendezeit waren die TeilnehmerInnen bereits 16/17 Jahre alt, hatten die zehnklassige polytechnische Oberschule (POS) als letzter Jahrgang voll durchlaufen und waren damit über ein Jahrzehnt vom Bildungs- und Erziehungssystem der DDR geprägt worden. Zugleich waren sie noch jung genug, um sich nach dem Zusammenbruch der DDR und des Sozialismus neu zu orientieren, die Werte, Normen und Zukunftsvisionen des neuen kapitalistischen Gesellschaftssystems zu übernehmen oder aber sich kritisch mit ihnen auseinander zu setzen.

Die 1987 per Zufallsauswahl zustande gekommene Population ist repräsentativ für die 1973 in der DDR geborenen, 2005 demnach 32-jährigen Ostdeutschen. Aber viele der für diese Stichprobe gefundenen Ergebnisse, Zusammenhänge, Trends und Prognosen werden auch für ältere Jahrgänge zutreffen. Zumindest können sie zu Überlegungen anregen, wo und wie man bei künftigen Untersuchungen zum vermutlich »ewigen Thema« Deutsche Einheit ansetzen sollte und eventuell auch den einen oder die andere SozialwissenschaftlerIn ermutigen, die fast ausgestorbene Methodik der Längsschnittuntersuchung dabei einzusetzen.

Im ersten Kapitel »Zur Sächsischen Längsschnittstudie und zur Untersuchungspopulation« wird zunächst die Anlage der Untersuchung ausführlich vorgestellt. Die Leser erhalten einen Einblick in die Entstehungsgeschichte, die Zielstellungen und den Studienverlauf vor und nach der Wende und über die Zusammensetzung der TeilnehmerInnen (»Panelmitglieder«) über die einzelnen Befragungszeitpunkte hinweg.

In dem sich anschließenden Kapitel »Von der Enttäuschung vom Sozialismus der DDR zur Zukunftsangst in Ostdeutschland« geht es um die Darstellung des politischen Einstellungswandels bei den TeilnehmerInnen zwischen ihrem 14. und 32. Lebensjahr, geprägt von ihren persönlichen Erfahrungen in den letzten Jahren des real existierenden Sozialismus der DDR, in der unmittelbaren Wendezeit und im mehr oder weniger erfolgreichen Prozess der wirtschaftlichen und politischen Transformation in den neuen Bundesländern.

Die generelle Forschungsfrage dabei ist, wie die TeilnehmerInnen mit der jeweiligen gesellschaftlichen Situation zurechtkommen, ob bzw. inwieweit mit der zunehmenden Dauer der Lebensspanne in der neuen Gesellschaftsordnung auch eine politische Identifikation mit dieser bzw. mit der Bundesrepublik Deutschland entsteht und welche Einflussfaktoren diese Identifikation fördern bzw. hemmen.

In acht Abschnitten wird den folgenden Aspekten des politischen Einstellungswandels nachgegangen: Der Enttäuschung vom politischen Herrschaftssystem in der DDR und dem dennoch starken Glauben an eine sichere Zukunft in der DDR, den Veränderungen durch die Wende und den damit einhergehenden Enttäuschungen, vielleicht auch Entzauberungen, der neuerlichen Identitätssuche und den neuen Identitätsfindungen und der damit verbundenen Skepsis und Kritik gegenüber dem jetzigen Gesellschaftssystem, sowie den sich ergebenden Existenzängsten, welche die Zukunftszuversicht dämpfen und Zweifel an der Zukunftsfähigkeit des jetzigen Systems erzeugen. Das Kapitel endet mit einer Zusammenfassung der wichtigsten Trendlinien des politischen Einstellungswandels bei unserer Untersuchungspopulation zwischen 1987 und 2005.

Im Mittelpunkt des Kapitels »Arbeitslosigkeit und Arbeitsplatzunsicherheit« steht die unerwartete, sehr komplexe und in ihrer Wirkung stark destruktive Erfahrung Arbeitslosigkeit, mit der die Panelmitglieder schon von der Wiedervereinigung an in ständig zunehmendem Maß konfrontiert wurden. Bis zum Jahr 2005 waren 68 % der TeilnehmerInnen ein- oder mehrmals davon betroffen. Deshalb kann die Studie zu Recht auch als die erste wirkliche Längsschnittuntersuchung zur Arbeitslosigkeit in Ostdeutschland angesehen werden. Dargestellt wird insbesondere, wie sich die Erfahrung mit der Arbeitslosigkeit auf verschiedene Lebensbereiche auswirkt, so z. B. die persönliche und berufliche Zukunftszuversicht, die Zufriedenheit mit der gesellschaftlichen Entwicklung, die physische und psychische Gesundheit. Ähnliche Auswirkungen werden auch bei einer zunehmenden Unsicherheit des Arbeitsplatzes der Panelmitglieder deutlich.

Sehr aufschlussreich für die Bewertung von Arbeitslosigkeit sind die in mehreren Untersuchungswellen erhobenen Urteile der jungen Frauen und Männer über diese prägende Erfahrung, z. B. im Hinblick auf das Erleben von Freiheit und Achtung der Würde des Menschen. In diesem Kapitel wird auch über einen kumulativen Ansatz informiert, der sich bei Längsschnittstudien anbietet: Wir prüfen und verifizieren für unsere Untersuchungspopulation die Annahme, dass die Gesamtdauer der vom Einzelnen erlebten Arbeitslosigkeit erfasst werden muss, um das tatsächliche Ausmaß der negativen Folgen dieses kritischen Lebensereignisses hinreichend genau bestimmen zu können. Zum Abschluss widmen wir uns der umstrittenen Forschungsfrage des kausalen Zusammenhanges von Arbeitslosigkeit und Gesundheit.

Im Kapitel »Vom Single zur Familie« werden die Familienbildungsprozesse bei den befragten TeilnehmerInnen beschrieben. Mit 32 Jahren stehen viele der TeilnehmerInnen im Prozess der Familiengründung. 61,4 % haben bereits Kinder, die meisten leben in einer festen Partnerschaft. Das Kapitel widmet sich diesen Übergängen und den damit verbundenen Lebensveränderungen, vollzieht aber auch nach, wie sich Idealvorstellungen zur Familie herausbilden, verändern oder gleich bleiben, welche Rollenvorstellungen bei den StudienteilnehmerInnen existieren und wie sich familienverbundene Lebensziele im Lebensverlauf ändern. Schließlich kommt auch dieses Kapitel nicht um die oben beschriebenen Auswirkungen erfahrener Arbeitslosigkeit herum – zeigen sich doch auch bei der Familiengründung bzw. dem Übergang zur Elternschaft hieraus abzuleitende Konsequenzen.

Die deutsche Einheit führte in vielen Regionen Ostdeutschlands zu Wanderungsbewegungen, vor allem in die alten Bundesländer. Von den StudienteilnehmerInnen haben zwischen 1990 und 2005 fast ein Viertel ihrer alten Heimat den Rücken gekehrt. Die Einstellungen, Meinungen und Befindlichkeiten dieser Teilgruppe betrachten wir im Kapitel »Go West! Migration in die alten Länder, ihre

Ursachen und Folgen«. Als Hauptgründe für den Umzug erwiesen sich die Situation auf dem Arbeitsmarkt der neuen Länder, die Verdienstmöglichkeiten und die besseren Arbeitsbedingungen im Westen Deutschlands. Es lässt sich feststellen, dass die meisten Abgewanderten mit ihrer Entscheidung sehr zufrieden sind. Sie fühlen sich in ihrer neuen Heimat wohl, nur wenige beabsichtigen zurückzukommen. Sie leben so ein Stück deutsche, innere Einheit.

Viel ist in den letzten Jahren über den Rechtsextremismus und die Ausländerfeindlichkeit von ostdeutschen Jugendlichen geschrieben worden. Zahlreiche rechtsradikale Übergriffe in den 1990er Jahren waren dafür Anlass. Im letzten Kapitel »Rechtsextreme Einstellungen« stellen wir dar, wie es damit bei unseren TeilnehmerInnen aussieht. Die seit vielen Jahren vorliegenden Daten bieten auch hierfür eine einmalige Datenbasis. Die Ergebnisse zeigen, dass nur eine Minderheit rechte und rechtsextreme Einstellungen vertritt. Am ehesten wird ausländerfeindlichen Meinungen zugestimmt. Die höchsten Akzeptanzraten von rechtsorientierten Aussagen fanden wir Anfang der 90er Jahre. Rechtsextreme Einstellungen werden eher von Personen mit niedrigerem Bildungsstand, Teilnehmerinnen mit mehr Arbeitslosigkeitserfahrungen und von Männern vertreten. Die Erfahrungen der DDR-Sozialisation (Kollektivorientierung/Systembindung) spielten keine Rolle. Die heutigen Einstellungen der Panelmitglieder haben sich in erster Linie unter dem Einfluss der gesellschaftlichen Bedingungen seit der Wiedervereinigung entwickelt.

Den Abschluss des Bandes bildet ein Anhang mit einer umfangreichen Bibliographie von Publikationen aus der Sächsischen Längsschnittstudie und einigen AutorenInneninformationen. Weitere Details zur Sächsischen Längsschnittstudie, insbesondere Teilergebnisse aus früheren Wellen, finden sich auf der Studienhomepage http://www.wiedervereinigung.de/sls/.

Dieser Band richtet sich zunächst an Sozialwissenschaftler und Historiker, an Politiker, die einen realistischen Einblick auf die individuellen Konsequenzen der deutschen Einheit erhalten möchten, aber auch an die aufgeschlossenen Leser, egal ob in Ost oder West, die an einem einzigartigen Zeitdokument über die zurückliegenden 20 Jahre interessiert sind.

Das vorliegende Buch stellt einen alternativen Beitrag zur Transformationsforschung dar, in welchem für eine Altersgruppe anschaulich und konkret die Ergebnisse des Transformationsprozess sowie die Integration Ostdeutschlands in die Bundesrepublik Deutschlands dargestellt werden. Dabei ergeben sich »gezwungener Maßen« auch Diskrepanzen zu politischen Absichtserklärungen, Prognosen und vielen fragwürdigen, häufig schöngefärbten Bilanzen.

Peter Förster ist seit 1987 Forschungsleiter der Studie, vor der Wende im Zusammenwirken mit Wissenschaftlern der Universität Leipzig und der PH Zwickau, seit dem Eintritt in die Rente 1998 ehrenamtlich. Die Studie steht hinsichtlich Anlage und Auswertung in der Tradition der Längsschnittforschung des ZIJ, das zwischen seiner Gründung 1966 und seiner Abwicklung 1990 u. a. rund 20 Untersuchungen dieser Art durchgeführt hat (vgl. Müller, 1999).

Seit 2002 besteht eine enge inhaltliche Zusammenarbeit mit Prof. Dr. Elmar Brähler und Dr. Yve Stöbel-Richter (Leiter der Selbstständigen Abteilung Medizinische Psychologie und Medizinische Soziologie an der Universität Leipzig bzw. Juniorprofessorin in dieser Abteilung), und Dr. Hendrik Berth (Medizinische Psychologie und Medizinische Soziologie, Universitätsklinikum Dresden) im Hinblick auf die Untersuchung der Familienbildung bei den Panelmitgliedern, die Zusammenhänge von Arbeitslosigkeit und Gesundheit sowie weitere wichtige psychologische, psychosoziale und soziologische Fragestellungen. Die vorliegende Schrift ist Ausdruck dieses gemeinsamen Forschens.

Wir danken an dieser Stelle ausdrücklich allen Einrichtungen, die die Studie in den zurückliegenden Jahren unterstützt haben. Das betrifft die Deutsche Forschungsgemeinschaft (DFG), die Friedrich-Ebert-Stiftung, die Fachhochschule Erfurt, die Hans-Böckler-Stiftung, die Otto-Brenner-Stiftung und seit 2002 die Rosa-Luxemburg-Stiftung. Unser besonderer Dank gilt den Panelmitgliedern, den jungen Frauen und Männern, die uns in den anderthalb Jahrzehnten seit 1990, abcr auch schon vor der Wende, einen unverstellten Einblick in ihr Denken und Fühlen gewährt haben.

Dresden und Leipzig im März 2007

Peter Förster, Hendrik Berth, Elmar Brähler, Yve Stöbel-Richter

1. Zur Sächsischen Längsschnittstudie und zur Untersuchungspopulation

Peter Förster

Während die 1281 Schülerinnen und Schüler zahlreicher 10. Klassen im Frühjahr 1989 in ihren Klassenzimmern zusammen saßen und zum dritten Mal den Fragebogen einer Längsschnittstudie (Intervallstudie) zum politischen Mentalitätswandel zwischen 1987 und 1989 ausfüllten, ahnten (auch) sie nicht, dass sie in wenigen Monaten Zeitzeugen eines historischen Ereignisses sein werden, des unerwarteten Zusammenbruchs der DDR. Und genau so wenig konnten sie damals vorhersehen, dass diese Langzeituntersuchung, die mit dieser dritten Befragung eigentlich zu Ende gehen sollte, einen großen Teil von ihnen noch weitere Jahrzehnte begleiten würde.

Als die anwesenden Wissenschaftler sie abschließend fragten, wer denn nach dem Verlassen der Polytechnische Oberschule POS freiwillig weiter an ähnlichen Befragungen teilnehmen würde – eine häufig gestellte Routinefrage – sagte knapp die Hälfte zu und notierte auf einem Vordruck ihren Namen und ihre damalige Adresse. Die Wissenschaftler hatten dabei nicht etwa die bevorstehende unvorhersehbar historische Zäsur vor Augen, die sich als größtmöglicher »Experimenteller Faktor« im weiteren Verlauf der Studie herausstellen sollte, sondern die bei diesen Jugendlichen schon seit dem Befragungsbeginn 1987 erkennbaren regressiven Trends ihrer politischen Einstellungen. Absicht war, an diesen Trends »dranzubleiben«, zu verfolgen, welche Richtung sie mit dem »Weg ins Leben« nehmen würden.

Die Jugendforschung in der DDR hatte bereits seit Mitte der 80er Jahre festgestellt, dass die Identifikation der Jugendlichen mit der DDR, mit dem Sozialismus überhaupt, nach ihrem Gipfelpunkt Anfang der 70er Jahre zurück ging und die Zweifel an der Politik der SED-Führung auf dem Hintergrund der krisenhaften Entwicklungen in der DDR immer größer wurden (vgl. u. a. Friedrich, Förster & Starke, 1999; Förster, 1999).

Die Ergebnisse aus dieser ersten Phase der Studie vor der Wende widerspiegeln die zunehmenden Enttäuschungen der damals zwischen 14- bis 16-jährigen Panelmitglieder vom »real existierenden Sozialismus« in den letzten Jahren der DDR. Von diesen regressiven Tendenzen faktisch ausgenommen war jedoch ihre Überzeugung, in der DDR eine sichere Zukunft zu haben. In diesem Zusammenhang ist erwähnenswert, dass in einer vorangegangenen, inhaltlich faktisch identischen Längsschnittstudie ebenfalls bei älteren Schülern der Klassenstufen 8 bis 10 in den Jahren 1983 bis 1985 noch keine derartigen signifikanten regressiven Trends zu erkennen waren, wie das wenige Jahre später der Fall war.

Bei der Sächsischen Längsschnittstudie handelt es sich demnach nicht um eine ein- oder mehrmalige Meinungsumfrage, sondern um eine in ihrer Anlage ungewöhnliche, weil Gesellschaftssysteme übergreifende sozialwissenschaftliche Langzeitforschung. Sie wurde zwischen 1987 und 1989 in Zusammenarbeit des damaligen Zentralinstituts für Jugendforschung in Leipzig (ZIJ), der Universität Leipzig und der Pädagogischen Hochschule Zwickau durchgeführt. Im Mittelpunkt der Forschung stand die langfristige Analyse der Veränderungen der Lebensorientierungen der Schüler, ihrer Zukunftserwartungen, ihrer Lernleistungen und Lernmotivation, ihres Medienverhaltens sowie ihrer politischen Grundeinstellungen, insbesondere der Bindung an die DDR und an das sozialistische Gesellschaftssystem. Größeren Raum nahmen auch Analysen zur Orientierung auf das Klassen- bzw. FDJ-Kollektiv ein.

Entscheidend für die damalige und heutige Aussagekraft der Daten ist, dass es sich bei dem 1987 gebildeten Panel um eine Zufallsauswahl der seinerzeit 14-Jährigen des Jahrganges 1973 aus 72 achten Klassen in 41 Schulen der Bezirke Leipzig und Karl-Marx-Stadt gehandelt hat, die repräsentativ für die Grundgesamtheit der 14-Jährigen in der DDR insgesamt war. Wie Berechnungen belegen, sind die nach der Wende erfassten Teilpopulationen wiederum eine Zufallsauswahl aus der damaligen Gesamtpopulation, sie können deshalb ebenfalls als repräsentativ für die genannte Altersgruppe gelten (ausführlicher statistischer Nachweis vgl. Förster, 2002).

Nach der Wende bemühten wir uns 1990 und 1991 intensiv und mit hohem Zeitaufwand darum, diese nunmehr 17-/18-jährigen Jugendlichen für die Fortsetzung der Befragungen unter völlig veränderten gesellschaftlichen Bedingungen zu gewinnen, eine einzigartige Chance sozialwissenschaftlicher Forschung zum so genannten sozialen »Groß-Versuch Deutsche Vereinigung« (vgl. Giesen & Leggewie, 1991, S. 7). Unter den schwierigen Arbeitsbedingungen des Autors war das ein gewagtes Unternehmen. Versuche, finanzielle Förderer zu finden, blieben lange ohne Erfolg. Schließlich gelang es uns, auf der Grundlage zweier eingetragener Vereine und mit Unterstützung der Deutschen Forschungsgemeinschaft (DFG), die Fortsetzung dieser Längsschnittstudie zu sichern, mit der wir sozusagen eine Brücke aus der Realität der DDR in die der Bundesrepublik schlagen wollten und teilweise auch geschlagen haben. Sehr zu Dank verpflichtet sind wir Prof. Dr. Walter Friedrich und Prof. Dr. Rainer Mackensen, die sich in dieser Zeit unentwegt für die Weiterführung der Untersuchung eingesetzt haben.

Die repräsentative Untersuchungspopulation der Studie war und ist für Langzeitanalysen des Weges junger Bürger aus der DDR in die Bundesrepublik, vom real existierenden Sozialismus in den real existierenden Kapitalismus geradezu prädestiniert: Zur Wendezeit 1989/90 waren die TeilnehmerInnen bereits 16/17 Jahre alt, hatten die zehnklassige polytechnische Oberschule (POS) als letzter Jahrgang voll durchlaufen und waren damit über ein Jahrzehnt vom Bildungs- und Erziehungssystem der DDR, mehr oder weniger nachhaltig, geprägt worden. Zugleich waren sie noch jung genug, um sich nach dem Zusammenbruch der DDR und des Sozialismus neu zu orientieren, die Normen, Werte und Zukunftsvisionen des jetzigen Gesellschaftssystems zu übernehmen oder aber sich zu verweigern bzw. kritisch mit ihnen auseinander zu setzen. Ein spannenderes Szenarium kann es für eine Längsschnittstudie kaum geben.

In den ersten drei Jahren fanden die schriftlichen Befragungen in den Klassenzimmern der Schüler statt. »Amtliche« Personen wie z. B. die Lehrer waren nicht anwesend. Ab 1990 wurden die Befragungen dann auf dem Postweg organisiert, was sehr viel aufwändiger und nicht zuletzt auch teurer war.

Natürlich haben nach dem Abschluss der Schulzeit nicht alle 587 Panelmitglieder mitgearbeitet, die 1989 dazu bereit waren. Viele hatten erst einmal damit zu tun, mit den gravierenden gesellschaftlichen Veränderungen zurecht zu kommen, die insbesondere ihre Eltern, zunehmend aber auch sie selbst betrafen. Doch schon im Frühjahr 1990, an der ersten Etappe nach dem Zusammenbruch der DDR, beteiligten sich mit immerhin 276 gleich 47 % der nunmehr 17-jährigen potenziellen TeilnehmerInnen. Danach gingen die Teilnehmerzahlen allerdings noch einmal deutlich zurück. Die Abwanderungswelle gen Westen machte keinen Bogen um die Studie. Viele Briefe kamen mit dem Vermerk zurück »Absender unbekannt verzogen«. Damals stand die Zukunft der Studie buchstäblich auf der Kippe.

Aber allmählich gelang es, zahlreiche der zeitweilig »verschollenen« Panelmitglieder wieder aufzufinden und für eine weitere Mitarbeit zurück zu gewinnen. Oft verlief die »Fährte« über die Eltern (manchmal getrennt voneinander), die – zum Glück für die Studie – sehr viel Verständnis für meine Bitte aufbrachten, mir die aktuelle Adresse ihres Sohnes oder ihrer Tochter »zu verraten«. Hilfsbereit waren oft auch Verwandte, ehemalige Mitbewohner im Haus bzw. die Wohnungsverwaltungen, frühere Mitschüler und mehrmals sogar der Bäcker oder Fleischer um die Ecke, der Veränderungen in seinem Kundenkreis natürlich registrierte und Auskunft geben konnte. Wenn die Suche dennoch erfolglos war, blieben nur die jeweils zuständigen Einwohnermeldestellen. Dabei passierte es nicht selten, dass die brandneue Adresse schon wieder veraltet war, da der/die Gesuchte inzwischen das nächste Quartier bezogen hatte. Besonders schwierig war die Übermittlung der Briefe dann, wenn Teilnehmerinnen geheiratet hatten. Meistens landete diese Post zunächst wieder in meinem Briefkasten, ehe sie nach entsprechenden Recherchen und mit einem neuen Namen versehen ein zweites Mal auf die Reise ging, nicht selten an dieselbe Adresse.

Die erwähnten Schwierigkeiten, die sich aus der Abwanderung von rund einem Viertel der Panelmitglieder in den Westen oder ins Ausland ergaben, hatten auch eine positive Seite: Die dadurch bestehende Möglichkeit, die Teilgruppen mit Wohnort Ost und West zu vergleichen, führt zu hoch interessanten, teilweise überraschenden Erkenntnissen über den differenzierten Einfluss dieser beiden Lebensräume z. B. auf die Lebenszufriedenheit, aber auch auf die politischen Einstellungen und Identifikationen. So fühlen sich auch die meisten Panelmitglieder im Westen bzw. im Ausland wie die Mehrzahl ihrer Altersgefährten im Osten nach wie vor als DDR-Bürger.

Für die Aussagekraft der Studie spricht übrigens auch, dass die Relationen zwischen den Anteilen der Panelmitglieder in der Leipziger und in der Chemnitzer Region gleich geblieben sind. Ursprünglich stammten 58 % der Gesamtpopulation aus der Leipziger Region (u. a. Leipzig, Torgau, Delitzsch, Borna), 42 % aus der Chemnitzer Region (u. a. Zwickau, Schneeberg, Plauen). Bei der 18. Welle 2004 lauteten die Relationen 60 % zu 40 %. Selbst die Anteile der abgewanderten Panelmitglieder sind faktisch identisch: Von den Leipzigern sind 23 % in den Westen bzw. ins Ausland gegangen, von den Chemnitzern 21 %.

Die folgende Abbildung 1.1 informiert über die seit 1993 stark steigende Beteiligung an den Befragungen nach der Wende. Die 5. Welle Ende 1990 wurde nicht aufgeführt, da in diese wegen der Abwicklung des ZIJ nur eine kleine Zufallsstichprobe einbezogen werden konnte.

Abb. 1.1: Teilnehmer an den Wellen 4 bis 19, bezogen auf die Gruppe derer, die 1989 zur weiteren Mitarbeit bereit waren, in absoluten und relativen Werten

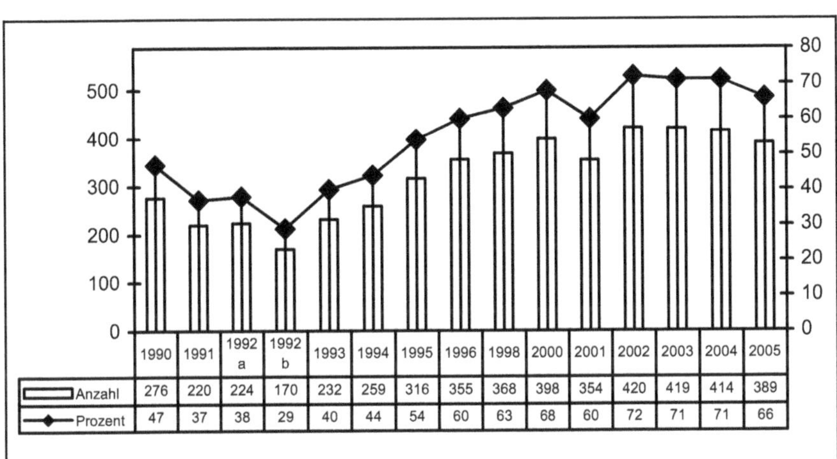

	1990	1991	1992 a	1992 b	1993	1994	1995	1996	1998	2000	2001	2002	2003	2004	2005
Anzahl	276	220	224	170	232	259	316	355	368	398	354	420	419	414	389
Prozent	47	37	38	29	40	44	54	60	63	68	60	72	71	71	66

1992 a: 7. Welle im Frühjahr, 1992 b: 8. Welle Ende des Jahres

Häufig wird gefragt, wie es gelungen sei, nach so vielen Jahren und vor allem über den Zusammenbruch eines ganzen Gesellschaftssystems hinweg, eine so große Zahl junger Leute »bei der Stange zu halten«. Dafür können viele Gründe genannt werden. Der entscheidende besteht wohl darin, dass ich von 1990 an als Forschungsleiter sehr darum bemüht war, einen persönlichen Kontakt zu möglichst vielen Panelmitgliedern herzustellen, ob schriftlich oder telefonisch. Das beginnt mit der individuellen Einladung zur jeweiligen Welle, die zwar vorgedruckt ist, von mir jedoch in jedem Falle ausführlich handschriftlich ergänzt und unterschrieben wird. Diese Vorbereitungen ziehen sich dann auch über mehrere Wochen hin. Das setzt sich fort mit mehr oder weniger ausführlichen Antworten auf Fragen an mich, die die TeilnehmerInnen im Fragebogen oder gesondert an mich stellen, z. B. zum Nutzen der Untersuchung. Soweit ich von Geburtstagen, Hochzeiten oder Geburten weiß, reagiere ich auch darauf. In der jüngsten Zeit geschieht das vorwiegend über das Internet. Der jährliche Weihnachtsgruß an alle mit einer traditionellen Weihnachtskarte gehört natürlich auch dazu.

Stark zugenommen haben persönliche Kontakte auch im Zusammenhang mit dem Wunsch verschiedener Medien, außer mit mir, auch mit den eigentlichen Akteuren, den TeilnehmerInnen, Interviews zu führen. So organisierte z. B. die Illustrierte »Super-Illu« 2001 ein »Streitgespräch« über brisante Ergebnisse der Studie, an dem außer fünf Panelmitgliedern auch Franz Müntefering für die SPD und Guido Westerwelle für die FDP teilnahmen und dessen Protokoll veröffentlicht wurde. Auch in zahlreichen Rundfunk- und Fernsehsendungen kamen TeilnehmerInnen der Studie zu Wort.

Das hat im Laufe vieler Jahre dazu geführt, dass man von einer Art »Virtuellen Gemeinschaft« sprechen kann, die spürbar »lebt«, deren Mitglieder sich mit »ihrer Studie« verbunden fühlen und die einmal im Jahr, sozusagen »auf Abruf«, vertrauensvoll darüber berichten, wie sie mit dem Leben im jetzigen Gesellschaftssystem zurecht kommen, wie sie dessen Licht- und Schattenseiten erleben und bewerten und wie sie heute die Zeit vor der Wende beurteilen. Auch zwischendurch lassen mich Panelmitglieder postalisch oder per Mail wissen, wie es ihnen geht, dass sie geheiratet haben bzw. Nachwuchs eingetroffen ist oder (wieder) umgezogen sind. Letzteres betrifft übrigens nicht wenige: Schon im Jahr 2000 ergab eine entsprechende Frage, dass die Panelmitglieder seit der Wende im Durchschnitt 2,5mal umgezogen waren, 2005 sind es bereits 3,2mal bei einem bisherigen Rekord von 12mal. Das bedeutete auch für Studie in den meisten Fällen eine (erneute) Änderung der Adresse, in vielen davon einen erneuten Versand der Befragungsunterlagen. Als völlig »sesshaft« erwiesen sich bis 2005 nur 6 %.

Eine Längsschnittstudie zu organisieren bedeutet für den Forschungsleiter nicht zuletzt, wie ein Schäfer stets im Bilde darüber zu sein, wo sich »seine Schäfchen« gerade befinden! Überraschung löst dennoch immer wieder aus, wenn ein Panelmitglied, das bisher in Leipzig oder in München lebte, sich unerwartet aus Venezuela, Neuseeland oder gar von Bord eines Schiffes meldet, um wieder dabei zu sein. Nur ganz wenige Panelmitglieder haben sich von der Studie zurückgezogen, in zwei Fällen mit der Begründung, dass die Politik sowieso keine Kenntnis von den Ergebnissen nimmt und es schade um die Zeit sei. Zwei oder drei sind völlig verschwunden, selbst ihren Eltern war und ist der aktuelle Aufenthaltsort unbekannt.

Im Mittelpunkt der Untersuchungen in der zweiten Phase seit der Wende bzw. der Vereinigung stehen zwei inhaltliche Themen:

1) Die wissenschaftliche Begleitung des Weges der Jugendlichen bzw. jungen Erwachsenen aus dem Gesellschaftssystem der DDR in das der Bundesrepublik, vom DDR-Bürger zum Bundesbürger, insbesondere die Analyse und Dokumentation des politischen Mentalitätswandels seit der Wende

Die generelle Forschungsfrage dabei ist, wie die TeilnehmerInnen mit dem gegenwärtigen kapitalistischen System zurecht kommen, ob bzw. inwieweit mit der zunehmenden Dauer der Lebensspanne in ihm auch eine politische Identifikation mit diesem System bzw. mit der Bundesrepublik Deutschland entsteht, welche Einflussfaktoren eine solche Bindung fördern bzw. hemmen.

Unsere generelle Hypothese ist, dass dabei von entscheidender Bedeutung ist, ob die jungen Frauen und Männer mit Unterstützung der Gesellschaft jene Bedingungen vorfinden, die ihre berufliche Entfaltung ermöglichen und fördern, frei von alltäglicher Sorge um den eigenen Arbeitsplatz bzw. den des Lebenspartners.

Dabei geht es insbesondere um folgende Untersuchungsgegenstände in ihren wechselseitigen Zusammenhängen:

- Politische Grundeinstellungen (Einstellung zur deutschen Einheit, zum gegenwärtigen Gesellschaftssystem, zu den politischen Parteien, Bereitschaft zur politischen Partizipation, Identifikation mit sozialistischen Idealen; Selbstverständnis als Linker oder Rechter, etc.),
- Kollektive Identitäten (Zugehörigkeitsgefühl als Bürger der Bundesrepublik, als Bürger der ehemaligen DDR, als Deutscher, Ostdeutscher, Sachse, Europäer),
- Lebensorientierungen (Lebensziele),
- gesellschaftliche und persönliche Zukunftszuversicht,
- Befindlichkeiten (Lebenszufriedenheit, Bedrohungserleben, psychosomatische Beschwerden, psychosoziale Belastungen),
- Häufigkeit bzw. Dauer, Erleben und Verarbeiten von Arbeitslosigkeit und ihrer materiellen, psychischen und gesundheitlichen Folgen, Sicherheit des Ausbildungs- bzw. Arbeitsplatzes,
- Veränderung der persönlichen Lebensverhältnisse und der Lebensformen; Familienbildung, Kinderwunsch und realisierte Kinderzahl,

- Migrationsverhalten (Realisierte bzw. geplante Abwanderung in die alten Bundesländer bzw. in das Ausland, Integration in das neue soziale Umfeld).

Diese Aspekte waren nicht alle gleichermaßen von Anfang an Forschungsgegenstände, sondern wurden sukzessiv eingeführt. Das war in den ersten Befragungen nach 1990 auch ein Problem des zumutbaren Umfanges des Fragebogens.

Zwei Themen haben in den letzten Jahren deutlich an Bedeutung und entsprechend am Umfang der dazu gestellten Fragen zugenommen: Zum einen die individuellen und kollektiven Erfahrungen der Panelmitglieder mit Arbeitslosigkeit und Unsicherheit des Arbeitsplatzes. Angesichts der stark zunehmenden Betroffenheit der jungen Leute davon ist die Studie faktisch zu einer aussagekräftigen Längsschnittstudie zur Arbeitslosigkeit geworden, eine Entwicklung, die wir 1990 nicht in dem Maße erwartet hatten. Zum anderen die Thematik Familienbildung, die in unserer Population vom Alter her eine große Rolle spielt, aber auch vor dem Hintergrund des demographischen Wandels einen besonderen politischen Stellenwert einnimmt.

2) Die Analyse von Langzeitwirkungen früherer Bindungen an das sozialistische System und von Langzeitwirkungen der Rezeption westlicher Sender auf die Herausbildung einer politischen Identifikation mit dem jetzigen Gesellschaftssystem

Die Studie kann dabei auf Daten aus der Zeit vor der Wende zurückgreifen. Interessant ist, dass die Langzeitwirkungen der Rezeption von Westsendern bis in die Gegenwart nachweisbar sind.

Zu den genannten Schwerpunkten und Themen liegt mittlerweile eine kaum noch zu überschauende Fülle quantitativer Daten vor. Insgesamt wurden seit 1987 für jedes Panelmitglied rund 2200 Einzelinformationen erhoben (ohne Indices). Hinzu kommen unzählige Seiten mit verbalen Meinungsäußerungen, Briefen und Erlebnisberichten. Eine Besonderheit der Untersuchung, auf welche an dieser Stelle hingewiesen werden soll, ist die faktisch von Anfang an bestehende Verbindung von quantitativer und qualitativer Analyse. Schon in den drei Wellen vor der Wende hatten wir die Jugendlichen mit so genannten »offenen Fragen« (d. h. ohne jegliche Vorgaben) gebeten, offen und ehrlich ihre Meinungen und Fragen zu aktuellen, brisanten politischen Themen zu notieren. Diese Angaben haben sich schon damals als eine wertvolle Fundgrube für die Analyse des politischen Bewusstseins erwiesen, weil die jungen Leute froh waren, sich bei dieser Gelegenheit ihre zunehmend kritischen Gedanken zur Entwicklung in der DDR vom Herzen schreiben zu können; so z. B. die nicht bestehenden Reisemöglichkeiten in den Westen, die sich ständig zuspitzende Versorgungslage oder das Durchschnittsalter im Politbüro der SED.

Auch in den Befragungen nach der Wende endete jeder Fragebogen mit der Bitte, sich zu einem vorgegebenen Thema möglichst ausführlich zu äußern. Im Jahr 2005, im Rahmen der 19. Welle, ergab das z. B. eine Fülle von aufschlussreichen Überlegungen zu der Frage, inwieweit und warum die jetzige Entwicklung in Ostdeutschland den persönlichen Erfahrungen zufolge als Fortschritt oder Rückschritt oder als beides bewertet wird.

Wir ergänzen diese generellen Angaben durch konkrete Zahlen: Die jüngste, 19. Welle der Untersuchung fand im Zeitraum Mitte Mai bis Mitte August 2005 statt. 389 TeilnehmerInnen schickten ihren Fragebogen ausgefüllt zurück, das sind 66 % derer, die sich 1989 zur weiteren Mitarbeit bereit erklärt hatten, eine hinreichend hohe Quote. Das Durchschnittsalter zum Befragungszeitpunkt betrug 32,1 Jahre. 46 % waren männlich, entsprechend weiblich 54 %. 2005 sind 42 % der Gesamtgruppe verheiratet, darunter 50 % der jungen Frauen bzw. 33 % der jungen Männer. Kinder (eins oder mehrere) haben 61 % aller Panelmitglieder bzw. 72 % der jungen Frauen und 50 % der jungen Männer. Über den aktuellen Tätigkeitsstatus informiert die folgende Tabelle 1.1:

Tab. 1.1: Tätigkeitsstatus der Teilnehmer 2005 (Spaltenprozente)

Status	Gesamt	männlich	weiblich
Angestellte	38	35	44
Arbeiter	21	35	8
Elternzeit	11	0	20
Selbstständiger	9	12	6
Arbeitslos	11	8	14
Student	1	1	1
Beamte	5	6	3
Lehrling	1	1	1
Etwas anderes	3	2	3

Insgesamt waren 59 % der Gesamtgruppe erwerbstätig, darunter 70 % der männlichen bzw. 52 % der weiblichen Panelmitglieder. 11 % waren zum Zeitpunkt der Befragung arbeitslos, von den männlichen Panelmitgliedern 8 %, von den weiblichen mit 14 % erheblich mehr. 9 % ordneten sich als Selbstständige ein, darunter 12 % der männlichen bzw. 6 % der weiblichen Panelmitglieder. 20 % der jungen Frauen befanden sich in der Elternzeit. Von den TeilnehmerInnen leben 91 in den alten Bundesländern (22 %) bzw. 7 im Ausland (2 %).

Die in den folgenden Kapiteln dargestellten Ergebnisse können mit hoher Wahrscheinlichkeit für junge Ostdeutsche der Altersgruppe der (2005) 32-Jährigen verallgemeinert werden, insbesondere im Hinblick auf die ermittelten Zusammenhänge und Trends. Sie widerspiegeln sozusagen im Kleinen wichtige Aspekte des Prozesses der deutschen Einheit, seiner Licht- wie Schattenseiten. Repräsentativität für junge Ostdeutsche insgesamt wird ausdrücklich nicht beansprucht.

Bei den folgenden Ergebnissen handelt es sich um eine Auswahl wesentlicher Trends, aus denen die Grundrichtung des politischen Einstellungswandels besonders deutlich hervorgeht. Auf die Darstellung der verschiedenen, bereits am ZIJ entwickelten Längsschnittkoeffizienten wurde hier aus Gründen des Umfanges verzichtet (vgl. Friedrich & Müller, 1980; Ludwig, 1997; Förster, 2002).

Die Abkürzung AP bedeutet Antwortposition eines vorgegebenen Antwortmodells, X steht für Mittelwert. Prozentdifferenzen, aus denen Aussagen über Trends bzw. Unterschiede zwischen Subgruppen abgeleitet werden, wurden in jedem Falle auf statistische Signifikanz geprüft (Alpha = 0.05).

2. Von der Enttäuschung vom Sozialismus der DDR zur Zukunftsangst in Ostdeutschland

Peter Förster

»Es gibt viele Fragen, die ich mir stelle. Zum Beispiel, was wird, wenn die Wiedervereinigung da ist. Wird es bald in zunehmendem Maße Drogen, Gewalt und Verbrechen geben? Werden wir mit dem neuen Geld und der Wirtschaft zurechtkommen? Es wird sicher mehr Arbeitslose geben, die dann vielleicht auf der Straße landen. Ich habe irgendwie Angst vor der Zukunft und wiederum bin ich froh über die Wiedervereinigung und die Währungsunion. Ich bin noch ziemlich verwirrt, um mir jetzt eine richtige Meinung zu bilden. Immer wieder erfährt man etwas Neues. Ich hoffe, dass alles gut wird und dass man nicht bereuen muss.«

(Fachschulstudentin, 16 Jahre, im Mai 1990 als Antwort auf die offene Frage danach, welche Fragen und Probleme die Panelmitglieder im Zusammenhang mit der Wende bewegen).

In den Jahren 2004 und 2005, im Rahmen der 18. und 19. Welle dieser Studie, fragten wir die TeilnehmerInnen im Zusammenhang mit ihrer Sicht auf die Zukunft u. a. danach, inwieweit sie Angst vor Armut im Alter empfinden würden. Das lag nahe, weil diese Angst schon einige Zeit in den zusätzlichen Notizen der Panelmitglieder eine Rolle spielte und wir ihre Verbreitung genauer bestimmen wollten. Immer öfter tauchte unter dem Eindruck der öffentlichen Diskussionen um die Renten auch die für 30-Jährige eigentlich untypische Frage auf: »Ob wir denn später überhaupt noch eine Rente erhalten werden?«

Leider liegen dazu demzufolge bisher noch keine mehrjährigen Zeitreihen vor. Die Ergebnisse (wir gehen noch ausführlicher auf sie ein) sind dennoch schockierend: 62 % der zu diesem Zeitpunkt 31-jährigen Panelmitglieder gaben 2004 an, solche Ängste zu haben, 2005 war diese Quote bei den nun 32-Jährigen auf 69 % gestiegen! Diese Angaben gehören zu den bisher wichtigsten und aussagekräftigsten Ergebnissen der Studie überhaupt, stammen sie doch nicht von Vorruheständlern oder Rentnern, sondern von 32-Jährigen in Ostdeutschland, die noch am Anfang ihrer beruflichen Laufbahn stehen!

Was ist in den Köpfen dieser jungen Frauen und Männern vor sich gegangen, in ihrer Psyche, welche Erfahrungen haben sie gemacht, dass sie bereits als junge Erwachsene mehrheitlich eine derartig deprimierende Sicht auf ihre Zukunft äußern? Handelt es sich hier nur um die von manchen Politikern und Medien behauptete »Jammerei« der Ostdeutschen oder gibt es handfeste Grundlagen für solche Aussagen? Hat es etwas mit dem Wesen des jetzigen Gesellschaftssystems zu tun (etwa im Sinne einer »Angstgesellschaft«) oder ist es Ausdruck einer anhaltenden »Versorgungsmentalität« und wäre damit der untergegangenen DDR anzulasten? Ist es vielleicht ein Indikator dafür, dass der »Einheitsfrust« für diese jungen Leute schwerer wiegt als die »Einheitslust«? Diese Längsschnittstudie mit ihren spezifischen Möglichkeiten retrospektiver und prospektiver Verlaufsanalysen in einer identischen Population kann diese Fragen natürlich nicht umfassend beantworten. Dennoch liegt mittlerweile eine Fülle von Daten vor, die eine Annäherung an die gestellten und weitere Fragen gestatten.

Wir gehen dabei in zwei Schritten vor: Im ersten Teil stellen wir die Haupttendenzen der Veränderungen im Hinblick auf wesentliche politische Einstellungen und Zukunftsorientierungen dar. Im zweiten Teil wollen wir einige wesentliche Einflussfaktoren herausarbeiten, auf die diese teilweise dramatischen Veränderungen zurück zu führen sind. Betont sei, dass es sich hier nur um eine Auswahl von Ergebnissen aus fast 20 Jahren Forschung handelt, die uns aus heutiger Sicht wichtig erscheinen. Eine theoretische Aufarbeitung aller erhobenen Daten, sowohl quantitativer als auch qualitativer Art, ist noch zu leisten.

2.1 Politischer Einstellungswandel und Zukunftserwartungen zwischen 1987 und 2005

2.1.1 Enttäuscht von der Herrschaft der SED, jedoch ein starker Glaube an eine sichere Zukunft in der DDR

Ein wesentlicher Vorzug dieser Längsschnittstudie besteht darin, dass wir uns bei den Analysen zum Wandel der politischen Einstellungen und der Zukunftszuversicht auch auf Daten stützen können, die bei denselben Personen bereits vor der Wende gewonnen wurden. Begeben wir uns also auf eine kurze Zeitreise in die zweite Hälfte der 80er Jahre.

Anliegen der ersten Phase der Untersuchungen war es unter anderem, die Entwicklung der politischen Grundeinstellungen, der Lebensorientierungen und der Zukunftserwartungen bei den damaligen SchülerInnen zwischen ihrem 14. und 16. Lebensjahr bzw. zwischen der 8. und 10. Klasse der Allgemeinbildenden Polytechnischen Oberschule zu analysieren. Diese Analysen waren und sind noch heute insofern sehr interessant, da sie zwischen 1987 und Frühjahr 1989 vorgenommen wurden, d. h. in den letzten Jahren der DDR, letztmalig rund ein halbes Jahr vor ihrem Zusammenbruch. Einige der damals gestellten Fragen konnten auch nach der Wende fortgeschrieben werden, u. a. zu Lebenszielen wie z. B. der Bereitschaft zur politischen Aktivität, zur persönlichen und gesellschaftlichen Zukunftszuversicht. Zu diesen Fragen liegen mittlerweile bemerkenswerte Ergebnisse über den gesamten Zeitraum zwischen 1987 und 2005 vor. Aber auch alle anderen Daten zu politischen Problemstellungen bilden einen soliden Hintergrund für die Beurteilung von Langzeitwirkungen der politischen Sozialisation zu DDR-Zeiten.

Die Ergebnisse aus der ersten Phase dieser Studie vor der Wende belegen alles in allem die Enttäuschungen der damals 14- bis 16-jährigen Panelmitglieder vom »real existierenden Sozialismus« in der Endzeit der DDR. Ihre politische Identifikation mit der DDR, mit dem Sozialismus überhaupt, sowie mit der marxistisch-leninistischen Weltanschauung ging von Jahr zu Jahr mehr oder weniger drastisch zurück (vgl. Abbildung 2.1).

Die Trends sind eindeutig: Die Überzeugung von der Bedeutung des »Marxismus-Leninismus« als Lebenshilfe (1987 nur noch schwach ausgeprägt), die politische Identifikation mit der DDR, der Glaube an den Sieg des Sozialismus und weitere Grundeinstellungen nahmen in dieser Zeit immer mehr ab. Der Widerspruch zwischen der politischen Rhetorik der SED einerseits (insbesondere in den Medien) und den eigenen Lebenserfahrungen der Jugendlichen andererseits wurde immer größer. Schon damals hatten sie gelernt, zwischen Theorie und Praxis, Propaganda und Realität zu unterscheiden. Ein »Nullpunkt« der Identifikation mit dem Sozialismus war allerdings selbst kurz vor der Wende nicht erreicht.

Ablesbar ist aber auch: Das Vertrauen darauf, in der DDR eine »gesicherte Zukunft« zu haben, blieb faktisch bis kurz vor der Wende erhalten. Im Frühjahr 1989 glaubten noch immer 94 % an eine gesicherte Zukunft in der DDR, darunter 62 % ohne Einschränkung. Selbst jene Panelmitglieder, die sich von der DDR politisch distanzierten, gingen mehrheitlich davon aus, dass sie ihnen eine gesicherte Zukunft bieten würde. Ein völliger Zusammenbruch des von ihnen zunehmend kritisch bewerteten Staates wurde (auch) von ihnen nicht erwartet. Die weiblichen Panelmitglieder äußerten sich damals übrigens häufig deutlich positiver als die männlichen, ein aus heutiger Sicht bemerkenswerter Sachverhalt, bewerten sie doch heute das jetzige System fast durchgehend negativer.

Abb. 2.1: Veränderungen ausgewählter politischer Grundeinstellungen bei den Panelmitgliedern zwischen 1987 und (Frühjahr) 1989 – Zusammengefasste Anteile sehr starker (AP 1) und starker (2) Zustimmung in Prozent. Gesamtgruppe der damaligen Panelmitglieder

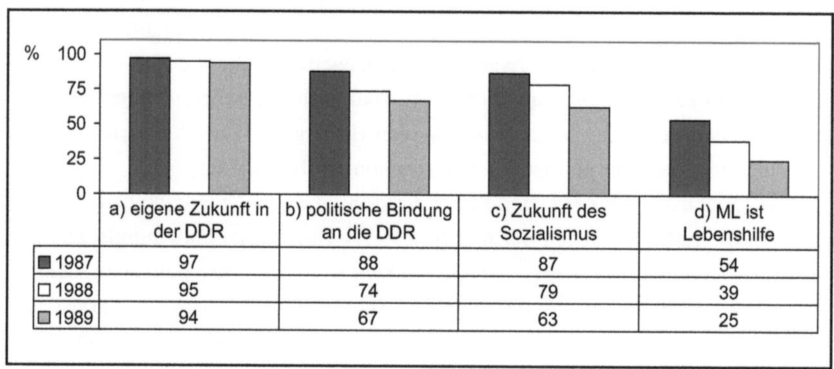

	a) eigene Zukunft in der DDR	b) politische Bindung an die DDR	c) Zukunft des Sozialismus	d) ML ist Lebenshilfe
■ 1987	97	88	87	54
□ 1988	95	74	79	39
▦ 1989	94	67	63	25

Fragetexte:

a) »Ich habe in der DDR eine gesicherte Zukunft.«

b) »Ich fühle mich mit der DDR als meinem sozialistischem Vaterland eng verbunden.«

c) »Dem Sozialismus gehört die Zukunft, trotz zeitweiliger Rückschläge.«

d) »Der Marxismus-Leninismus gibt mir auf alle wichtigen Lebensfragen eine richtige Antwort.«

Davon bin ich überzeugt: vollkommen 1, 2, 3, 4, 5 überhaupt nicht

Die erwähnte Zuversicht der Panelmitglieder in eine gesicherte Zukunft hatte vorwiegend sozialpolitische Grundlagen, sie war kein ideologisches Bekenntnis zur DDR. Ein wesentlicher Hintergrund dafür war, dass zu diesem Zeitpunkt für faktisch alle Panelmitglieder (97 %) fest stand, wie es nach der zu Ende gehenden Schulzeit weiter gehen würde. Bis auf wenige Ausnahmen hatten alle Absolventen ihren Platz an der folgenden Erweiterten Oberschule (EOS) oder ihre Lehrstelle sicher bzw. wussten, dass sie ein Fachschulstudium beginnen oder eine Arbeit in einem Betrieb aufnehmen werden.

Die damals gewonnenen Daten sind damit sehr aufschlussreich für das Verstehen heutiger, teilweise unerwarteter Reaktionen dieser jungen Frauen und Männer auf die Folgen der Vereinigung und den Transformationsprozess in Ostdeutschland. Mehr noch: Vieles in ihrem aktuellen Denken und Fühlen ist überhaupt nur auf dem Hintergrund ihrer damaligen positiven und negativen Erfahrungen zu verstehen. Ausführlicher sind die vor der Wende gewonnenen Daten dargestellt in der Publikation »Junge Ostdeutsche auf der Suche nach der Freiheit« (vgl. Förster, 2002). Wie der historische Verlauf beweist, widerspiegelten die damals bei den Panelmitgliedern ermittelten Ergebnisse cum grano salis den regressiven politischen Mentalitätswandel in der Endzeit der DDR grundsätzlich richtig. Es kann kein Zweifel daran bestehen, dass dies bei denselben Personen auch nach der Wende zutrifft.

2.1.2 Keine Zukunft im Osten!

Die folgenden Zeitreihen zur Zukunftszuversicht der Panelmitglieder zwischen 1987 und 2005 geben in spezifischer Weise Aufschluss über ihre Wahrnehmung von nahezu zwei Jahrzehnten massiver gesellschaftlicher Veränderungen, eingeschlossen die letzten Jahre der DDR, die politische Wende, die Vereinigung und die nachfolgenden Transformationsprozesse mit ihren tief reichenden Auswirkungen auf die Mentalität der Panelmitglieder. Unsere langjährigen Trends unterstreichen die Auffassung der Autoren der Shellstudie Jugend 2000 und 2006, dass Einschätzungen der Jugendlichen über ihre Zukunft geradezu seismographischen Charakter tragen (vgl. Fischer, 2000; Hurrelmann, 2006).

Diese Daten lassen bereits ahnen, welche gravierenden gesellschaftlichen Veränderungen von den jungen Männern und Frauen von ihrer Kindheit an zu bewältigen waren. Wir beschränken uns auf eine grafische Darstellung der Trends. Zunächst führen wir die seit 1987 vorliegenden Zeitreihen zur gesellschaftlichen und zur persönlichen Zukunftszuversicht unserer Panelmitglieder an:

Abb. 2.2: Trend der sehr starken bzw. starken Ausprägung der gesellschaftlichen Zuversicht zwischen 1987 und 2005 (zusammengefasste Anteile der AP 1 und 2)

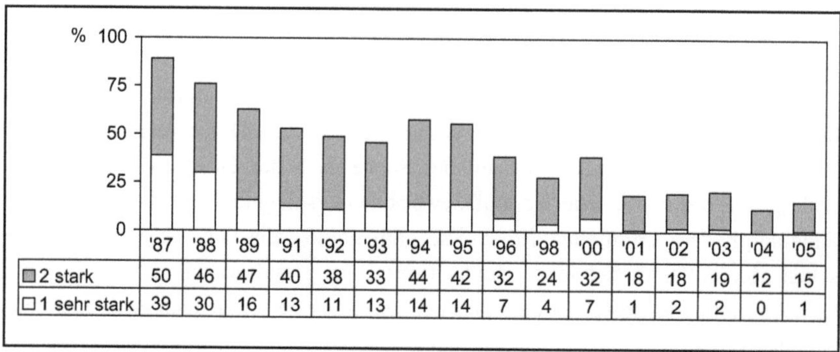

	'87	'88	'89	'91	'92	'93	'94	'95	'96	'98	'00	'01	'02	'03	'04	'05
■ 2 stark	50	46	47	40	38	33	44	42	32	24	32	18	18	19	12	15
□ 1 sehr stark	39	30	16	13	11	13	14	14	7	4	7	1	2	2	0	1

Fragetext: »Wie zuversichtlich sehen Sie die Zukunft für die Entwicklung in der DDR/ ab 1991: in Ostdeutschland?«
sehr zuversichtlich 1, 2, 3, 4, 5 überhaupt nicht zuversichtlich

Abb. 2.3: Trend der sehr starken bzw. starken Ausprägung der persönlichen Zuversicht zwischen 1987 und 2005 (zusammengefasste Anteile der AP 1 und 2)

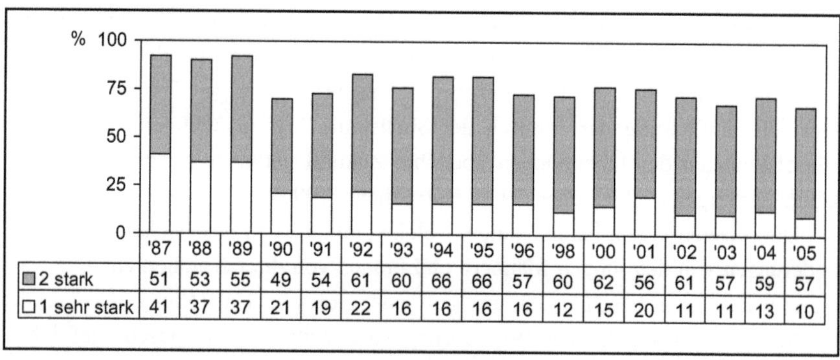

	'87	'88	'89	'90	'91	'92	'93	'94	'95	'96	'98	'00	'01	'02	'03	'04	'05
■ 2 stark	51	53	55	49	54	61	60	66	66	57	60	62	56	61	57	59	57
□ 1 sehr stark	41	37	37	21	19	22	16	16	16	16	12	15	20	11	11	13	10

Fragetext: »Wie zuversichtlich sehen Sie die Zukunft für Sie persönlich?«
sehr zuversichtlich 1, 2, 3, 4, 5 überhaupt nicht zuversichtlich

Bei beiden, eng zusammenhängenden Aspekten ist bereits seit 1987 ein Negativtrend erkennbar. Das gilt in besonderem Maße für die gesellschaftliche Zukunftszuversicht. Wie unsere Studie zeigt, ist diese im gesamten Untersuchungszeitraum fast kontinuierlich stark zurückgegangen. Der erste große Einbruch war bereits in der Endzeit der DDR zu beobachten, eine Widerspiegelung der damaligen Krisenerscheinungen, die auch von den Panelmitgliedern deutlich reflektiert und kritisch bewertet wurden.

Nach der Wende und der Vereinigung kehrte sich der rückläufige Trend der gesellschaftlichen Zukunftszuversicht nun aber keineswegs um, sondern setzte sich vielmehr verstärkt fort. 1998 äußerte sich nur noch knapp ein Drittel (28 %) mehr oder weniger stark zuversichtlich über die Entwicklung in Ostdeutschland – Echo der zunehmenden gesellschaftlichen Verwerfungen im Osten am Ende der Regierung Kohl. Im Jahr 2000 deutete sich eine positive Trendwende an, die vermutlich durch den Regierungswechsel zu Rot-Grün ausgelöst wurde. Diese sehr bemerkenswerte, aber nur kurzfristige optimistische Tendenz durchzieht fast die gesamte Studie. Ab 2001 sind diese Hoffnungen jedoch wieder verschwunden, die Anteile zuversichtlicher Panelmitglieder erreichen 2004 und 2005 ihren bisherigen Tiefststand.

Die persönliche Zukunftszuversicht nahm einen etwas anderen Verlauf. Vor der Wende war fast kein Rückgang festzustellen. Die eigene Zukunft schien damals von der Krise in der DDR wenig betroffen zu sein, ein völliger Zusammenbruch der DDR-Gesellschaft mit weit reichenden persönlichen Konsequenzen wurde von den damals 16-/17-Jährigen nicht erwartet. Faktisch alle wussten, wie es nach der Schulzeit weitergeht, zu Ängsten vor Arbeitslosigkeit oder Armut im Alter bestand kein Anlass.

Nach der Wende stieg die persönliche Zuversicht nicht an, sondern ging ebenfalls zurück, insbesondere in ihrer einschränkungslosen Ausprägung. Das subjektive Erleben der Wendezeit und der unmittelbar darauf folgenden gravierenden politischen und wirtschaftlichen Umbrüche hatte bei einem großen Teil der Jugendlichen (und ihrer Eltern) zu einem »Wendeschock« geführt, der nachweislich lange angehalten hat und teilweise bis heute besteht.

Erst ab 1992 zeigten sich positive Veränderungen, die jedoch 1996 erneut von negativen Tendenzen abgelöst wurden. 1998 äußerten sich zwar 72 % zuversichtlich, darunter aber nur noch 12 % ohne Einschränkung. Im Jahr 2000 deutet sich erneut eine Trendwende an: Der Regierungswechsel hatte offensichtlich zunächst auch einen positiven Einfluss auf die persönliche Zukunftssicht zur Folge. Die Daten ab 2001 lassen allerdings erneut eine eindeutig rückläufige Tendenz erkennen, Ausdruck erneuter Frustrationen.

Von diesen Entwicklungen her betrachtet überrascht nicht, dass nach der Wende auch der Anteil jener Panelmitglieder massiv weiter abgenommen hat, die zuversichtlich sind, persönlich in Ostdeutschland eine gesicherte Zukunft zu haben, eines der bedenkenswertesten Ergebnisse der Studie:

Abb. 2.4: Entwicklung der Zuversicht, in der DDR bzw. in Ostdeutschland eine gesicherte Zukunft zu haben, im Trend 1987 bis 2005

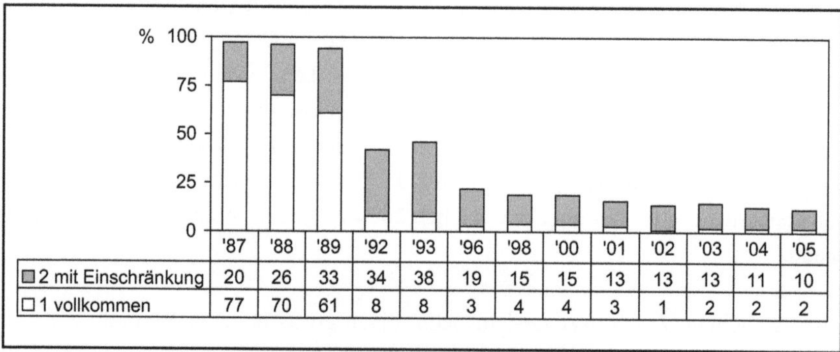

	'87	'88	'89	'92	'93	'96	'98	'00	'01	'02	'03	'04	'05
2 mit Einschränkung	20	26	33	34	38	19	15	15	13	13	13	11	10
1 vollkommen	77	70	61	8	8	3	4	4	3	1	2	2	2

Fragetext: 1987–1989: »Ich habe in der DDR eine gesicherte Zukunft.«
Ab 1992: »Ich habe in Ostdeutschland eine gesicherte Zukunft.«
Das entspricht meiner Meinung vollkommen 1, 2, 3, 4, 5 überhaupt nicht

In den Jahren 1987 bis 1989 ging die Zuversicht, in der DDR eine gesicherte Zukunft zu haben, nur wenig zurück. Nach der Wende stürzte sie, nun bezogen auf Ostdeutschland, geradezu ab und hat vermutlich ihren Tiefpunkt noch nicht erreicht. 2005 gehen nur noch 12 % davon aus, in Ostdeutschland eine gesicherte Zukunft zu haben, darunter lediglich 2 % ohne Einschränkung. Immer weniger junge Frauen und Männer verbinden ihre Zukunft mit Ostdeutschland.

Wie die Studie klar belegt, hat die bittere Erfahrung so vieler junger Leute, dass ihre Heimat ihnen keine Zukunft bietet, auch einen hohen politischen Preis: Längsschnittkorrelationen belegen eindeutig, dass der regressive Trend der Zukunftszuversicht zeitgleich auch zu einem Rückgang bzgl. der Systemzufriedenheit beigetragen hat.

Dieser Absturz hat auch wesentlich mit dazu geführt, dass etwa ein Viertel der TeilnehmerInnen der Studie nach der Wende in den Westen abgewandert sind. Von ihnen meinen 2004 und 2005 null Prozent, im Osten eine gesicherte Zukunft zu haben. In die neuen Länder wollen von ihnen 2005 null Prozent auf jeden Fall und 11 % wahrscheinlich zurückkehren; diese jungen Leute sind für den Osten faktisch verloren, einschließlich ihres Nachwuchses.

Deutlich rückläufig entwickelte sich in diesem gesellschaftlichen Kontext auch die Zuversicht der Panelmitglieder, ihre beruflichen Pläne verwirklichen zu können – das entscheidende Standbein für eigene Zukunftspläne überhaupt. Dazu liegen Informationen seit 1991 vor:

Abb. 2.5: Veränderung der beruflichen Zukunftszuversicht zwischen 1991 und 2005

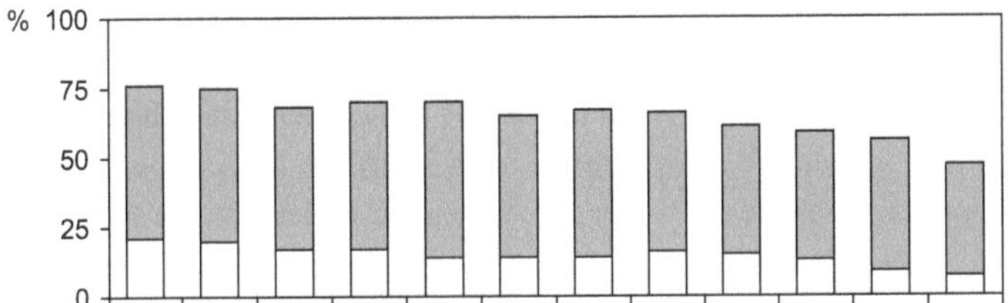

%	'91	'92	'93	'94	'95	'96	'98	'00	'02	'03	'04	'05
2 eingeschr. zuvers.	55	55	51	53	56	51	53	50	46	46	47	40
1 sehr zuversichtl.	21	20	17	17	14	14	14	16	15	13	9	7

Fragetext: »Wie zuversichtlich sind Sie, dass Sie Ihre beruflichen Pläne verwirklichen können?«
sehr zuversichtlich 1, 2, 3, 4, 5 überhaupt nicht zuversichtlich

Zur Bewertung der Angaben von 1991 muss noch einmal darauf hingewiesen werden, dass im Frühjahr 1989, am Ende der 10. Klasse, für 97 % der damals 16-Jährigen klar war, wie es nach dem Abschluss der Schule weitergehen wird. Die Wende im Herbst 1989 und die folgenden Unsicherheiten und Umbrüche hatten jedoch die beruflichen Pläne des größten Teiles von ihnen in Frage gestellt oder gar zunichte gemacht. 1998 gaben 38 % der Panelmitglieder zurückblickend an, dass sie diese Pläne nach der Wende völlig verändern mussten, bei 35 % war das etwas der Fall und nur 27 % berichteten keine Veränderungen (ausführlicher siehe Förster, 2002). Das galt vor allem für jene, die eine Lehrausbildung (mit oder ohne Abitur) begonnen hatten. Viele beschrieben damals ausführlich die Probleme, mit denen sie sich zu Beginn ihrer Berufskarriere herumschlagen mussten und die häufig auch Ängste auslösten:

»Ich habe sehr große Angst davor, dass ich nach dem Schließen meines Betriebes arbeitslos auf der Straße stehe... Wer stellt schon einen Facharbeiter ein, der eben erst seinen Abschluss in der Tasche hat und noch keine berufliche Erfahrung besitzt.« (w)

»Der Übergang ist mir sehr gut gelungen... Ich habe Angst vor der Zukunft, dass ich meine Arbeitsstelle verliere und nirgends Arbeit finde. Ich habe überhaupt Angst vor dieser ganzen Politik, man weiß gar nicht, wie es weitergehen soll.« (w)

»Wahrscheinlich muss ich umlernen, weil ich keinen Arbeitsplatz bekommen werde. Ich habe irgendwie schon Angst vor der Zukunft. Man weiß nicht, was wird. Ich fühle mich nicht mehr geborgen.« (w)

Das lässt viel mehr auf Einheitsfrust als auf Einheitslust schließen! Einigen Lesern wird es vermutlich schwer fallen, sich in solche Sätze hineinzudenken. Dennoch charakterisieren sie die psychische Situation, in der sich die meisten TeilnehmerInnen 1989/90 befanden und die bis in die Gegenwart weiter wirkt, weil Arbeitslosigkeit für viele seitdem zu einem bestimmenden Merkmal des Lebens in einer kapitalistischen Ordnung geworden ist; und zwar ohne Aussicht auf eine Änderung in absehbarer Zeit.

Zwischen 1991 und 2005 ist dann ein starker, signifikanter Rückgang dieser wesentlichen Seite der Zukunftszuversicht erkennbar, nicht überraschend angesichts der sich verschlechternden wirtschaftlichen Situation in Ostdeutschland und zunehmend direkter und indirekter Erfahrungen mit Arbeitslosigkeit.

2005 sind mit 47 % nur noch weniger als die Hälfte der 32-Jährigen zuversichtlich, von den jungen Frauen noch deutlich weniger als von den jungen Männer: 41 % gegenüber 53 %. Für die kritische oder ablehnende Sicht dieser jungen Frauen auf das gegenwärtige System hat das erheblichen Aussagewert, spielen doch die selbst erfahrenen beruflichen Entwicklungschancen bei dessen Beurteilung eine entscheidende Rolle.

Seit 2002 fragen wir auch danach, wie zuversichtlich die TeilnehmerInnen der Studie die Zukunft ihrer Eltern und ihrer (künftigen) Kinder sehen. Wir stellen diese Antworten in den Kontext der eigenen Zukunftszuversicht der Panelmitglieder.

Tab. 2.1: Zukunftszuversicht für die Eltern und die (künftigen) Kinder im Vergleich mit der eigenen Zuversicht 2002 bis 2005 (Angaben in Prozent)

Fragetext: »Wie zuversichtlich sehen Sie die Zukunft?«
sehr zuversichtlich 1, 2, 3, 4, 5 überhaupt nicht zuversichtlich

	1	2	(1+2)	3	4	5
für Sie persönlich						
2002	11	61	(72)	25	3	0
2003	11	57	(68)	28	4	0
2004	13	59	(72)	23	4	1
2005	10	57	(67)	28	3	2
für Ihre Eltern						
2002	7	46	(53)	32	12	3
2003	8	44	(52)	31	13	4
2004	9	45	(54)	32	10	4
2005	11	46	(57)	25	14	4
für Ihre (künftigen) Kinder						
2002	4	36	(40)	38	12	10
2003	4	32	(36)	39	15	10
2004	4	27	(31)	41	18	10
2005	2	25	(27)	45	20	8
für die Entwicklung der jetzt heranwachsenden Jugendlichen im Osten						
2005	1	4	(5)	34	46	15

Ablesbar ist, dass die Zukunft der Eltern nur von der reichlichen Hälfte der Panelmitglieder mehr oder weniger zuversichtlich gesehen wird. Dies ist verständlich angesichts der Tatsache, dass 58 % der Väter und/oder Mütter zwischen 1990 und 2004 persönliche Erfahrungen mit Arbeitslosigkeit gemacht haben. Noch weniger zuversichtlich sehen die Panelmitglieder jedoch die Zukunft ihrer (künftigen) Kinder, eine dramatische Widerspiegelung der unsicheren Zukunftsperspektiven mit gravierenden Auswirkungen bis hin zur Anzahl der bereits vorhandenen und der gewünschten Kinder. Auch die eigene Zukunftssicht ist umso pessimistischer, je weniger zuversichtlich die Zukunft der Kinder betrachtet wird (und umgekehrt). Offensichtlich messen viele der 32-Jährigen das jetzige System vor allem daran, welche Zukunftschancen es ihren Erfahrungen zufolge ihren Kindern bietet. Mit der Familienbildung und der Geburt von Kindern ist eine gewichtige Einflussvariable entstanden und entsteht weiter, die von der Familienpolitik weitaus stärker beachtet werden müsste. Das Urteil vieler TeilnehmerInnen, dass das jetzige System wenig kinderfreundlich oder kinderfeindlich sei, ist seit 1990 immer häufiger zu lesen, vermutlich nicht zuletzt aus den Erinnerungen an die eigene Kindheit heraus.

Aufschlussreich sind in diesem Zusammenhang auch die Angaben, wie zuversichtlich die 32-Jährigen die Zukunft der jetzt heranwachsenden Jugendlichen im Osten sehen: Nur 5 % äußern sich positiv, 34 % ambivalent und 61 % negativ. Die Aussichten der nächsten jungen Generation sind in ihren Augen nicht besser, sondern erheblich schlechter.

2.1.3 Kein Zurück zu den politischen Verhältnissen vor der Wende

Rund anderthalb Jahrzehnte nach der Wende interessiert natürlich die Einstellung der damals 16-/17-Jährigen zu diesem Ereignis, das die Biographie der TeilnehmerInnen wie aller Bürger im Herbst '89 von Grund auf veränderte. Wie die umfangreichen qualitativen Ergebnisse (Antworten auf zahlreiche offene Fragen ohne Antwortvorgaben) der ersten Befragung nach der Wende im Frühjahr 1990 zeigten, wurde diese politische Zäsur von der Mehrheit der Teilnehmer grundsätzlich positiv bewertet. Viele von ihnen hatten sich damals an den »Montags-Demos« beteiligt (oft mit den Eltern) und beschrieben ihre Erlebnisse und Urteile.
Der größte Teil der Panelmitglieder äußerte sich positiv:

»Es wurde höchste Zeit mit der friedlichen Revolution.« (m)

»Es ist sehr gut, dass ein Volk sich seine Freiheit und sein Selbstbestimmungsrecht ohne Waffengewalt erkämpft hat.« (m)

»Es war die einzige Überlebenschance für die DDR.« (w)

Zahlreiche TeilnehmerInnen ließen aber zugleich auch erkennen, dass sie erhebliche Schwierigkeiten hatten, die Wende zu begreifen und zu verarbeiten:

»Im Herbst 1989 machte mir der Umbruch in der DDR sehr zu schaffen, denn ich wusste nicht so recht, welcher Meinung ich mich anschließen sollte. Inzwischen habe ich mir eine eigene Meinung gebildet... So konnte es nicht weitergehen!!! Soviel Betrügereien, die bis heute aufgedeckt wurden, darf es einfach nicht noch einmal geben.« (m)

»Dieser Umsturz hat mich einige Zeit in große Gewissenskonflikte gebracht. Ich hatte nämlich ganz fest an unsere Gesellschaft geglaubt und habe bis jetzt auch deren Ideale nicht vergessen, wie so viele andere Menschen.« (w)

»Manchmal sitze ich zu Hause und denke über die politische Situation sehr stark nach. Der Umbruch war eine harte Zeit. Für alle. Meine Eltern waren völlig am Ende, und ich hatte Probleme auf Arbeit, mit denen ich meine Eltern nicht noch belasten wollte. Ich habe oft heimlich geweint und alles in mich reingefressen.« (w)

In einer ganzen Reihe von Aussagen wurde aber schon damals Enttäuschung über den Verlauf der Wende deutlich:

»Die großen Demonstrationen im Herbst 89 – ein wundervolles Gefühl, inmitten von Menschen zu stehen, die alle dasselbe erreichen möchten. Solidarität zwischen den Reihen – da steckte Kraft dahinter. Doch als die ersten dachten, es sei geschafft, driftete alles auseinander. Die ›Helden‹ blieben verständlicherweise zu Hause, Neofaschisten marschierten auf, viele blieben später daheim. Warum? Die Leute werden wieder passiv, denken erneut: Es ist sowieso nichts zu ändern! Ich halte die friedliche Revolution nicht für gescheitert, aber sie wurde nicht zu Ende geführt. Kaum haben wir den aufrechten Gang gelernt, lassen wir uns erneut verschaukeln. Wir Deutschen stürzen uns von einem Extrem ins andere!« (m)

»Ich bin... ernsthaft enttäuscht. Denen, die uns regierten und denen, die es bald werden, bringe ich Misstrauen und Enttäuschung entgegen. Wem darf man jetzt noch trauen? Wen soll man wählen? Wer ist denn noch ehrlich daran interessiert, etwas fürs Volk zu tun?« (w)

In den folgenden Jahren ist die überwiegende Mehrheit der Jugendlichen/jungen Erwachsenen bei ihrer grundsätzlichen Bejahung der Wende geblieben. Wir informieren zunächst über die 2005 ermittelten Ergebnisse (Tabelle 2.2).

Rund drei Viertel der nunmehr 32-Jährigen bejahen diese Zäsur, die meisten davon sogar einschränkungslos. Nur 8 % stellen sie in Frage (AP 4 + 5). Für die meisten von ihnen gibt es demnach kein Zurück zu den politischen Verhältnissen vor der Wende. Auffällig ist aber, dass von den jungen Frauen signifikant weniger einschränkungslos zustimmen als von ihren männlichen Altersgefährten, eine aus den bisherigen Untersuchungswellen nach der Wende bekannte Erscheinung, die auch in der 19. Welle 2005 wiederkehrt und ähnlich auf andere Grundeinstellungen zutrifft.

Tab. 2.2: Zustimmung zur Wende 2005, nach Untergruppen differenziert

Fragetext: »Es war höchste Zeit, dass das SED-Regime beseitigt worden ist.«
Das entspricht meiner Meinung vollkommen 1, 2, 3, 4, 5 überhaupt nicht

	1	2	(1+2)	3	4	5	n
Gesamtgruppe	48	24	(72)	20	6	2	384
Geschlechtergruppen							
männlich	56	21	(77)	15	6	2	179
weiblich	42	26	(68)	23	6	3	205
Gesamtdauer bisheriger Arbeitslosigkeit (Extremgruppen)							
0 Monate	54	24	(78)	17	4	1	126
12 Monate und länger	41	24	(65)	21	9	5	105

Auffällig ist auch, dass Panelmitglieder, die bereits 12 Monate oder länger arbeitslos waren, deutlich weniger häufig den Systemwechsel bejahen als jene, die davon noch nicht betroffen waren. Das ist insofern erwähnenswert, als alle Prognosen darauf hinaus laufen, dass sich die Lage auf dem Arbeitsmarkt in absehbarer Zeit nicht entspannen wird. Die genannte Tendenz wird sich also sehr wahrscheinlich fortsetzen.

Die entscheidende Aussage beruht jedoch auf der Auswertung der seit 1992 vorliegenden Zeitreihen:

Abb. 2.6: Anteil der Panelmitglieder mit einschränkungsloser (AP 1) bzw. eingeschränkter (AP 2) Zustimmung zur Wende im Trend 1992–2005

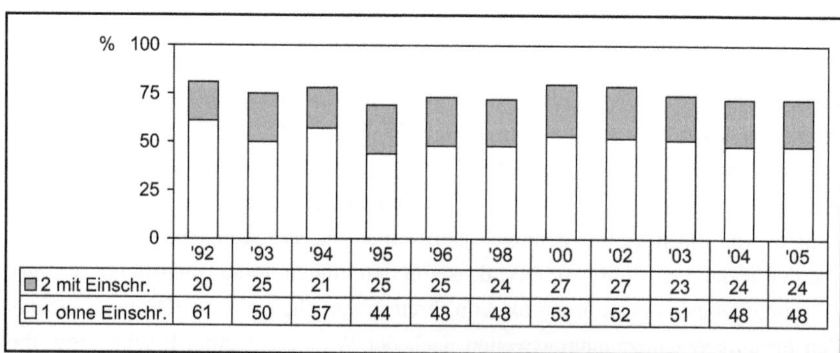

	'92	'93	'94	'95	'96	'98	'00	'02	'03	'04	'05
2 mit Einschr.	20	25	21	25	25	24	27	27	23	24	24
1 ohne Einschr.	61	50	57	44	48	48	53	52	51	48	48

Fragetext: »Es war höchste Zeit, dass das SED-Regime beseitigt worden ist.«
Das entspricht meiner Meinung vollkommen 1, 2, 3, 4, 5 überhaupt nicht

Nicht zu übersehen ist, dass (auch) diese grundsätzliche Einstellung bemerkenswerten Schwankungen unterliegt: Schon zwischen 1994 und 1998 kam es zu einem signifikanten und relevanten Abbau dieser Einstellung, Ausdruck der zunehmenden Unzufriedenheit dieser jungen Ostdeutschen mit der wirtschaftlichen Situation im Osten in der Endzeit der schwarz-gelben Regierungskoalition unter Helmut Kohl. Eine ähnliche rückläufige Tendenz ist erneut ab 2000 zu erkennen, d. h. nach dem Regierungswechsel zu Rot-Grün, Widerspiegelung erneut zunehmender Enttäuschungen.

Insgesamt gesehen ist der Anteil der Zustimmungen nicht gestiegen, sondern signifikant von 81 % im Jahr 1992 auf 72 % im Jahr 2005 gefallen, darunter der einschränkungslosen Zustimmungen von 61 % auf 48 %! Das sind erhebliche Veränderungen in den Urteilen über dieses Ereignis von historischer Tragweite! Zugleich ist es ein aufschlussreiches Beispiel für die seit der Wende bei dieser identischen Population tatsächlich abgelaufenen latenten Bewusstseinsprozesse, über die in dieser Dokumentation weiter zu berichten ist.

Für die jungen Frauen gelten diese regressiven Tendenzen in weitaus größerem Maße als für die jungen Männer, ablesbar vor allem am Anteil einschränkungsloser Zustimmung (vgl. Abbildung 2.7). Die Prozentdifferenzen in den Jahren 1995 und 1996, sowie ab 2000 sind signifikant.

Abb. 2.7: Anteil der einschränkungslosen Zustimmung zur Wende (AP 1) im Trend 1992 bis 2005, differenziert nach den Geschlechtergruppen

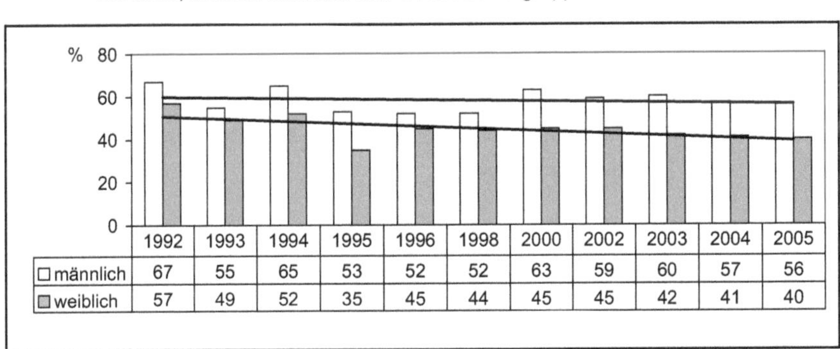

	1992	1993	1994	1995	1996	1998	2000	2002	2003	2004	2005
□ männlich	67	55	65	53	52	52	63	59	60	57	56
■ weiblich	57	49	52	35	45	44	45	45	42	41	40

Von den jungen Frauen haben in diesem Zeitraum weitaus mehr ihre einschränkungslose Zustimmung zum damaligen Systemwechsel zurück genommen als von den jungen Männern, ebenfalls eine typische Tendenz mit hoher Aussagekraft.

Jüngste Ergebnisse belegen, dass diese Regression auch auf erhebliche, anwachsende Zweifel daran zurückzuführen ist, dass die Ziele der ›friedlichen Revolution‹ im Herbst 1989 erreicht wurden bzw. die Ostdeutschen damit die Freiheit errungen haben:

Tab. 2.3: Einstellungen zum Systemwechsel 2005

Das entspricht meiner Meinung 1 vollkommen – 2 im großen und ganzen – 3 teils-teils – 4 kaum – 5 überhaupt nicht

	1	2	(1+2)	3	4	5	X
»Die Ziele der ›friedlichen Revolution‹ im Herbst '89 sind heute verwirklicht.«							
2002	2	26	(28)	58	13	1	2,86
2003	2	21	(23)	58	17	2	2,96
2004	1	18	(19)	53	22	6	3,13
2005	2	14	(16)	51	26	7	3,21
»Mit der ›friedlichen Revolution‹ im Herbst '89 haben die Ostdeutschen die Freiheit errungen.«							
2003	15	43	(58)	35	6	1	2,36
2004	17	35	(52)	37	9	2	2,45
2005	16	33	(49)	36	12	3	2,52

Nur noch 16 % bejahen 2005, dass die damaligen Ziele verwirklicht wurden, 51 % äußern sich ambivalent, immerhin 33 % stellen das in Abrede. Die Tendenz der Zustimmung seit 2002 ist deutlich abnehmend. Nur knapp die Hälfte (49 %) der 32-Jährigen stimmt 2005 zu, dass mit der Wende die Freiheit errungen wurde. Die Tendenz seit 2003 ist ebenfalls rückläufig. Auf diese kritischen Urteile zur »errungenen Freiheit« kommen wir zurück.

2.1.4 Das vereinte Deutschland – Selbstverständlichkeit und Utopie

Die jungen Erwachsenen haben von dem vereinten Deutschland Besitz ergriffen, anerkennen und nutzen die sich aus der Vereinigung ergebenden Vorteile pragmatisch für ihre Persönlichkeitsentwicklung und ihre berufliche Karriere, nicht zuletzt dafür, die neu gewonnene Reisefreiheit zu praktizieren. Nach einer seit 1990 fast kontinuierlich wachsenden Bejahung (mit Ausnahme von 1998) ist jedoch ab 2003 wieder ein signifikanter Rückgang zu beobachten, insbesondere der vorbehaltlosen Zustimmung:

Abb. 2.8: Grundeinstellung zur deutschen Einheit im Trend 1990 bis 2005. Anteile einschränkungsloser (AP 1) und eingeschränkter (AP 2) Zustimmung

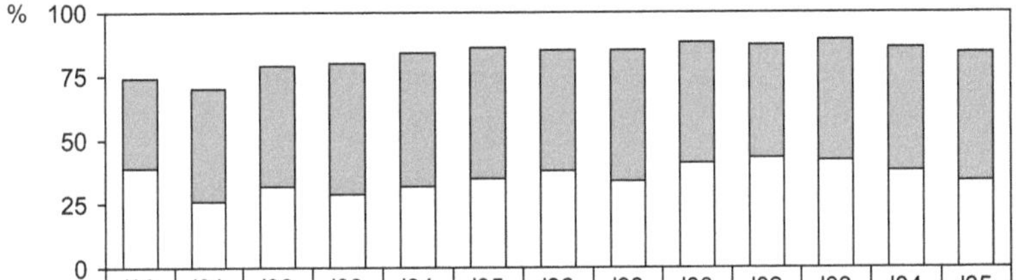

	'90	'91	'92	'93	'94	'95	'96	'98	'00	'02	'03	'04	'05
2 eher dafür	35	44	47	51	52	51	47	51	47	44	47	48	50
1 sehr dafür	39	26	32	29	32	35	38	34	41	43	42	38	34

Fragetext: »Wie stehen Sie zur Vereinigung von DDR und BRD?«
1 sehr dafür – 2 eher dafür als dagegen – 3 eher dagegen als dafür – 4 sehr dagegen

Die Daten von 1990 wurden im Frühjahr erhoben, also noch vor der Wiedervereinigung. Ab 1991 wurde der Fragetext mit dem Satz eingeleitet: »Wir hatten 1990 folgende Frage gestellt. Wie würden Sie heute antworten?«

Den Werten von 1990 ist hinzuzufügen, dass fast die Hälfte der Panelmitglieder (49 %) das Tempo der Vereinigung als zu schnell empfand. Einem Drittel (31 %) war es gerade recht, nur eine Minderheit hätte es gerne noch schneller gehabt (8 %; ausführlicher vgl. Förster & Roski, 1990).

Die Erwartungen der Panelmitglieder zur bevorstehenden Einheit waren überwiegend gemischt. Dafür stehen die eingangs zitierten typischen Notizen einer Fachschulstudentin vom Frühjahr 1990 (s. oben). Ausschließlich zustimmende Äußerungen wie die folgenden (meist von männlichen Teilnehmern geäußert) gab es nur wenige:

»Ich bin sehr froh über diesen Umbruch und hoffe, dass es so bald wie möglich zur deutschen Einheit kommt.« (m)

»Ich weiß, dass im Westen auch nicht alles Gold ist, was glänzt, aber ich weiß, dass es die bessere Gesellschaftsordnung ist.« (m)

Wesentlich häufiger wurden (insbesondere von weiblichen Teilnehmern) demgegenüber Auffassungen gegen die Vereinigung geäußert, zum Teil in sehr drastischen Formulierungen, aus denen oft die Angst vor den Folgen der Einheit sprach:

»Was im Herbst 89 begann, war toll. Was jetzt geschieht, macht mir Angst. Ich bin gegen die Vereinigung zum jetzigen Zeitpunkt.« (w)

»Ich bin auch nicht für die Wiedervereinigung... Den Menschen muss es doch genügen, dass die Grenzen offen sind und man überallhin fahren kann, wenn man das Geld hat.« (w)

»Ich frage mich, wieso die Leute so dumm sind. Ich bin für keine Wiedervereinigung, weil ich einfach Angst um unser Leben habe. Wer weiß, wie viele in zwei Jahren auf der Straße sitzen, weil immer wieder was Neues erfunden wird, das die Menschen arbeitslos macht... Kein Wunder, wenn die Leute immer aggressiver und nervöser werden bei soviel Angst ums Leben.« (w)

Wie die Erwartungen an die Einheit wurden und werden auch ihre Folgen überwiegend ambivalent beurteilt. Die Mehrheit der Panelmitglieder reflektiert seit 1992 sowohl positive als auch negative Veränderungen:

Abb. 2.9: Urteile über die Veränderungen in Ostdeutschland seit der Vereinigung im Trend 1992 bis 2005

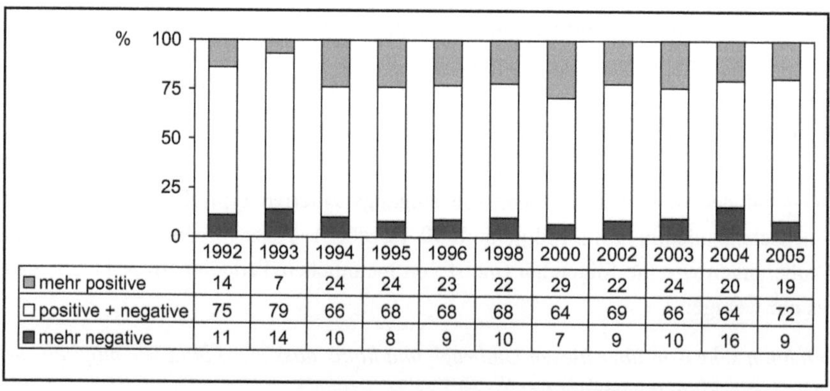

	1992	1993	1994	1995	1996	1998	2000	2002	2003	2004	2005
mehr positive	14	7	24	24	23	22	29	22	24	20	19
positive + negative	75	79	66	68	68	68	64	69	66	64	72
mehr negative	11	14	10	8	9	10	7	9	10	16	9

Fragetext: »Wenn Sie die Veränderungen in Ostdeutschland seit der Vereinigung bilanzieren: Gab es mehr positive oder mehr negative Veränderungen?«

Antwort: Insgesamt gesehen gab es in Ostdeutschland: 1 mehr positive Veränderungen – 2 sowohl positive als auch negative – 3 mehr negative Veränderungen.

Der bis 2000 erkennbare generelle Trend einer Zunahme der Auffassung, es gäbe mehr positive Veränderungen, ist gestoppt, mit Sicherheit auf Grund der immer deutlicher zu Tage tretenden wirtschaftlichen Krise in Ostdeutschland. Zugenommen hat der Anteil derer, die sich ambivalent äußern, abgenommen dafür die Quote jener, die mehr negative Veränderungen reflektieren.

Hinzu kommt, dass die Verwirklichung der Einheit immer weiter in die Zukunft verlagert wird. Das geht aus zwei offenen Fragen (ohne Antwortvorgaben) danach hervor, wie lange es wohl dauern wird, bis es den Ostdeutschen wirtschaftlich so gut geht, wie jetzt den Westdeutschen bzw. bis Ostdeutsche und Westdeutsche zu einer richtigen Gemeinschaft zusammengewachsen sind. Die folgende Abbildung 2.10 zeigt die auf dieser Grundlage jeweils berechneten prognostizierten Jahre:

Abb. 2.10: Prognostizierte Jahre für die Herstellung der wirtschaftlichen bzw. inneren Einheit zu den acht Befragungszeitpunkten zwischen 1990 und 2005

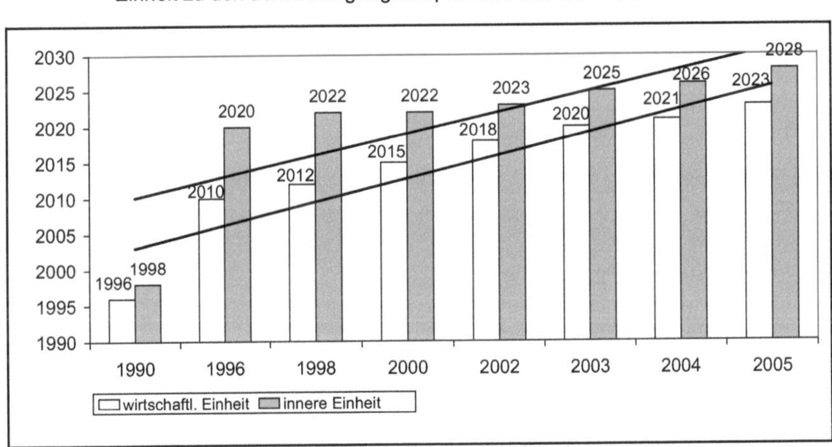

Fragetext: »Wie lange wird es dauern ...

a) bis es den Ostdeutschen wirtschaftlich so gut geht wie jetzt den Westdeutschen?

b) bis Ostdeutsche und Westdeutsche zu einer richtigen Gemeinschaft zusammengewachsen sind?« (freie Angaben in Jahren)

Die Daten von 1990 stammen nicht aus dieser Studie, sondern aus einer DDR-repräsentativen Umfrage des bis Ende 1990 noch bestehenden Zentralinstituts für Jugendforschung (Direktor: Prof. Dr. Walter Friedrich) vom September 1990 für den Spiegel, berechnet für die Altersgruppe der 18- bis 24-Jährigen (vgl. hierzu Spiegel Spezial 1/1991; Förster & Roski, 1990).

Ein bemerkenswertes Phänomen! Die seit Jahren ersichtliche Grundtendenz verstärkt sich noch: Der vermutete Zeitpunkt für die Herstellung der wirtschaftlichen und der inneren Einheit wird von Jahr zu Jahr weiter in die Zukunft hinaus geschoben, Widerspiegelung erheblicher Enttäuschungen von den Realitäten des Vereinigungsprozesses. Im Mittel gehen die Panelmitglieder 2005 davon aus, dass es noch rund 18 Jahre dauern wird, bis die wirtschaftlichen Verhältnisse in Ostdeutschland denen im Westen angeglichen sind (das wäre im Jahr 2023). Im September 1990, kurz vor der Vereinigung, wurde im Ergebnis einer identischen Frage für die Altersgruppe der 18- bis 24-Jährigen ein Durchschnittswert von nur 6,2 Jahren berechnet (das wäre 1996 gewesen). Noch wesentlich mehr Zeit wird den Vorstellungen der jungen Erwachsenen zufolge vergehen, bis die Ost- und Westdeutschen zu einer »richtigen Gemeinschaft« zusammengewachsen sind: im Durchschnitt 23 Jahre (d. h. im Jahre 2028). 1990 wurde hierzu ein Mittelwert von nur 8,2 Jahren ermittelt (das wäre 1998 gewesen). Fazit: In den Vorstellungen der Panelmitglieder verwandelt sich die tatsächliche deutsche Einheit mehr und mehr in eine Utopie.

Als »Gewinner« der deutschen Einheit verstehen sich 2005, 15 Jahre nach dem Beitritt der DDR zur BRD, mit 44 % weniger als die Hälfte der 32-Jährigen, die meisten davon mit der Einschränkung »Ja, etwas schon«:

Tab. 2.4: Gewinner der Einheit 2005

»Fühlen Sie sich als Gewinner der deutschen Einheit?«
1 ja, vollkommen – 2 ja, etwas schon – 3 nein, eigentlich nicht – 4 nein, absolut nicht

	1	2	(1+2)	3	4
Gesamt	10	34	(44)	35	21
männlich	11	46	(57)	28	15
weiblich	8	24	(32)	42	26
aktuell arbeitslos	2	22	(24)	38	38

Von den jungen Männern fühlen sich immerhin 57 % als »Gewinner«, von den jungen Frauen dagegen nur 32 %, ein gravierender Unterschied, der schlaglichtartig die bei ihnen durch die Vereinigung bewirkten Nachteile und Rückschritte auf vielen Gebieten widerspiegelt. Erfahrene Arbeitslosigkeit, aber auch die verbreitete Angst vor den Auswirkungen von »Hartz IV«, vor weiteren Reformen, vor Altersarmut schränken das Gefühl, zu den »Gewinnern der deutschen Einheit« zu gehören, stark ein.

2.1.5 Steigende Skepsis und Kritik gegenüber dem jetzigen Gesellschaftssystem

Eine der wichtigsten Erkenntnisse der bisherigen Analysen bei den TeilnehmerInnen der Studie lautet: Die mehrheitliche Bejahung der deutschen Einheit ist nicht identisch mit der Zustimmung zum gegenwärtigen Gesellschaftssystem. Bestand Anfang der 90erJahre noch eine hohe positive Korrelation zwischen beiden Aspekten – konnte man von der Bejahung der Einheit also auch auf eine Bejahung des Gesellschaftssystems schließen – hat sich diese Beziehung inzwischen erheblich gelockert: Selbst uneingeschränkte Zustimmung der Panelmitglieder zur deutschen Einheit schließt nicht zugleich auch ihre Systemzufriedenheit ein. 1992 war das zwar noch bei 71 % der Fall, ging danach jedoch deutlich zurück. 2005 waren von jenen, die die deutsche Einheit uneingeschränkt bejahten, lediglich 44 % zugleich zufrieden mit dem politischen System. Die Haltung zur deutschen Einheit stellt 2004 in weitaus geringerem Maße als noch Anfang der 90er Jahre ein Politikum dar.

Geringe Zufriedenheit mit grundlegenden Seiten der Politik

Das jetzige Gesellschaftssystem wird auch rund anderthalb Jahrzehnte nach der Herstellung der Einheit mehrheitlich skeptisch oder kritisch betrachtet, in jüngster Zeit sogar mit deutlich zunehmender Tendenz (Tabelle 2.5).

Bei den 2005 untersuchten Aspekten überwiegt, von der Außenpolitik abgesehen, mit der immerhin 50 % zufrieden sind, eindeutig geringe Zufriedenheit bzw. Unzufriedenheit:

Mit der Demokratie ist nur rund ein Drittel zufrieden, davon 2 % sehr (lt. Eurobarometer 30 % in Ostdeutschland insgesamt; vgl. European Commission, 2005); mit der Wirtschaftsordnung 27 % (2 % sehr) und – besonders wesentlich – mit dem politischen System 23 % (1 % sehr). Bei allen anderen Aspekten liegen die Prozentquoten mehr oder weniger zufriedener Panelmitglieder durchweg unter

15 Prozent: Gesundheitspolitik 14 %, Sozialpolitik und Bildungspolitik je 10 %, Familienpolitik 9 %, Lohnpolitik in Ostdeutschland 8 %, Arbeitsmarktpolitik 2 %! Mit Letzterer sind 71 % unzufrieden, eine deutliche Reaktion auf die Anfang 2005 (also wenige Monate vor Untersuchungsbeginn) in Kraft gesetzten Hartz-IV-Verordnungen der rot-grünen Regierungskoalition. Minimal ist die Zufriedenheit mit den drei Aspekten, die 2004 erfasst wurden: Jugendpolitik (6 %), Rentenpolitik (4 %) und Steuerpolitik (2 %).

Tab. 2.5: Zufriedenheit mit der Gesellschaft, 19. Welle 2005, 18. Welle 2004

»Wie zufrieden sind Sie mit dem Folgenden?«
1 sehr zufrieden – 2 zufrieden – 3 weniger zufrieden – 4 unzufrieden

	1	2	(1+2)	3	4
2005					
mit der Außenpolitik	3	47	(50)	31	19
mit der Demokratie	2	34	(36)	44	20
mit der Wirtschaftsordnung	2	25	(27)	48	25
mit dem politischen System in der BR Deutschland	1	22	(23)	49	28
mit der Gesundheitspolitik	0	14	(14)	39	47
mit der Sozialpolitik	0	10	(10)	46	44
mit der Bildungspolitik	0	10	(10)	44	46
mit der Familienpolitik	0	9	(9)	35	56
mit der Lohnpolitik in Ostdeutschland	0	8	(8)	33	59
mit der Arbeitsmarktpolitik	0	2	(2)	27	71
2004					
mit der Jugendpolitik	0	6	(6)	41	53
mit der Rentenpolitik	0	4	(4)	39	57
mit der Steuerpolitik	0	2	(2)	33	65

Fast durchgängig sind bei dieser identischen Population gegenüber den vorangegangenen Jahren starke Regressionen zu verzeichnen. Das betrifft insbesondere die Wirtschaftsordnung, eines der aussagekräftigsten Kriterien der Einstellung zum jetzigen Gesellschaftssystem:

Abb. 2.11: Zufriedenheit mit der jetzigen Wirtschaftsordnung im Trend 1993 bis 2005. Anteile der sehr zufriedenen (AP 1) bzw. zufriedenen (AP 2) Panelmitglieder

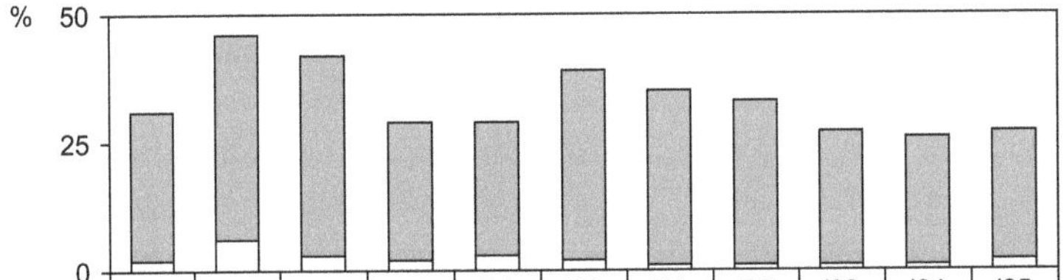

	'93	'94	'95	'96	'98	'00	'01	'02	'03	'04	'05
2 zufrieden	29	40	39	27	26	37	34	32	26	25	25
1 sehr zufrieden	2	6	3	2	3	2	1	1	1	1	2

Fragetext: »Wie zufrieden sind Sie mit der jetzigen Wirtschaftsordnung?«
1 sehr zufrieden – 2 zufrieden – 3 weniger zufrieden – 4 unzufrieden

Der Prozentanteil der mehr oder weniger stark zufriedenen Panelmitglieder hat zu keinem Zeitpunkt die 50 %-Marke überschritten: Diese jungen Ostdeutschen stehen der jetzigen Wirtschaftsordnung mehrheitlich kritisch gegenüber. Außerdem fällt der erste deutliche Abwärtstrend der Zufriedenheit zwischen 1994 und 1998 von 46 % auf 29 % auf, am Ende der Kohl-Regierung. Im Jahr 2000 (nach dem Regierungswechsel zu Rot-Grün) schien dieser Abwärtstrend gestoppt zu sein, hat sich danach jedoch erneut durchgesetzt, nun auf einem noch niedrigeren Niveau. Seit 2004 äußert nur noch rund ein Viertel Zufriedenheit, das sind die bisher geringsten Anteile seit Beginn unserer Erhebungen hierzu im Jahr 1993.

Besonders deutlich geht die kritische Haltung der 32-Jährigen gegenüber dem jetzigen Wirtschaftssystem aus ihrem Zweifel an dessen Überlegenheit hervor:

Tab. 2.6: Zweifel an der Überlegenheit des jetzigen Wirtschaftssystem 2005

»Der Kapitalismus ist das beste Wirtschaftssystem, das die Geschichte bisher hervorgebracht hat.«
Das entspricht meiner Meinung vollkommen 1, 2, 3, 4, 5 überhaupt nicht

	1	2	(1+2)	3	4	5	(4+5)
Gesamt	3	6	(9)	22	29	40	(69)
männlich	5	9	(14)	25	26	35	(61)
weiblich	2	2	(4)	19	33	44	(77)
aktuell arbeitslos	0	5	(5)	19	24	52	(76)

Nach 15 Jahren persönlichen Erfahrungen bejahen lediglich 9 % diese häufig zu lesende Auffassung, 22 % äußern sich ambivalent und 69 % weisen sie zurück. Die jungen Frauen sind noch erheblich kritischer als ihre männlichen Altersgefährten, ebenso jene 32-Jährigen, die zum Zeitpunkt der Untersuchung arbeitslos waren.

Zu diesen Ergebnissen passt auch, dass bis 2005 nur 28 % der 32-Jährigen persönlich die Erfahrung gemacht haben, in einer sozialen Marktwirtschaft zu leben; 49 % verneinen dies und 23 % meinen, das wäre schwer zu sagen. Damit stimmen weitgehend auch ihre Auffassungen zu den Hartz IV-Verordnungen bzw. zu Arbeitslosengeld II (Alg II) überein:

Tab. 2.7: Urteile über Hartz IV und Alg II 2005

Das entspricht meiner Meinung 1 vollkommen bis 5 überhaupt nicht

	1	2	(1+2)	3	4	5
»Hartz IV bedeutet Armut für die Betroffenen«						
Gesamt	46	23	(69)	20	8	3
aktuell arbeitslos	62	24	(86)	9	5	0
»Auch mit Alg II kann man in Würde leben«						
Gesamt	2	6	(8)	21	28	43
aktuell arbeitslos	2	5	(7)	17	24	52

69 % sind der Meinung, dass »Hartz IV« Armut für die Betroffenen bedeutet. Damit korreliert sehr eng die mehrheitliche Zurückweisung der amtlich sanktionierten Auffassung, dass man mit dem Arbeitslosengeld II »in Würde leben könne« (Beschluss des Berliner Sozialgerichts vom 2. August 2005).

Eine sehr ähnliche Entwicklung vollzog sich in Bezug auf die Zufriedenheit mit dem politischen System (Abbildung 2.12). Der Anteil systemzufriedener Panelmitglieder geht zu keinem Zeitpunkt über ein reichliches Drittel hinaus, die wenigsten davon sind sehr zufrieden. Das bisherige Maximum der Zufriedenheitsquote betrug 36 % (1992). Zwischen 1994 und 1998 war ebenfalls ein signifikanter Abwärtstrend zu erkennen, der nachweislich in einem engen Zusammenhang mit dem Rückgang des Vertrauens zu den Unionsparteien CDU/CSU in der Endzeit der Kohl-Ära stand (s. u.). Offensichtlich führte dieser Vertrauensverlust in diesem Zeitraum bei sehr vielen TeilnehmerInnen zu einem generellen Vertrauensverlust gegenüber der jetzigen gesellschaftlichen Ordnung, insbesondere dem politischen System.

Abb. 2.12: Zufriedenheit mit dem politischen System im Trend 1992 bis 2005. Anteile der sehr zufriedenen (AP 1) bzw. zufriedenen (AP 2) Panelmitglieder

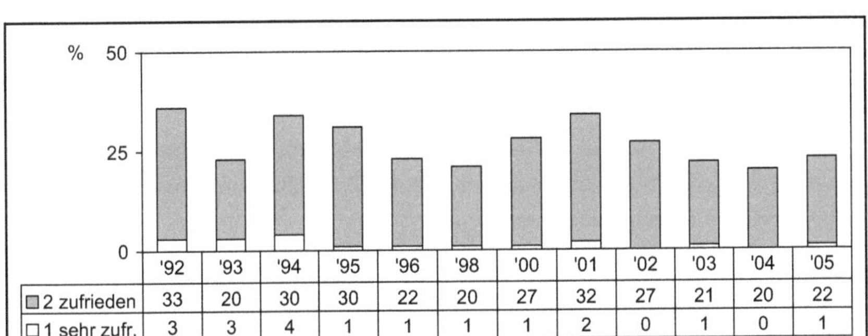

	'92	'93	'94	'95	'96	'98	'00	'01	'02	'03	'04	'05
2 zufrieden	33	20	30	30	22	20	27	32	27	21	20	22
1 sehr zufr.	3	3	4	1	1	1	1	2	0	1	0	1

Die erneute leichte Zunahme der Systemzufriedenheit nach dem Regierungswechsel 1998, ablesbar an den Werten für 2000 und 2001, weicht ab 2002 wieder einem deutlichen Negativtrend. 2005 sind lediglich 23 % mit dem politischen System zufrieden (darunter 1 % sehr zufrieden), 77 % sind mehr oder weniger unzufrieden. Erwähnenswert sind auch hier die außerordentlich großen Unterschiede zwischen den Geschlechtergruppen:

Abb. 2.13: Zufriedenheit mit dem politischen System im Trend 1992 bis 2005, nach Geschlechtergruppen differenziert. Zusammengefasste Anteile sehr zufriedener (AP 1) und zufriedener (AP 2) Panelmitglieder

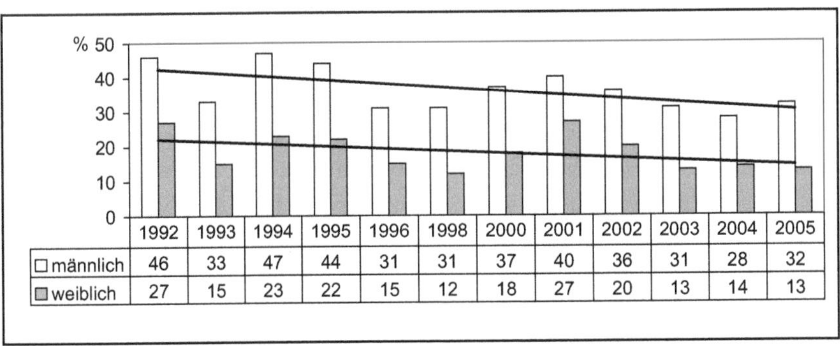

	1992	1993	1994	1995	1996	1998	2000	2001	2002	2003	2004	2005
männlich	46	33	47	44	31	31	37	40	36	31	28	32
weiblich	27	15	23	22	15	12	18	27	20	13	14	13

Die weiblichen jungen Erwachsenen sind mit dem politischen System über den gesamten Zeitraum hinweg noch erheblich weniger zufrieden als ihre männlichen Altersgefährten; die Unterschiede sind durchweg signifikant. 87 % von ihnen sind 2005 mehr oder weniger unzufrieden, noch mehr waren es nur 1988, am Ende der Regierung Kohl.

Aufschlussreich ist eine zeitlich synchron verlaufende Betrachtung der Veränderungen hinsichtlich der Zufriedenheit mit der Wirtschaftsordnung einerseits und dem politischen System andererseits:

Abb. 2.14: Trend der Zufriedenheit mit der jetzigen Wirtschaftsordnung (W) bzw. dem politischen System (P) zwischen 1993 und 2005, zeitgleich im Zusammenhang betrachtet. Die Häufigkeiten sehr zufriedener (AP 1) und zufriedener Panelmitglieder (AP 2) wurden zusammengefasst.

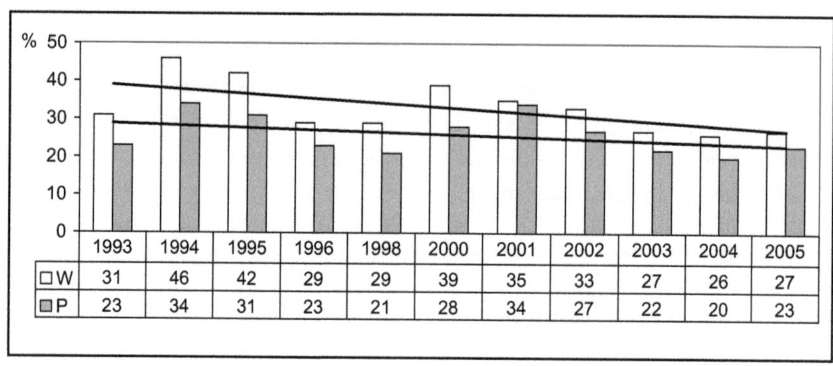

	1993	1994	1995	1996	1998	2000	2001	2002	2003	2004	2005
□W	31	46	42	29	29	39	35	33	27	26	27
■P	23	34	31	23	21	28	34	27	22	20	23

Anhand der zwischen 1993 und 2005 bei den gegenwärtig 32-Jährigen tatsächlich so abgelaufenen Bewusstseinsprozesse ist ablesbar, dass in diesem reichlichem Jahrzehnt die Zufriedenheit mit dem politischen System um so geringer ausfällt, je schwächer die Zufriedenheit mit der Wirtschaftsordnung ist – Widerspiegelung eines engen Zusammenhanges zwischen wirtschaftlicher Effektivität und politischer Legitimität des Systems. Das belegen auch die durchgängig engen Zusammenhänge zwischen beiden Aspekten (z. B. 2005: $r = .66$; $p < .001$).

Aufschlussreich ist auch der Trend zur Zufriedenheit mit der Familienpolitik, die für die 32-Jährigen inzwischen von hoher Relevanz ist und somit täglich persönlich erlebt wird. Da hier vor allem die Prozentquoten unzufriedener Panelmitglieder zugenommen haben, stellen wir deren Anteile mit dar (Abbildung 2.15).

Wie bei vielen anderen Sachverhalten wird auch hier sichtbar, dass sich nach dem Regierungswechsel (hier ab 2000) zunächst eine positive Tendenz andeutete, die sich danach jedoch kontinuierlich umkehrte. Ähnlich stellen sich auch die Trends zur Sozialpolitik, zur Demokratie und anderen Seiten der Politik dar, wir können hier nicht ausführlich darauf eingehen.

Abb. 2.15: Zufriedenheit mit der Familienpolitik im Trend 1995 bis 2005

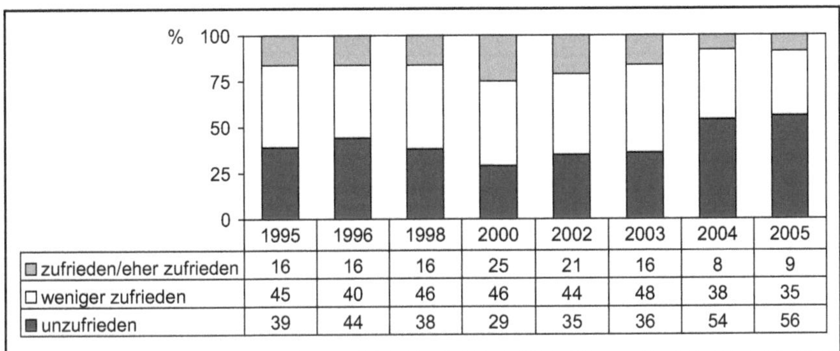

	1995	1996	1998	2000	2002	2003	2004	2005
zufrieden/eher zufrieden	16	16	16	25	21	16	8	9
weniger zufrieden	45	40	46	46	44	48	38	35
unzufrieden	39	44	38	29	35	36	54	56

Fragetext: »Wie zufrieden sind Sie mit der Familienpolitik?«
1 sehr zufrieden – 2 zufrieden – 3 weniger zufrieden – 4 unzufrieden

Kaum Bereitschaft zu politischer Partizipation

Symptomatisch für die Veränderungen des politischen Bewussteins der jungen Ostdeutschen ist der gravierende Rückgang ihrer Bereitschaft zur politischen Partizipation. Dazu liegen im Rahmen einer umfangreichen Liste von Lebenszielen Daten seit 1987 vor (Abbildung 2.16).

Die Orientierung der Panelmitglieder auf eine aktive Teilnahme am politischen Leben hatte bereits vor der Wende deutlich abgenommen, Ausdruck ihrer zunehmend kritischen Haltung gegenüber der DDR. Dieser Abwärtstrend ist nach der Wende (genauer ab 1991, im Frühjahr 1990 wollten immerhin noch 41 % sich aktiv politisch betätigen – eine große Chance, die jedoch, ob gewollt oder nicht, ungenutzt blieb) weiter gegangen und hat sich ab 1992 absturzartig verstärkt – Ausdruck erneuter Verweigerung eines großen Teils der jungen Ostdeutschen auch gegenüber dem jetzigen gesellschaftlichen System. Diese politische Ernüchterung äußert sich zugleich im drastischen Rückgang der Orientierung darauf, in die »oberen Schichten der Gesellschaft« aufzusteigen (Abbildung 2.17).

Abb. 2.16: Bedeutsamkeit des Lebensziels »aktiv am politischen Leben teilnehmen« im Trend 1987 bis 2005. Anteile sehr starker (AP 1) bzw. starker Orientierung (AP 2)

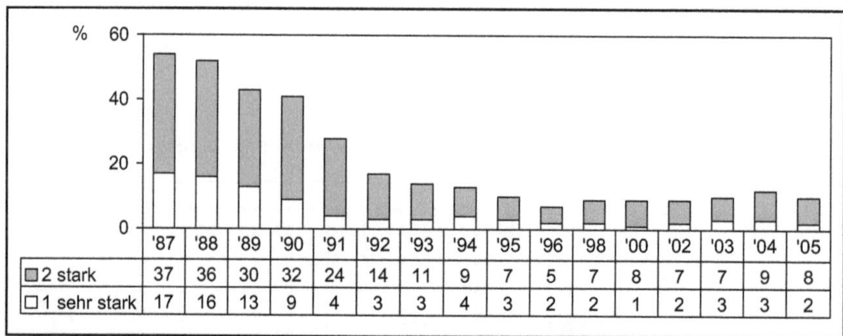

Fragetext: »Wie bedeutsam ist das Lebensziel für Sie: aktiv am politischen Leben teilnehmen?«

Das ist für mein Leben sehr bedeutsam 1, 2, 3, 4, 5 überhaupt nicht bedeutsam

Abb. 2.17: Bedeutsamkeit des Lebensziels »In die oberen Schichten der Gesellschaft aufsteigen« im Trend 1992 bis 2005. Anteile sehr starker (AP 1) bzw. starker Orientierung (AP 2)

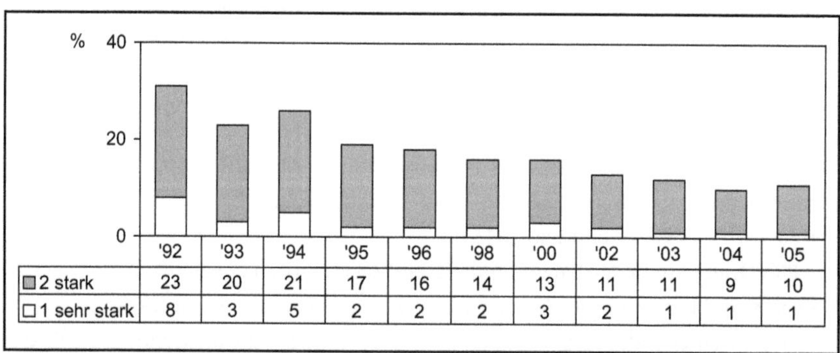

Fragetext: »Wie bedeutsam ist das Lebensziel für Sie: In die oberen Schichten der Gesellschaft aufsteigen?«

Das ist für mein Leben sehr bedeutsam 1, 2, 3, 4, 5 überhaupt nicht bedeutsam

Der Anteil der jungen Leute, die aufsteigen, zur Elite der jetzigen Gesellschaft gehören wollen, ist stark rückläufig, dazu auf einem niedrigen Niveau. Wollten 1992 immerhin noch 31 % in die »oberen Schichten« aufsteigen, ging dieser Anteil im

Jahr 2005 auf 11 % (weiblich: 8 %), d. h. auf rund ein Drittel davon zurück! Hintergrund ist die zunehmende Distanz dieser jungen Leute gegenüber dem jetzigen System, aber auch die Erfahrung, als Ostdeutscher kaum Chancen zu haben, in die auch 15 Jahre nach der Vereinigung ausschließlich oder vorwiegend von Westdeutschen dominierte gesellschaftliche Elite vorzustoßen – ein grundsätzliches Problem Ostdeutschlands und seiner Integration in eine gesamtdeutsche Gesellschaft. Wesentlich ist: Mit der abnehmenden Neigung zu Aufstieg und Prestigegewinn versiegt zugleich eine bedeutende Quelle der Identifikation mit den Werten und Normen der jetzigen Gesellschaft im Sinne von Norbert Elias (vgl. Wagner, 1999).

Kaum Glauben an die Freiheit im gegenwärtigen Kapitalismus und an seine Zukunftsfähigkeit

Vor allem die seit 2000/2001 gestellten Fragen zu grundsätzlichen Problemen der gegenwärtigen gesellschaftlichen Ordnung lassen deutlich erkennen, dass diese jungen Erwachsenen nicht nur punktuell Kritik an dieser oder jener einzelnen Seite der gesellschaftlichen Wirklichkeit üben, sondern dem Kapitalismus als System misstrauisch bis ablehnend gegenüberstehen. Dies klang bereits an und soll jetzt weiter belegt werden. So meinen nur verhältnismäßig wenige Panelmitglieder, dass im jetzigen Gesellschaftssystem Freiheit und Menschenrechte gesichert seien:

Tab. 2.8: Kapitalismus, Freiheit und Menschenrechte 2004 und 2005

Das entspricht meiner Meinung vollkommen 1, 2, 3, 4, 5 überhaupt nicht

	1	2	(1+2)	3	4	5
»Im jetzigen Gesellschaftssystem sind die Menschen erstmals wirklich frei.«						
2004	5	23	(28)	40	22	10
2005	5	20	(25)	36	23	16
männlich	6	26	(32)	35	19	14
weiblich	3	14	(17)	39	26	18
»Im jetzigen Gesellschaftssystem werden die Menschenrechte geachtet.«						
2004	3	31	(34)	38	17	11
2005	4	25	(29)	38	20	13
männlich	7	31	(38)	36	15	11
weiblich	1	19	(20)	41	25	14

Lediglich 25 % der Panelmitglieder vertreten 2005 mehr oder weniger stark die Auffassung, dass die Menschen im jetzigen System erstmals frei sind, 36 % äußern sich dazu ambivalent, 39 % ablehnend. Mit 29 % stimmen nicht viel mehr zu, dass im jetzigen System die Menschenrechte geachtet werden, 38 % äußern sich hierzu ambivalent, 33 % ablehnend. Auffällig sind wiederum die sehr kritischen Auffassungen der jungen Frauen hierzu. Die Tendenz von 2004 zu 2005 ist negativ. Diese geringe Zustimmung zur herrschenden Freiheitsphilosophie ist ein Politikum mit erheblicher Brisanz.

Aufschlussreich sind in diesem Zusammenhang die Antworten auf eine 2003 im Rahmen der 17. Welle gestellte offene Frage danach, in welcher Hinsicht mit der »friedlichen Revolution« 1989 die Freiheit errungen wurde und in welcher Hinsicht nicht. Im Kern geht es darum, dass nach Auffassung der großen Mehrheit dieser jungen Ostdeutschen vor allem die Reisefreiheit gewonnen wurde, die aber von vielen nicht genutzt werden kann, da ihre wirtschaftliche Situation dies nicht zulässt. Freiheit wird faktisch mit Reisefreiheit gleichgesetzt.

Einige typische Aussagen, die in vielen Variationen wiederkehren, lauten:

»Ohne Arbeit kann ich die errungene Freiheit nicht genießen.«

»Reisefreiheit – aber was nützt es, reisen zu können, wenn man durch die derzeitige Politik immer weniger Geld in der Tasche hat! Außerdem wird die wirtschaftliche Situation im Osten immer wackliger, so dass die Arbeitslosigkeit noch weiter steigen wird – aber wir können ja reisen! Wir haben jetzt die Freiheit, die Partei unserer Wahl auf dem Wahlzettel anzukreuzen – aber wem kann man trauen?! ...«

»Freiheit haben wir errungen in jeder Hinsicht, aber Sicherheit verloren, d. h. soziale Sicherheit und die meisten Menschen materielle Sicherheit. Jetzt ist alles risikoreicher und nur noch kommerziell. Alles hat eine Kehrseite.«

»Es wurden zwar einige Freiheiten errungen (Reisefreiheit, Pressefreiheit u. a.), aber was nützt die ganze Freiheit, wenn man sich jeden Monat auf dem Arbeitsamt oder Sozialamt melden muss. Früher war für die Kinder eine Perspektive vorhanden, heute: keine Lehrstelle – kein Job – kein Geld – schiefe Bahn.«

Hinzu kommt, dass sehr viele Panelmitglieder der jetzigen Gesellschaft Merkmale zuschreiben, die ihnen vor der Wende im Staatsbürgerkundeunterricht (»Stabü-Unterricht«) gelehrt wurden. Dazu werden ihnen seit mehreren Jahren einige damals typische Aussagen vorgelegt, zu denen sie angeben, ob sie ihren heutigen Erfahrungen zufolge zutreffen. 2005 führte das u. a. zu folgenden Ergebnissen:

Tab. 2.9: Aktuelle Auffassung der 32-Jährigen zu zentralen Lerninhalten des Staatsbürgerkundeunterrichts vor der Wende im Jahr 2005 (Auswahl)

1 ja – 2 nein – 0 Das ist schwer zu sagen

	1	2	0
»Stimmt die damalige Behauptung, dass die eigentlichen Machthaber die großen Konzerne und Banken sind?«	80	6	14
»Stimmt die damalige These, dass im Gesellschaftssystem der BRD die herrschenden Politiker in erster Linie die Interessen der Reichen und Mächtigen vertreten?«	64	13	23
»Im Stabü-Unterricht wurde die BRD als Gesellschaft charakterisiert, in der die Kapitalisten die Arbeiter ausbeuten. Trifft das nach Ihren heutigen Erfahrungen zu?«	58	17	25
»Gibt es in der heutigen Bundesrepublik noch Klassenkampf?«	52	26	2

Immerhin über drei Viertel der Panelmitglieder (80 %) halten 2005 die frühere Behauptung für richtig, dass die eigentlichen Mächtigen die großen Konzerne und Banken wären. Nur 6 % weisen sie zurück, mit 14 % ist der Anteil derer vergleichsweise niedrig, die sich darüber nicht im Klaren sind. Knapp zwei Drittel (64 %) halten die damalige These heute für richtig, wonach die herrschenden Politiker in erster Linie die Interessen der Reichen und Mächtigen vertreten würden. Jeweils die reichliche Hälfte meint, dass die ihnen früher vermittelten Thesen der Existenz von Ausbeutung (58 %) bzw. Klassenkampf (52 %) heute tatsächlich zutreffen würden.

Die generelle Tendenz der Zustimmung zu diesen Aussagen ist seit vielen Jahren zunehmend. So ist die Prozentquote derer, die heute bejahen, dass es »Ausbeutung« wie in der Schule gelehrt gäbe, von 49 % im Jahr 1996 auf 58 % im Jahr 2005 gestiegen.

In dieselbe Richtung geht auch die seit Jahren mehrheitliche Zustimmung zu der These »Es war nicht alles falsch, was wir früher in der Schule über den Kapitalismus gelernt haben.« Diese Formulierung war schon in den ersten Befragungen nach 1990 sehr oft bei den verbalen Angaben der Panelmitglieder zu lesen; seit der

14. Welle wurde sie deshalb als Fragestellung vorgegeben, um ihre Verbreitung genauer quantifizieren zu können:

Abb. 2.18: Zustimmung zur Auffassung: »Es war nicht alles falsch, was wir in der Schule über den Kapitalismus gelernt haben.«

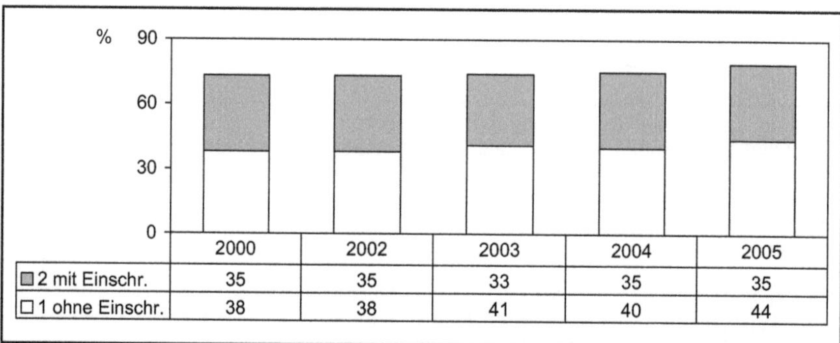

	2000	2002	2003	2004	2005
2 mit Einschr.	35	35	33	35	35
1 ohne Einschr.	38	38	41	40	44

Fragetext: »Es war nicht alles falsch, was wir in der Schule über den Kapitalismus gelernt haben.«

Das entspricht meiner Meinung vollkommen 1, 2, 3, 4, 5 überhaupt nicht

Rund drei Viertel stimmen der These mit leicht zunehmender Tendenz zu, nur eine Minderheit lehnt sie ab. Wesentlich ist: Bei diesen Urteilen spielen die früheren Schulnoten in Staatsbürgerkunde und Geschichte keine Rolle. Negative Beobachtungen und Erfahrungen bestärken dagegen deutlich die Auffassung, dass nicht alles falsch gewesen sei, was in der Schulzeit (vor über anderthalb Jahrzehnten) über den Kapitalismus gelehrt wurde.

Die Distanz der Panelmitglieder gegenüber dem jetzigen Gesellschaftssystem kulminiert in weit verbreiteten Zweifeln an seiner Zukunftsfähigkeit und in der nur von einer Minderheit geäußerten Hoffnung, dass dieses System für immer Bestand haben möge (Tabelle 2.10).

Nur sehr wenige Panelmitglieder glauben 2005 daran, dass das jetzige Gesellschaftssystem die dringenden Menschheitsprobleme lösen wird (a), die meisten (78 %) zweifeln daran, von den jungen Frauen weitaus mehr als von den jungen Männern. Der Anteil derer, die das jetzige Gesellschaftsmodell als das einzige menschenwürdige Zukunftsmodell ansehen (b), stieg zwar Ende 2001 (die Untersuchung fand kurz nach den Terroranschlägen vom 11. September statt) leicht an, ging 2002 jedoch wieder zurück und bleibt 2005 ebenfalls eine Minderheit.

Tab. 2.10: Einstellungen zum jetzigen Gesellschaftssystem 2000 bzw. 2001 und 2005

Das entspricht meiner Meinung vollkommen 1, 2, 3, 4, 5 überhaupt nicht

	1	2	(1+2)	3	4	5	(4+5)
»Das jetzige Gesellschaftssystem wird die dringenden Menschheitsprobleme lösen.« (a)							
2000	1	9	(10)	30	32	28	(60)
2005	0	2	(2)	20	34	44	(78)
männlich	0	3	(3)	26	28	43	(71)
weiblich	0	1	(1)	14	40	45	(85)
»Das jetzige Gesellschaftssystem ist das einzige menschenwürdige Zukunftsmodell.« (b)							
2000	0	7	(7)	33	29	31	(60)
2005	1	4	(5)	21	32	42	(74)
männlich	2	5	(7)	25	28	40	(68)
weiblich	0	3	(3)	17	36	44	(80)
»Ich hoffe, dass das jetzige Gesellschaftssystem für immer erhalten bleibt.« (c)							
2001	3	15	(18)	43	21	18	(39)
2005	0	6	(6)	29	27	38	(65)
männlich	0	9	(9)	36	23	32	(55)
weiblich	0	3	(3)	23	31	43	(74)
»Kapitalismus bedeutet Freiheit für alle Menschen.« (d)							
2005	1	12	(13)	33	26	28	(54)
»Ich bin froh, heute in einem kapitalistischen Deutschland zu leben.« (e)							
2005	2	13	(15)	42	26	17	(43)
männlich	3	18	(21)	45	18	16	(34)
weiblich	1	7	(8)	41	34	17	(51)

Bestätigt finden wir außerdem, dass die 32-Jährigen dem Freiheitsversprechen des gegenwärtigen Kapitalismus aufgrund ihrer bisherigen Erfahrungen und Beobachtungen sehr kritisch gegenüberstehen (d): Lediglich 13 % der 32-Jährigen (darunter 7 % der jungen Frauen) stimmen 2005 mehr oder weniger zu, dass Kapitalismus Freiheit für alle bedeutet, 54 % stellen das in Abrede. Froh heute in einem kapitalistischen Deutschland zu leben (e), sind 15 Jahre nach dem Beitritt der DDR zur BRD 15 % der 32-Jährigen, darunter 21 % der jungen Männer gegenüber 8 % der jungen Frauen.

Die zunehmend kritische Sicht der 32-Jährigen auf die gängige Freiheitsphilosophie geht auch aus der Tendenz hervor, dass der Anteil derer, die meinen, dass Freiheit und Arbeitslosigkeit einander ausschließen, immer größer wird:

Abb. 2.19: Ohne Arbeit keine Freiheit!

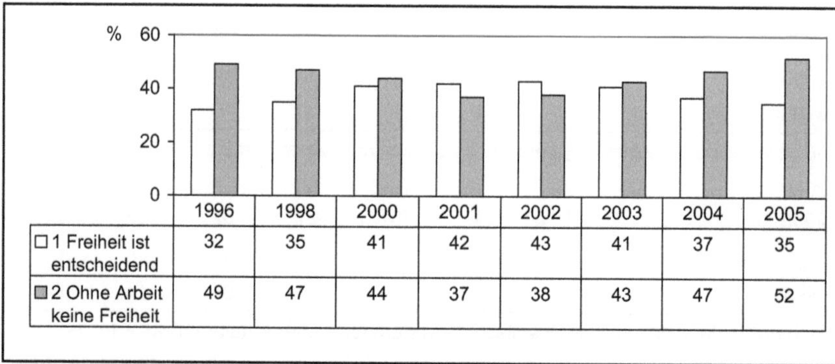

	1996	1998	2000	2001	2002	2003	2004	2005
□ 1 Freiheit ist entscheidend	32	35	41	42	43	41	37	35
■ 2 Ohne Arbeit keine Freiheit	49	47	44	37	38	43	47	52

Fragetext: »Welchem der beiden Standpunkte würden Sie sich am ehesten anschließen?«

1 Für mich ist entscheidend, dass ich in Freiheit leben kann, bei allen Problemen, die es jetzt vor allem durch die hohe Arbeitslosigkeit gibt.

2 Freiheit nützt mir nichts, wenn ich keine Arbeit habe.

0 Das ist schwer zu sagen. (in der Abbildung nicht angeführt)

Diese Quote hatte bis 2001 abgenommen, ab 2002 ist sie jedoch wieder auf 52 % im Jahr 2005 angestiegen. 2005 beträgt sie bei den jungen Frauen 55 % gegenüber 47 % bei den jungen Männern. Außerdem steigt sie mit zunehmender Dauer eigener Arbeitslosigkeit an von 41 % bei denen, die bisher noch nie arbeitslos waren, auf 65 % jener, die schon 12 Monate und länger arbeitslos waren. In dieselbe Richtung weist, dass bereits bestehende Angst vor Arbeitslosigkeit die Auffassung nährt, dass es ohne Arbeit keine Freiheit geben würde.

Das ohnehin geringe Vertrauen zu den demokratischen Parteien stürzt weiter ab

Als ein aussagekräftiges Kriterium der Identifikation mit dem gegenwärtigen System wurde bereits von 1991 an die Haltung der Panelmitglieder gegenüber den demokratischen Parteien erfasst. Obwohl diese Studie sich ausdrücklich nicht als

Parteienforschung versteht, sind durch diese Längsschnittanalysen interessante Einblicke und Erkenntnisse entstanden, auf die wir hier in gebotener Kürze eingehen wollen.

Die gesellschaftskritische Haltung der Panelmitglieder äußert sich drastisch in ihrem nur sehr geringen Vertrauen gegenüber den politischen Parteien. Wir informieren zunächst über die im Frühsommer 2005 ermittelten Vertrauensquoten:

Tab. 2.11: Ausprägung des Vertrauens zu den Parteien im Frühsommer 2005

»Inwieweit haben Sie Vertrauen zu folgenden Parteien?«
1 sehr großes – 2 großes – 3 geringes – 4 überhaupt keins

	1	2	(1+2)	3	4
CDU/CSU	0	16	(16)	49	35
SPD	0	9	(9)	57	34
PDS	1	10	(11)	44	45
FDP	1	9	(10)	39	51
Bündnis 90/Die Grünen	0	7	(7)	42	51
rechte Parteien	0	2	(2)	12	86

Im Grunde genommen sind die Vertrauensquoten der 32-Jährigen allesamt unerheblich; sie widerspiegeln die häufig konstatierte anhaltende Vertrauenskrise gegenüber den demokratischen Parteien, häufig als Parteienverdrossenheit charakterisiert.

Noch aufschlussreicher sind die vorliegenden Trendanalysen. Von 1991 an (6. Welle) wurde untersucht, inwieweit die Panelmitglieder Vertrauen zu den beiden großen Parteien CDU/CSU und SPD haben, ab 1992 wurden drei weitere Parteien einbezogen: Bündnis 90/Grüne, PDS, FDP (und Republikaner). Aus den Trends geht hervor: Die Vertrauensquoten erreichen bei keiner der demokratischen Parteien ein Drittel der TeilnehmerInnen, sie liegen meist weit darunter. Wir belegen das hier für die großen Parteien CDU/CSU und SPD sowie für die Grünen (Abbildungen 2.20 und 2.21):

Abb. 2.20: Entwicklung der Quoten sehr großen bzw. großen Vertrauens gegenüber SPD und CDU/CSU im Trend 1991 bis 2005

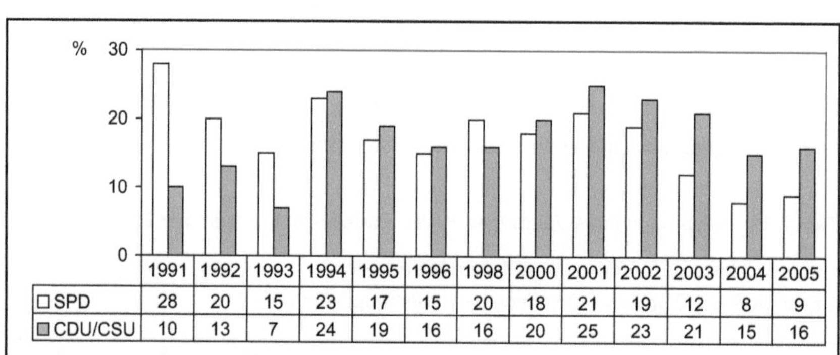

	1991	1992	1993	1994	1995	1996	1998	2000	2001	2002	2003	2004	2005
□ SPD	28	20	15	23	17	15	20	18	21	19	12	8	9
■ CDU/CSU	10	13	7	24	19	16	16	20	25	23	21	15	16

Fragetext: »Inwieweit haben Sie Vertrauen zu den folgenden Parteien?« (zusammengefasste AP 1 und 2)

1 sehr großes – 2 großes – 3 geringes – 4 überhaupt keins

Die höchste Quote der Panelmitglieder überhaupt, die Vertrauen äußern, betrug 28 % im Jahr 1991 in Bezug auf die SPD (darunter sehr großes Vertrauen: 6 %). Selbst dieser geringe Wert wurde danach von keiner der Parteien wieder erreicht.

Unübersehbar ist der deutliche Rückgang des Vertrauens zu CDU/CSU schon zwischen 1994 und 1998: Äußerten 1994 noch 24 % der Panelmitglieder sehr großes oder großes Vertrauen, sank dieser Anteil bis 1998 fast kontinuierlich und signifikant auf 16 % ab. Wesentlich ist: Dieser erhebliche Vertrauensverlust (dazu auf einem niedrigen Niveau) ging zeitgleich mit einem ebenfalls klaren Rückgang der Zufriedenheit mit dem politischen System in diesem Zeitraum einher. Das heißt: Aus der Vertrauenskrise gegenüber den Unionsparteien entwickelte sich damals bei den Teilnehmern offensichtlich eine generelle Vertrauenskrise gegenüber dem politischen System. Nach dem Regierungswechsel 1998 stiegen die Vertrauensquoten gegenüber CDU/CSU (hier ablesbar an den Daten ab 2000) zunächst leicht an, um dann erneut signifikant zurückzugehen.

Auch die Vertrauensquoten gegenüber der SPD gingen nach dem Auf und Ab zwischen 1991 und 2001 ab 2002 erneut deutlich zurück, deutlicher sogar als hinsichtlich CDU/CSU. Mit dem starken Vertrauensverlust gegenüber der SPD korreliert wiederum der erwähnte Rückgang der Zufriedenheit mit dem politischen System.

Von den anderen Parteien können wir hier nur noch auf Bündnis 90/Grüne eingehen, die Anfang der 90er Jahre relativ viel Ansehen bei den TeilnehmerInnen genossen:

Abb. 2.21: Anteil der Panelmitglieder, die sehr großes oder großes Vertrauen zu Bündnis 90/Die Grünen haben, im Trend 1992 bis 2005

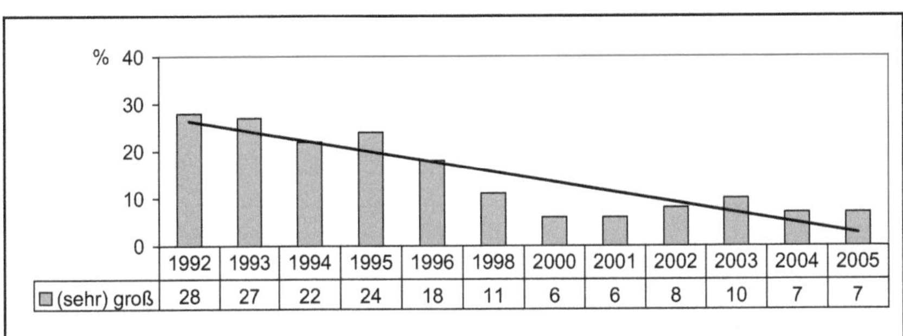

	1992	1993	1994	1995	1996	1998	2000	2001	2002	2003	2004	2005
(sehr) groß	28	27	22	24	18	11	6	6	8	10	7	7

Ein klarer Trend: Zwischen 1992 (damals durchschnittlich 19,5 Jahre alt) und 2004 bzw. 2005 verringerte sich der Anteil der Panelmitglieder, die sehr großes oder großes Vertrauen zu Grüne/Bündnis 90 äußerten, dramatisch von 28 % auf 7 %! Demgegenüber verdoppelte sich die Quote jener, die überhaupt kein Vertrauen zu dieser Partei haben, von 25 % auf 51 %. Besonders hoch ist diese Quote seit der Bildung der rot-grünen Regierungskoalition (hier ab 2000). Die verbreitete Unzufriedenheit der 32-Jährigen mit dem politischen System, mit der gesellschaftlichen Entwicklung insgesamt geht in beträchtlichem Maße auf die sehr schwache Vertrauensbasis der das System tragenden demokratischen Parteien zurück. Eine Trendwende ist 2005 nicht in Sicht.

Aus dieser Sicht ist von erheblicher Bedeutung, dass in den vergangenen 13 Jahren der Anteil der Panelmitglieder, die zu keiner der das System tragenden demokratischen Parteien (ohne PDS) sehr großes oder großes Vertrauen haben, stark zugenommen hat (Abbildung 2.22).

Schon 1992 und 1993 war dieser Anteil sehr hoch, ging jedoch ab 1994 deutlich zurück, um danach wieder fast kontinuierlich anzusteigen auf 73 % im Jahre 2004 bzw. 71 % im Jahr 2005, die bisher höchsten Quoten seit 1992 überhaupt.

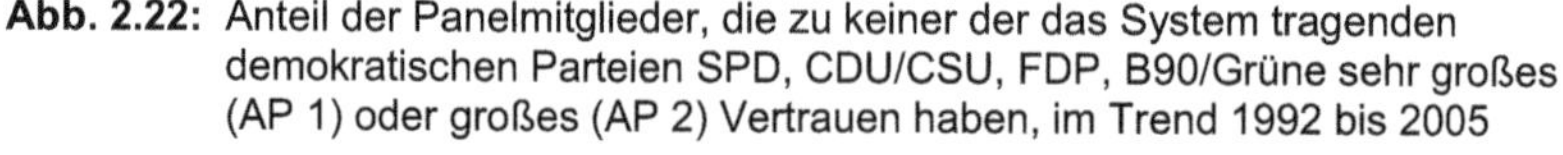

Abb. 2.22: Anteil der Panelmitglieder, die zu keiner der das System tragenden demokratischen Parteien SPD, CDU/CSU, FDP, B90/Grüne sehr großes (AP 1) oder großes (AP 2) Vertrauen haben, im Trend 1992 bis 2005

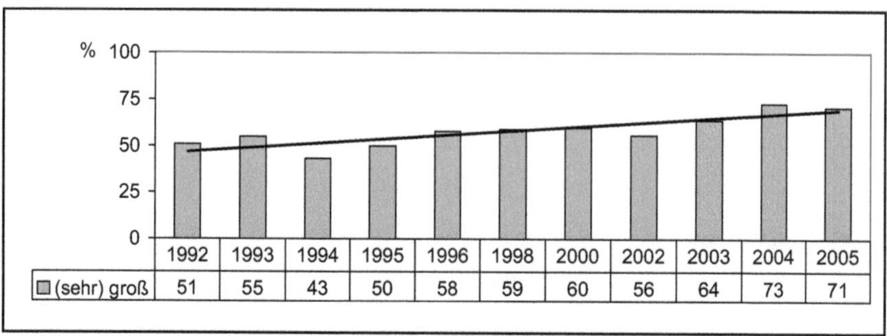

	1992	1993	1994	1995	1996	1998	2000	2002	2003	2004	2005
(sehr) groß	51	55	43	50	58	59	60	56	64	73	71

Bestätigung finden diese Angaben durch die bei einer Längsschnittstudie möglichen Längsschnittkorrelationen der Parteipräferenzen, aus denen hervorgeht, dass 2005 lediglich 39 % wieder jene Partei wählten, für die sie sich 2004, also nur ein Jahr zuvor, entschieden hatten! Von Bindung an bzw. Vertrauen in die das System tragenden demokratischen Parteien kann nur bei einem kleinen Teil dieser jungen Erwachsenen die Rede sein, Tendenz weiter abnehmend.

Dasselbe gilt in einem bemerkenswerten Maße für die Politiker. Bereits erwähnt hatten wir, dass rund zwei Drittel der Panelmitglieder die Auffassung vertreten, die herrschenden Politiker würden in erster Linie die Interessen der Reichen und Mächtigen vertreten, und zwar faktisch unabhängig von der eigenen Parteipräferenz. Das belegen auch Hunderte von verbalen Notizen zu den Politikern, die in den letzten Jahren eindeutig an Schärfe zugenommen haben. Wir zitieren einige davon:

»Warum können die Politiker in Deutschland nicht ein einziges Problem lösen? Wozu sind sie überhaupt da?« (Maurer)

»Ob sie wissen, was sie mit ihrer Politik (Wirtschaft, Renten, Steuern, Menschenrechte usw.) den Bürgern der BRD antun. Die ganze Regierung gehört ausgetauscht, da sie nur die eigenen Interessen vertritt und nicht die der Bevölkerung!« (Arbeitslos)

»Würden Sie sich heute für 24 Stunden als Arbeitsloser auf Arbeitssuche oder als Bürger mit gesundheitlichen Problemen unters Volk mischen? Als Mutter mit 2 Kin-

dern mal einkaufen gehen, wenn man kaum Geld zur Verfügung hat, um zu sehen, wie schwer es derzeit im Land ist. Damit Sie sehen, was die Probleme der einfachen Menschen sind?« (Erziehungsurlaub)

»Wie viel Geld wollen Sie uns noch aus der Tasche ziehen? Wollen wir mal ein Jahr tauschen? Sie leben so wie ich und ich so wie Sie?« (Mediengestalter)

»Fragen an Politiker zu stellen ist völlig überflüssig. Antworten bekommt man sowieso nicht.« (Techniker)

Immer weniger schätzen die Entwicklung im Osten als Fortschritt ein

Skepsis bzw. Kritik der Panelmitglieder gegenüber dem Gesellschaftssystem widerspiegeln sich nicht zuletzt in ihrem persönlichen Urteil darüber, ob es sich bei den Veränderungen seit der Wende grundsätzlich eher um einen Fortschritt oder eher um einen Rückschritt handelt. Dazu liegen Trenddaten seit 1996 vor:

Abb. 2.23: Fortschritt oder Rückschritt? Beurteilung der gesellschaftlichen Entwicklung im Trend 1996 bis 2005

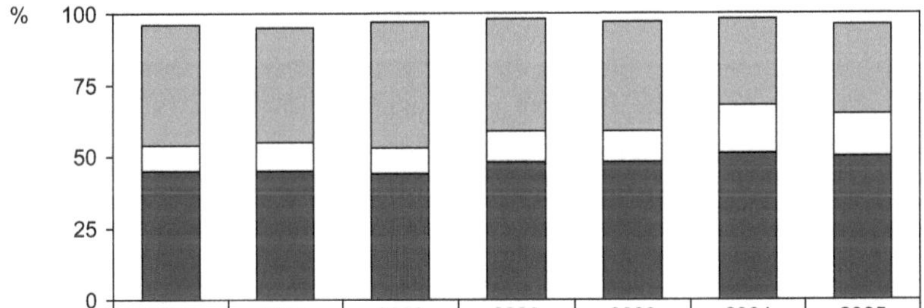

	1996	1998	2000	2002	2003	2004	2005
Fortschritt	42	40	44	39	38	30	31
Rückschritt	9	10	9	11	11	17	15
beides	45	45	44	48	48	51	50

Fragetext: »Bewerten Sie die gesellschaftliche Entwicklung in Ostdeutschland seit der Wende grundsätzlich eher als Fortschritt oder eher als Rückschritt?«

1 eher als Fortschritt – 2 eher als Rückschritt – 3 teils als Fortschritt, teils als Rückschritt – 0 Das ist schwer zu sagen (Abbildung ohne Position 0)

Der Trend ist deutlich: Nach 1996 (zuvor war diese Frage nicht gestellt worden) ist der Anteil derer, die die Entwicklungen in Ostdeutschland aus ihrer Sicht eher als Fortschritt betrachten, signifikant von 42 % auf 30 % im Jahr 2004 bzw. 31 % im Jahr 2005 zurückgegangen. Dafür hat sich die Quote jener von 9 % auf 17 % in 2004 bzw. 15 % in 2005 vergrößert, die sie für einen Rückschritt halten, sowie derer leicht erhöht, die sich ambivalent äußern. Vor allem die jungen Frauen haben ihre Beurteilung als Fortschritt deutlich zurück genommen: 1996 meinten das 38 % von ihnen, 2005 sind es noch 26 %.

2.1.6 Good bye Lenin bedeutet nicht Good bye DDR!

Die Beziehungen der Panelmitglieder zur untergegangenen DDR stehen von der ersten Welle nach der Wende an (4. Welle Frühjahr 1990) mit im Mittelpunkt dieser Studie. Inzwischen liegt eine Fülle von sowohl quantitativen als auch qualitativen Ergebnissen vor, die hier nur angedeutet werden können. Sie dokumentieren, dass bei den TeilnehmerInnen dieser Studie der Identitätswandel vom DDR-Bürger zum Bundesbürger weitaus komplizierter verläuft, als dies selbst von Experten nach dem Beitritt der DDR zur Bundesrepublik erwartet wurde (vgl. u. a. Friedrich & Förster, 1991; 1994). Dieser Prozess ist bei den 32-Jährigen dieser Studie deutlich anders verlaufen, als das beispielsweise von Jana Hensel (2002) über die etwa drei Jahre jüngeren »Zonenkinder« (Jahrgang 1976) beschrieben wird, die sich zehn Jahre nach der Wende ihren Beobachtungen zufolge bereits als die »ersten Wessis aus Ostdeutschland« (S. 166) gefühlt haben sollen.

Schon Bundesbürger, aber noch immer DDR-Bürger

Die Unzufriedenheit des größten Teils der Panelmitglieder mit ihrem jetzigen gesellschaftlichen Umfeld äußert sich auf spezifische Weise darin, inwieweit sie sich schon als Bundesbürger bzw. noch als DDR-Bürger fühlen (Abbildung 2.24).

Wie zu erkennen ist, hat sich die Verbundenheit der Panelmitglieder mit der Bundesrepublik zwischen 1992 und 2005 faktisch nicht verstärkt. Lediglich Ende 2001, d. h. kurz nach den Ereignissen vom 11. September, deutete sich ein leichter Zuwachs an, der jedoch im Frühsommer 2002 wieder verschwunden war.

Abb. 2.24: Ausprägung der Identifikation mit der DDR bzw. mit der Bundesrepublik im Trend zwischen 1992 und 2005

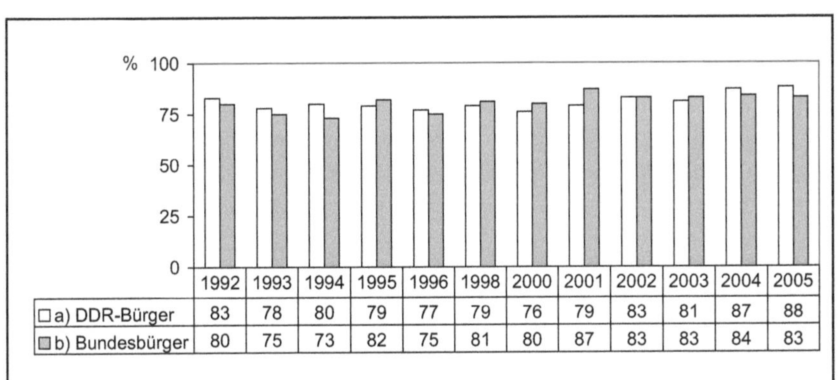

	1992	1993	1994	1995	1996	1998	2000	2001	2002	2003	2004	2005
□ a) DDR-Bürger	83	78	80	79	77	79	76	79	83	81	87	88
■ b) Bundesbürger	80	75	73	82	75	81	80	87	83	83	84	83

Fragetext: »Als was fühlen Sie sich?«

a) als Bürger der ehemaligen DDR

b) als Bürger der Bundesrepublik Deutschland

1 vollkommen – 2 etwas schon – 3 eigentlich nicht – 4 überhaupt nicht

Die Anteile einschränkungsloser (AP 1) und eingeschränkter (AP 2) Verbundenheit wurden zusammengefasst.

Andererseits war die Verbundenheit mit der untergegangenen DDR im Untersuchungszeitraum 1990 (Frühjahr) bis 1996 trotz des gewachsenen Abstandes zu ihrem Untergang nur tendenziell rückläufig, um danach wieder zuzunehmen. Im Jahr 2005 wird mit 88 % die bisher höchste Quote derer erreicht, die sich mit der DDR identifizieren; das sind signifikant mehr als jene 83 %, die sich mit der Bundesrepublik identifizieren. Die Prozentquoten der Panelmitglieder mit einer einschränkungslosen Identifikation mit der DDR (hier nicht näher dargestellt) sind nach dem kurzzeitigen Rückgang im Jahre 1995 auf 35 % wieder geradezu sprunghaft auf 56 % im Jahr 2004 bzw. 53 % in 2005 angewachsen – ein einzigartiges und unerwartetes Phänomen.

Eine Kopplung beider Angaben (die vierstufige Antwortskala wurde dafür dichotomisiert) ergibt im Jahr 2005 bei 72 % der Panelmitglieder eine so genannte »Doppelidentität«. Sie fühlen sich als Bundesbürger, ohne jedoch ihre Verbundenheit mit der DDR aufgegeben zu haben; 11 % fühlen sich vorwiegend als Bundesbürger und nicht mehr als DDR-Bürger; 16 % haben noch kein Zugehörigkeitsgefühl zur Bundesrepublik entwickelt, fühlen sich noch vorwiegend als DDR-

Bürger. Die restlichen 1 % fühlen sich weder als Bundesbürger noch als DDR-Bürger.

Anfang der 90er Jahre bestand zwischen beiden Identifikationen noch ein signifikanter negativer Zusammenhang: je ausgeprägter die Identifikation als DDR-Bürger, desto geringer die Identifikation als Bundesbürger (z. B.1992 $r = -.30$; $p < .001$). Seit Mitte der 90er Jahre stehen sie jedoch unverbunden nebeneinander (2004: $p = .09$; 2005: $p = .56$). Die Identifikation mit der DDR trägt also bei den heute 32-Jährigen vermutlich nicht den Charakter einer »Widerstandsidentität« gegen die Identifikation mit der Bundesrepublik im Sinne von Manuel Castells (2002). Hierzu werden künftige Analysen sehr interessant sein.

Fest steht bisher: Das Zugehörigkeitsgefühl zu der vor rund anderthalb Jahrzehnten untergegangenen DDR wurde (auch) von diesen jungen Menschen nicht als überflüssiger Ballast abgeworfen. Ausdrücklich betont sei, dass es sich dabei nicht um politische Bindungen an die untergegangene DDR handelt. So bestehen keine signifikanten Korrelationen zwischen der Identifikation mit der DDR im Jahr 2005 einerseits und der Identifikation mit ihr vor der Wende, im Frühjahr 1989 ($p = .082$) bzw. mit der damaligen Systembindung ($p = .229$) andererseits. Großes Gewicht haben dabei vielmehr tiefe lebensgeschichtliche Prägungen, vor allem das Erleben der DDR als Heimatland, die Erinnerung an eine meist sozial sichere, sorgenfreie Kindheit und Jugend, insbesondere ohne Arbeitslosigkeit der Eltern, die vielfach aufgewertet wird durch den Kontrast heutiger Alltagserfahrungen.

Diese und weitere Ergebnisse lassen darauf schließen, dass bei den 32-Jährigen die Herausbildung einer von »Resten« der DDR-Verbundenheit freien Verbundenheit mit der Bundesrepublik noch eine unbestimmte Zeit dauern wird, wenn sie überhaupt zustande kommt. Darauf lässt auch schließen, dass die politische Identifikation mit der Bundesrepublik noch immer sehr schwach ausgeprägt ist (Tabelle 2.12).

Eine Minderheit von 6 % fühlt sich im Jahr 2005 politisch mit der Bundesrepublik verbunden, 71 % stellen das in Abrede, von den jungen Frauen deutlich mehr als von den jungen Männern: 81 % gegenüber 61 %. Interessant ist, dass sich die Panelmitglieder in dieser Hinsicht nicht signifikant in Abhängigkeit davon unterscheiden, ob sie im Osten oder im Westen leben.

Aus der zwischen 1987 und 1989 deutlich zunehmenden kritischen Haltung der Panelmitglieder gegenüber der DDR ist danach keine politische Identifikation mit der Bundesrepublik hervorgegangen. Die Widersprüchlichkeit im Denken der Panelmitglieder über das vereinte Deutschland zeigt sich auch in anderen Ergebnissen der Studie, z. B. in ihren Wertungen zum eigenen Erleben der DDR und zu ihrem Untergang (Tabelle 2.13).

Tab. 2.12: Politische Identifikation mit der Bundesrepublik im Trend 2000 bis 2005

»Ich fühle mich politisch eng mit der Bundesrepublik Deutschland verbunden.«
Das entspricht meiner Meinung vollkommen 1, 2, 3, 4, 5 überhaupt nicht

	1	2	(1+2)	3	4	5
2000	1	7	(8)	22	38	32
2001	2	11	(13)	31	35	21
2002	2	7	(9)	27	34	30
2003	2	5	(7)	29	31	33
2004	1	5	(6)	21	33	40
2005	1	5	(6)	23	29	42
männlich	1	6	(7)	32	25	36
weiblich	0	4	(4)	15	32	49

Tab. 2.13: Wertungen zum Erleben und zum Untergang der DDR im Trend 2005

Das entspricht meiner Meinung vollkommen 1, 2, 3, 4, 5 überhaupt nicht

	1	2	(1+2)	3	4	5
»Ich bin froh, dass es die DDR nicht mehr gibt.«						
2000	25	21	(46)	35	13	6
2002	22	26	(48)	33	13	6
2003	23	24	(47)	34	13	6
2004	21	23	(44)	37	12	7
2005	19	21	(40)	39	14	7
»Ich bin froh, die DDR noch erlebt zu haben.«						
2000	53	27	(80)	14	4	2
2002	57	27	(84)	11	3	2
2003	62	24	(86)	10	2	2
2004	62	23	(85)	10	3	2
2005	60	30	(90)	7	2	1

Im Jahr 2005 äußern einerseits 40 %, froh zu sein über den Untergang der DDR (darunter 19 % ohne Einschränkung) – das sind signifikant weniger als 2000. Andererseits äußern im gleichen Jahr 90 % der Panelmitglieder, froh darüber zu sein, dass sie die DDR noch erlebt haben, die meisten davon einschränkungslos. Der Trend seit 2000 weist auf eine signifikante Zunahme dieser Einstellung hin. Auch diese Angaben lassen darauf schließen, dass sehr viele dieser jungen Ostdeutschen sich noch immer positiv an sie bzw. an bestimmte Seiten des Lebens in ihr erinnern. Um welche Seiten es sich dabei vor allem handelt, geht aus dem Systemvergleich frühere DDR – heutige BRD hervor.

Beim Systemvergleich schneidet die DDR in sozialer Hinsicht immer besser ab

Seit 1993 nehmen die Panelmitglieder zu ausgewählten Aspekten des gesellschaftlichen Lebens einen Systemvergleich vor, der – langfristig betrachtet – zu teilweise überraschenden Ergebnissen und Trends führt. Sie geben dabei an, ob es auf diesem Gebiet vor der Wende besser war oder heute besser ist oder ob es kaum einen Unterschied gibt. Möglich ist auch die Antwort »Das kann ich nicht beurteilen«. Wir beschränken uns hier auf eine grafische Darstellung der Positionen »vor der Wende besser« und »heute besser« (Abbildung 2.25).

Deutlich wird, dass die Panelmitglieder sehr differenzierte Urteile abgeben; außerdem ist der Anteil derer überwiegend gering, die einem Urteil ausweichen, weil sie den betreffenden Sachverhalt nicht beurteilen können. Generell wird sichtbar, dass die DDR-Verhältnisse in sozialer Hinsicht auch im Jahr 2005 bei den 32-Jährigen noch immer gut abschneiden. Auf folgenden Gebieten meinen die TeilnehmerInnen mehrheitlich, dass es vor der Wende besser gewesen wäre: in Bezug auf soziale Sicherheit (92 %), Betreuung der Kinder (91 %), Förderung der Familie (84 %), Verhältnis der Menschen untereinander (81 %), Schulbildung (70 %), Schutz gegenüber Kriminalität (63 %), soziale Gerechtigkeit (52 %). Das sind offensichtlich jene Gebiete des Lebens, auf denen bei den jungen Leuten positive Erinnerungen überwiegen. Ein Vorsprung der früheren gegenüber der jetzigen Situation ist auch ablesbar in Bezug auf die Gleichberechtigung der Frau (33 % im Jahr 2004) und das Gesundheitswesen (39 %).

Bemerkenswert ist, dass diese positiven Urteile in keinem signifikanten Zusammenhang mit der Systembindung bzw. mit der politischen DDR-Identifikation vor der Wende stehen, also keine Langzeitwirkungen der politischen DDR-Sozialisation darstellen.

Abb. 2.25: Systemvergleich 2005 (Antwortpositionen »vor der Wende besser« und »heute besser«, Gleichberechtigung der Frau: Angaben von 2004)

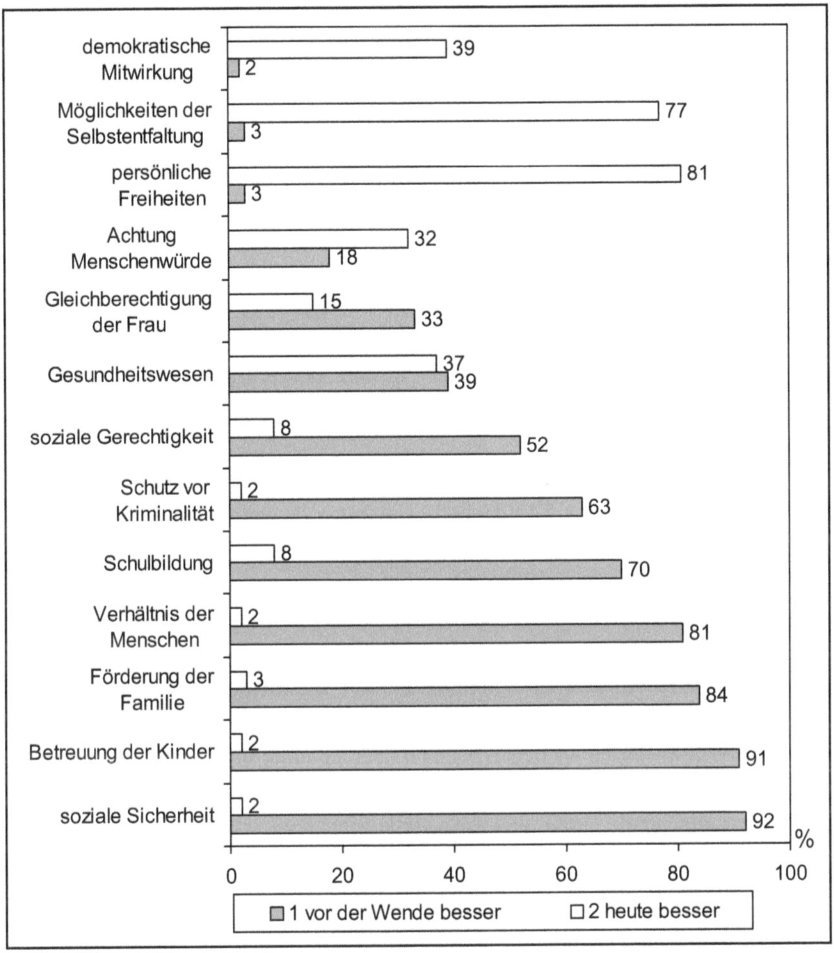

Ihnen stehen drei Gebiete des Lebens gegenüber, bei denen die Panelmitglieder mehrheitlich der jetzigen Situation den Vorzug geben: die persönlichen Freiheiten (81 %), die aber offensichtlich nicht mit Freiheit im Kapitalismus überhaupt gleichgesetzt werden – wir sind darauf eingegangen – die Möglichkeiten der Selbstentfaltung (77 %). Aus den vorangegangenen Befragungen ging außerdem hervor, dass die heutigen Möglichkeiten der Freizeitgestaltung deutlich gegenüber früher präferiert werden (2000: 76 %).

Ein Vorsprung der heutigen Situation gegenüber der früheren besteht auch hinsichtlich der Achtung der Menschenwürde: 32 %; mit 40 % sind allerdings noch mehr der Meinung, dass es kaum einen Unterschied zu früher gäbe, ein eher kritisches Urteil über die Gegenwart. Dasselbe gilt für die demokratische Mitwirkung: 39 % bewerten sie zwar heute besser als früher (2000 waren es noch 56 %!), 35 % sehen jedoch keinen Unterschied zwischen heutiger und früherer Situation.

Ein aufschlussreiches Ergebnis muss noch erwähnt werden, das nicht aus der Abbildung hervorgeht: Beim Systemvergleich im Hinblick auf die »Ehrlichkeit der herrschenden Politiker gegenüber den Bürgern« meinen 79 % der Panelmitglieder, dass zwischen damals und heute kein Unterschied bestehen würde, die früheren und jetzigen Politiker werden in dieser Hinsicht faktisch auf eine Stufe gestellt. 13 % können das nicht beurteilen, 6 % entscheiden sich für die heutigen Politiker, 2 % für die damaligen.

Als Vorzug unserer Studie erweist sich auch hier, dass die vergleichenden Urteile in ihrer Veränderung über längere Zeiträume betrachtet werden können. So geht aus den langjährigen Trends hervor, dass die positiven Urteile über die Sozialpolitik der DDR keine zufälligen Angaben sind, sondern eine erstaunlich hohe Konstanz aufweisen. Wir können das hier nur exemplarisch belegen.

Die höchste Konstanz der Urteile ist in Bezug auf die soziale Sicherheit zu beobachten. Die außerordentlich hohe Quote derer, die meinen, dass die soziale Sicherheit vor der Wende bzw. das Verhältnis der Menschen untereinander größer bzw. besser gewesen sei als heute, hat sich über 11 Jahre hinweg nur unwesentlich verändert (Abbildung 2.26).

Das vergleichende Urteil über die soziale Sicherheit scheint mittlerweile unerschütterlich geworden zu sein und das DDR-Bild zu dominieren. Ähnliches gilt für das Verhältnis der Menschen untereinander, über drei Viertel präferieren in dieser Hinsicht die Zeit vor der Wende.

Abb. 2.26: Anteile der Panelmitglieder, die meinen, dass die soziale Sicherheit bzw. das Verhältnis der Menschen untereinander vor der Wende besser waren als heute, im Trend 1993 bis 2005

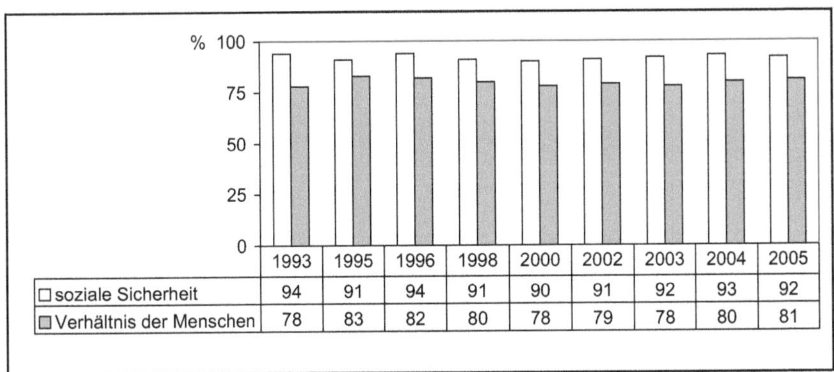

	1993	1995	1996	1998	2000	2002	2003	2004	2005
soziale Sicherheit	94	91	94	91	90	91	92	93	92
Verhältnis der Menschen	78	83	82	80	78	79	78	80	81

Ähnlich hoch und sehr konstant sind die Urteile über die Betreuung der Kinder bzw. die Förderung der Familie – Aspekte, bei denen die meisten Panelmitglieder mittlerweile eigene Erfahrungen und Kompetenzen gesammelt haben:

Abb. 2.27: Anteile der Panelmitglieder, die meinen, dass die Betreuung der Kinder bzw. die Förderung der Familie vor der Wende besser waren als heute, im Trend 1995 bis 2005

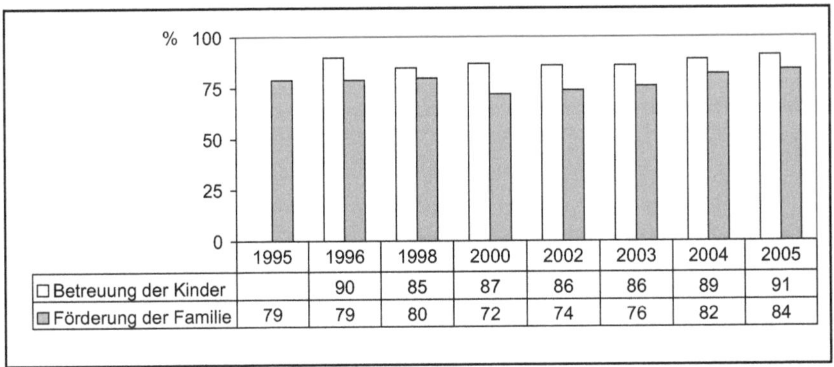

	1995	1996	1998	2000	2002	2003	2004	2005
Betreuung der Kinder		90	85	87	86	86	89	91
Förderung der Familie	79	79	80	72	74	76	82	84

In Bezug auf die Förderung der Familie wird 2005 der bisher höchste Wert mit 84 % erreicht. Sehr interessant ist auch der Trend in Bezug auf die Schulbildung:

Abb. 2.28: Anteile der Panelmitglieder, die meinen, dass die Schulbildung vor der Wende bzw. heute besser sei, im Trend 1996 bis 2005

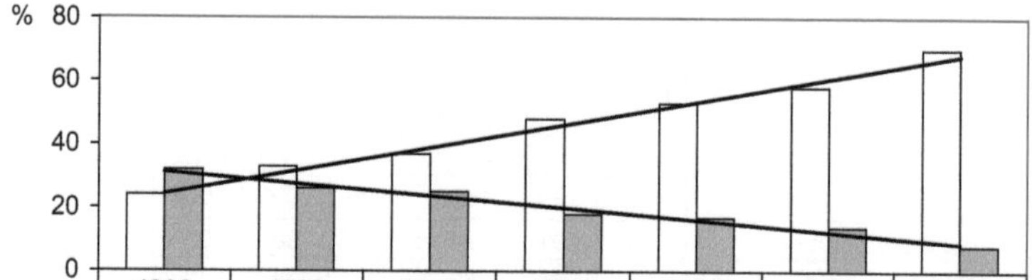

%	1996	1998	2000	2002	2003	2004	2005
früher besser	24	33	37	48	53	58	70
heute besser	32	26	25	18	17	14	8

Immer mehr Panelmitglieder (von denen inzwischen schon viele schulpflichtige Kinder haben) vertreten die Auffassung, die Schulbildung vor der Wende sei besser gewesen als heute. Zwischen 1996 und 2005 hat sich dieser Anteil fast verdreifacht.

Über die genannten einzelnen Aspekte hinaus, wurde auch eine übergreifende, komplexe Analyse mehrerer Seiten vorgenommen, die wir hier nicht detailliert darstellen können. Wesentlich ist, dass auch auf dieser Indexebene kein Zusammenhang mit der früheren Systembindung bzw. der damaligen politischen Identifikation mit der DDR besteht, wohl aber mit der heutigen Verbundenheit mit der DDR: Je häufiger der DDR die genannten Aspekte als besser zugeschrieben werden, desto ausgeprägter ist die heutige Identifikation mit der DDR und umgekehrt. Das heißt, dass die nach wie vor bestehende bzw. sogar zunehmende DDR-Identifikation der überwiegenden Mehrheit der jungen Erwachsenen sehr viel mit ihren Erinnerungen an wesentliche soziale Gegebenheiten dieses untergegangenen Landes zu tun hat.

Zugleich korreliert dieses DDR-Bild mit der Bejahung der deutschen Einheit: Je positiver dieses Bild ausgeprägt ist, desto geringer ist auch die Zustimmung zur Einheit entwickelt. Außerdem werden diese Aspekte umso häufiger genannt, je negativer die Panelmitglieder ihre persönlichen Erfahrungen mit dem jetzigen Gesellschaftssystem einschätzen. Das bei vielen 32-Jährigen fortbestehende positive soziale Bild der DDR ist demnach auch ein Echo ihrer heutigen Erfahrungen mit dem realen Kapitalismus. Als Fazit dieser Analysen kann gelten, dass die überwiegende Mehrheit der TeilnehmerInnen in ihren Erinnerungen an die DDR daran festhält, dass diese »gute und schlechte Seiten« gehabt habe:

Abb. 2.29: Verhältnis von guten und schlechten Seiten der DDR im Urteil der TeilnehmerInnen im Trend 1993 bis 2005

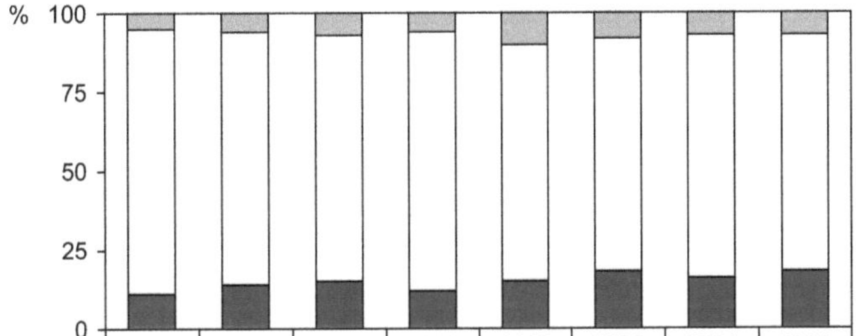

	1993	1996	1998	2000	2002	2003	2004	2005
nur/mehr schlechte (1+2)	5	6	7	6	10	8	7	7
gute und schlechte (3)	84	80	78	82	75	74	77	75
nur/mehr gute (4+5)	11	14	15	12	15	18	16	18

Fragetext: »Wenn Sie an die DDR-Zeit zurückdenken: Wie war das Leben in der DDR im ganzen gesehen?« Es gab in der DDR...

1 nur schlechte Seiten – 2 mehr schlechte als gute Seiten – 3 gute und schlechte Seiten – 4 mehr gute als schlechte Seiten – 5 nur gute Seiten

(Die Positionen 1 + 2 bzw. 4 + 5 wurden zusammengefasst.)

In ihren zusätzlichen Notizen vertreten bis in die Gegenwart hinein zahlreiche TeilnehmerInnen die Auffassung, dass es ein grundsätzlicher Fehler der Vereinigungspolitik gewesen sei und noch ist, faktisch keine der ihrer Meinung nach »guten Seiten« der DDR in das vereinte Deutschland übernommen zu haben. Erwähnt werden in diesem Zusammenhang immer wieder die Kindereinrichtungen in der DDR, häufig auch die Jugendklubs, Ferienlager, Polikliniken und in jüngster Zeit in deutlich zunehmendem Maße das Schulsystem. Auch nach rund 15 Jahren wird heftig kritisiert, dass »bis auf das Ampelmännchen vieles im Osten bewusst platt gemacht wurde, was sich bewährt hatte.«

2.1.7 Sozialismus – eine gute Idee, bisher nur schlecht ausgeführt

Sozialistische Ideale sind nicht aus den Köpfen verschwunden

Nach unseren langjährigen Untersuchungen kann nicht daran gezweifelt werden, dass ein beträchtlicher Teil der gegenwärtig 32-Jährigen noch oder wieder an sozialistische Ideale glaubt. Ergebnisse dazu liegen seit 1993 vor:

Abb. 2.30: Identifikation mit sozialistischen Idealen vor bzw. nach der Wende im Trend 1993 bis 2005

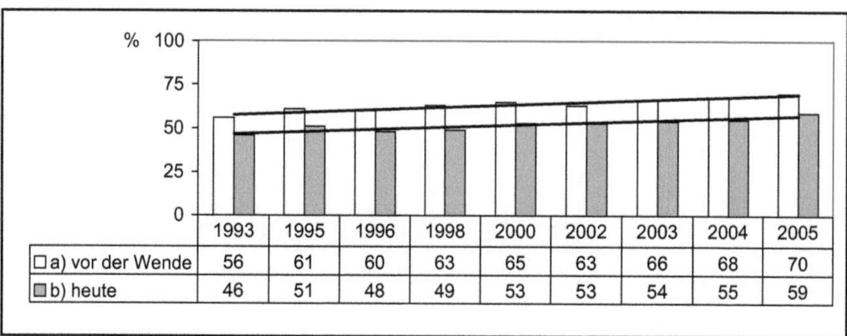

	1993	1995	1996	1998	2000	2002	2003	2004	2005
□ a) vor der Wende	56	61	60	63	65	63	66	68	70
■ b) heute	46	51	48	49	53	53	54	55	59

Fragetext: »Wie standen Sie a) vor der Wende zu den sozialistischen Idealen und wie stehen Sie b) heute dazu?«

Ich war/ich bin 1 sehr dafür – 2 eher dafür als dagegen – 3 eher dagegen als dafür – 4 sehr dagegen (Die Positionen 1 und 2 wurden jeweils zusammengefasst.)

Aus den Angaben zur Gegenwart geht hervor, dass im Jahr 2005 die reichliche Hälfte der Panelmitglieder an sozialistische Ideale glaubt. Gegenüber 1993 ist ein signifikanter Zuwachs von 46 % auf 59 % zu beobachten. Sozialistische Ideale sind offensichtlich, trotz des von den Panelmitgliedern als Zeitzeugen erlebten Zusammenbruchs des real existierenden Sozialismus, keineswegs bei allen von ihnen diskreditiert, »verbrannt«, sondern finden zunehmend Zuspruch. Interessanterweise gilt das für die jungen Frauen in besonderem Maße: Von ihnen identifizieren sich 2005 immerhin 62 % mit diesen Idealen!

Die Zustimmung eines beträchtlichen und zunehmenden Teils der Panelmitglieder zu sozialistischem Gedankengut widerspiegelt die erwähnte verbreitete Unzufriedenheit mit dem jetzigen Gesellschaftssystem. Zusammenhangsanalysen belegen: Je geringer die Zufriedenheit mit der gesellschaftlichen Entwicklung ist (ähnlich: Zufriedenheit mit dem politischen System, mit der Demokratie), umso größer ist der Anteil derer, die sozialistische Ideale bejahen. Das gilt natürlich auch umgekehrt.

Andererseits kann vermutet werden, dass die zunehmende Bejahung sozialistischer Ideale in der Gegenwart offensichtlich mit dazu beigetragen hat, sich auch in der Erinnerung, sozusagen rückwirkend, wieder häufiger zu ihnen zu bekennen. Immerhin ist zwischen 1993 und 2005 ein deutlicher, signifikanter Anstieg beim Anteil jener Panelmitglieder zu verzeichnen, die sich in ihrer Erinnerung vor der Wende zu den sozialistischen Idealen bekannt haben: Von 56 % im Jahr 1993 auf 70 % im Jahr 2005! Vermutlich hatte ein Teil der Panelmitglieder ihre ursprüngliche Identifikation mit dem sozialistischen Gedankengut eine Zeit lang verdrängt, wird sich jedoch unter den gegenwärtigen Bedingungen allmählich dieser Identifikation wieder bewusst. Erwähnenswert ist auch, dass zwischen der sozialistischen Systembindung vor der Wende (sie wurde damals mit erfasst) und dem heutigen Bekenntnis zu sozialistischen Idealen ein signifikanter positiver Zusammenhang besteht: Je stärker diese Systembindung damals war, desto stärker ist auch die heutige Identifikation mit sozialistischem Gedankengut.

Die bei vielen Panelmitgliedern bestehende Sympathie für sozialistische Ideale geht auch daraus hervor, dass fast drei Viertel der Panelmitglieder den Sozialismus »für eine gute Idee halten, die nur schlecht ausgeführt worden sei«:

Tab. 2.14: Zustimmung zum Sozialismus als Idee 2004 und 2005

»Der Sozialismus ist im Grunde eine gute Idee, die nur schlecht ausgeführt wurde.«
Das entspricht meiner Meinung vollkommen 1, 2, 3, 4, 5 überhaupt nicht

	1	2	(1+2)	3	4	5
2004	31	39	(70)	21	6	3
2005	32	41	(73)	17	8	2
Zufriedenheit mit der gesellschaftlichen Entwicklung 2005						
zufrieden/eher zufrieden	18	39	(57)	25	15	3
eher unzufrieden	30	45	(75)	17	7	1
unzufrieden	58	26	(84)	10	5	1

Je geringer die Zufriedenheit mit der gesellschaftlichen Entwicklung, desto häufiger wird der Sozialismus als eine »gute Idee« angesehen. Natürlich gilt auch hier die Umkehrung.

Aufschlussreich ist, dass auch diese Einstellung zum Sozialismus in einer engen positiven Beziehung zum oben erwähnten DDR-Bild steht: Je häufiger sich die Panelmitglieder beim Vergleich wesentlicher sozialer Aspekte zugunsten der DDR entscheiden, desto häufiger bejahen sie den Sozialismus »als Idee«. Das lässt darauf schließen, dass sie solche von ihnen damals erfahrenen und noch heute hoch bewerteten sozialen Aspekte wie soziale Sicherheit, Verhältnis der Menschen untereinander, Förderung der Familie und Betreuung der Kinder u. a. positiv mit der »Idee des Sozialismus« in Verbindung bringen.

Nur eine Minderheit von 6 % glaubt 2005 allerdings daran, dass die sozialistischen Ideale sich eines Tages durchsetzen werden. Wir ergänzen diesen Trend mit den bereits erwähnten Angaben zur Auffassung der 32-Jährigen über die Zukunftsfähigkeit des gegenwärtigen Systems:

Abb. 2.31: Glaube an die Zukunft der Systeme im Trend 1987 bis 2005

	1987	1988	1989	1994	1996	1998	2000	2001	2002	2003	2004	2005
□ Sozialismus	87	79	63	14	8	8	10		7	7		6
■ jetziges System							7	15	7	6	6	5

Fragetexte:

Sozialismus 1987 bis 1989: »Dem Sozialismus gehört die Zukunft, trotz zeitweiliger Rückschläge.«; ab 1994: »Die sozialistischen Gesellschaftsideale werden sich eines Tages durchsetzen.« (2001 und 2004 nicht gefragt)

Jetziges System 2000 bis 2005: »Das jetzige Gesellschaftssystem ist das einzige menschenwürdige Zukunftsmodell.« (ab 2000)

Antwortmodell: Das entspricht meiner Meinung vollkommen 1, 2, 3, 4, 5 überhaupt nicht

(Die Positionen 1 und 2 wurden in der Abbildung zusammengefasst).

Der vom Inhalt her bedingt mögliche Vergleich in den Jahren 2000 bis 2005 macht deutlich, dass die 32-Jährigen, von einer Minderheit abgesehen, gegenwärtig weder dem Sozialismus noch dem gegenwärtigen Kapitalismus eine Zukunft zuschreiben. Gesellschaftliche Visionen existieren bei ihnen offenbar weder in der einen noch in der anderen Richtung!

Fast die Hälfte plädiert für eine reformsozialistische Alternative

Die Unzufriedenheit mit der gesellschaftlichen Entwicklung geht bei sehr vielen Panelmitgliedern mit der Befürwortung eines Systemwechsels zugunsten einer reformsozialistischen Alternative zur jetzigen politischen Ordnung einher:

Tab. 2.15: Einstellung zu einem reformierten Sozialismus 2005

»Ein reformierter, humanistischer Sozialismus wäre mir lieber als die gegenwärtige politische Ordnung.«
Das entspricht meiner Meinung vollkommen 1, 2, 3, 4, 5 überhaupt nicht

	1	2	(1+2)	3	4	5
Gesamt	19	26	(45)	31	14	10
männlich	18	24	(42)	27	21	10
weiblich	19	28	(47)	33	9	11
Zufriedenheit mit der gesellschaftlichen Entwicklung 2005						
zufrieden/eher zufrieden	9	20	(29)	30	22	19
eher unzufrieden	19	28	(47)	31	14	8
unzufrieden	30	29	(59)	27	6	8

Fast die Hälfte (45 %) der 32-Jährigen bejaht einen grundsätzlichen Systemwechsel, würde 2005 einen reformierten Sozialismus der jetzigen Ordnung vorziehen – ein höchst brisanter Fakt, auch wenn er »rein theoretischer Natur« ist, nur in den Köpfen der jungen Leute existiert. Von den jungen Frauen bejahen dies etwas mehr als von den jungen Männern, von den mit der gesellschaftlichen Entwicklung Unzufriedenen erwartungsgemäß erheblich mehr als von den Zufriedenen.

Wie schon die Bejahung der »Idee des Sozialismus« ist auch die Unterstützung einer politischen Alternative deutlich geprägt von positiven Erinnerungen an die DDR wie soziale Sicherheit, Verhältnis der Menschen untereinander u. a. Dazu liegen Trenddaten seit 1992 vor:

Abb. 2.32: Einstellung zu einem reformierten Sozialismus im Trend 1992 bis 2005

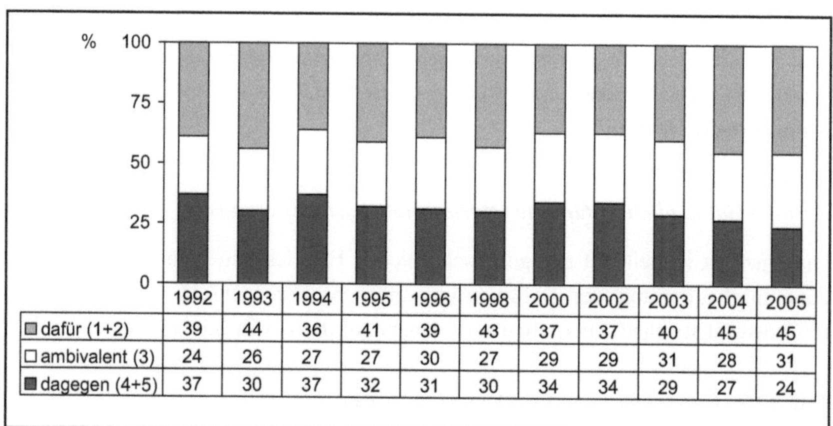

	1992	1993	1994	1995	1996	1998	2000	2002	2003	2004	2005
dafür (1+2)	39	44	36	41	39	43	37	37	40	45	45
ambivalent (3)	24	26	27	27	30	27	29	29	31	28	31
dagegen (4+5)	37	30	37	32	31	30	34	34	29	27	24

Fragetext: »Ein reformierter, humanistischer Sozialismus wäre mir lieber als die gegenwärtige politische Ordnung.«

Das entspricht meiner Meinung vollkommen 1, 2, 3, 4, 5 überhaupt nicht

(Reduzierte Darstellung, die AP 1 und 2 bzw. 4 und 5 wurden zusammengefasst.)

Diese jungen Ostdeutschen sind in dieser politischen Grundfrage seit Jahren gespalten, allerdings meist mit einem leichten Übergewicht der Anhänger einer Alternative, deutlich insbesondere 2004 und 2005. In den Köpfen dieser jetzt 32-Jährigen ist die Frage »Kapitalismus oder Sozialismus?« offensichtlich noch nicht entschieden.

2.1.8 Existenzängste und ihre Konsequenzen

Die Einstellung der Panelmitglieder zum gegenwärtigen Gesellschaftssystem und ihr Blick in die Zukunft werden durch eine ganze Reihe von belastenden Ängsten beeinflusst, die im Rahmen dieser Studie seit vielen Jahren dokumentiert werden, zum Teil in Fortsetzung der neun bevölkerungsrepräsentativen Meinungsumfragen des ZIJ 1989/90 und weiterer eigener Untersuchungen in Sachsen (ausführlich vgl. hierzu Förster, Friedrich, Müller & Schubarth, 1993; Friedrich & Förster, 1996). Vor allem diese Daten geben einen informativen Einblick in die seit der Wende völlig veränderte Gefühlswelt der von uns begleiteten jungen Ostdeutschen; sie sind ein wichtiger Schlüssel, um zu verstehen, warum die meisten von ihnen dem gegenwärtigen Kapitalismus kritisch gegenüber stehen oder ihn ablehnen. Wir geben zunächst einen Überblick zur Situation im Jahr 2005:

Abb. 2.33: Anteil der Panelmitglieder, die 2005 Angst vor ausgewählten Zeiterscheinungen empfinden. Nur Positionen 1 »stark« und 2 »eher stark«

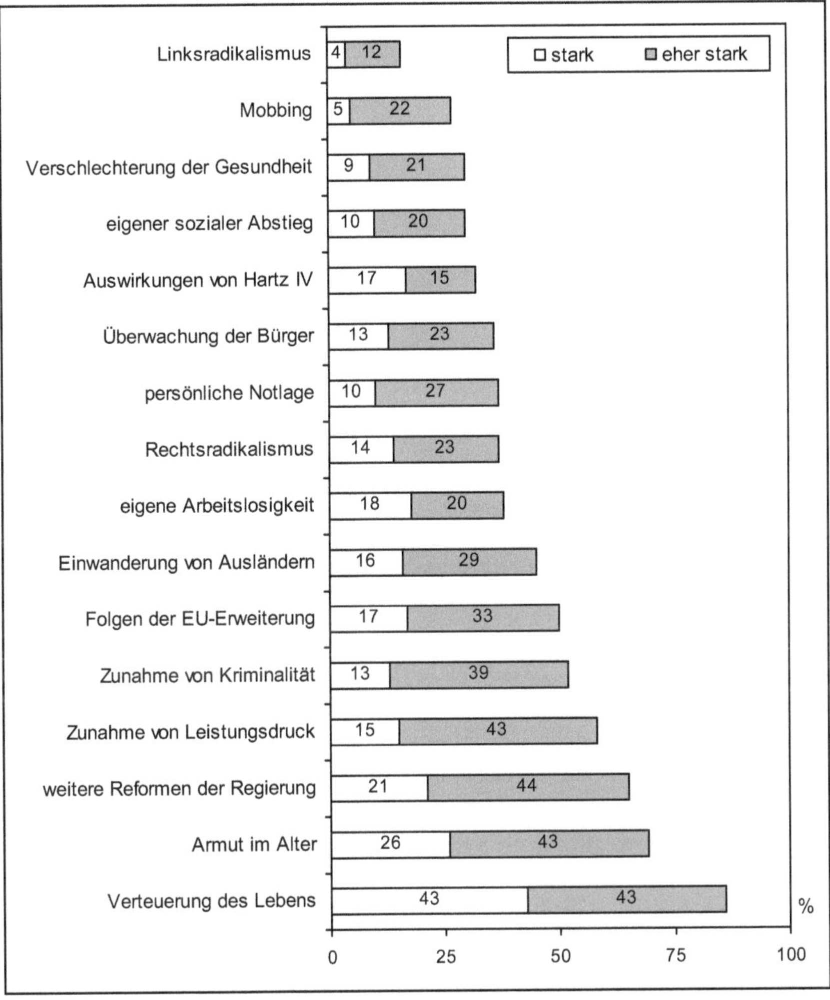

Fragetext: »Inwieweit fühlen Sie sich durch das Folgende persönlich bedroht?«
1 stark – 2 eher stark – 3 eher schwach – 4 schwach

Wir können im Rahmen dieses Beitrages nur auf jene Ängste ausführlicher eingehen, die für das Fühlen und Handeln der Panelmitglieder 2005 nachweislich relevant sind. Dazu wurde die Stärke des Zusammenhanges berechnet, der zwischen den Ängsten und der Ausprägung der Zukunftszuversicht als einem entscheidenden Kriterium für diese Relevanz besteht.

Besonders stark beeinflussen 2005 vor allem folgende Ängste die Zukunftszuversicht signifikant negativ:

- eigene Arbeitslosigkeit
- Auswirkungen von »Hartz IV«
- eigener sozialer Abstieg
- Eintreten einer Notlage
- Armut im Alter
- weitere Reformen der Regierung
- weitere Verteuerung des Lebens
- Zunahme von Leistungsdruck
- Zunahme von Mobbing
- zunehmende Einwanderung von Ausländern.

Besonders starken negativen Einfluss auf die Zukunftszuversicht haben nachweislich die Ängste vor eigener Arbeitslosigkeit, vor den Auswirkungen von Hartz IV, vor eigenem sozialem Abstieg und vor Eintreten einer Notlage. Hervorhebenswert ist auch, dass die von rund zwei Dritteln der TeilnehmerInnen gefühlte Angst vor Armut im Alter nachweislich in einem signifikanten negativen Zusammenhang mit der Zukunftszuversicht steht, obwohl es sich hier (2005) um 32-Jährige handelt – eine geradezu bestürzende Tatsache, die jedoch viel aussagt über die bestehende Gefühlslage nicht nur bei diesen jungen Ostdeutschen, sondern vermutlich auch bei den älteren. Dasselbe gilt für die verbreiteten Ängste vor weiteren Reformen der Regierung. »Reformen« sind für die Panelmitglieder offensichtlich etwas, vor dem man Angst haben muss, weil sie sich vermutlich gravierend negativ auf Lebensplanung und Lebensqualität auswirken werden und so mitunter von einigen Politikern auch in der Öffentlichkeit angekündigt werden.

Ähnlich deutliche Zusammenhänge sind auch im Hinblick auf die politischen Einstellungen der Panelmitglieder zu erkennen, z. B. auf ihre Zufriedenheit mit der jetzigen Wirtschaftsordnung, mit dem politischen System bzw. mit der Demokratie. Wie in den vorangegangenen Jahren äußern die jungen Frauen viele der untersuchten Ängste teilweise erheblich häufiger.

Bei den folgenden Analysen konzentrieren wir uns auf die drei stark verbreiteten Ängste vor eigener Arbeitslosigkeit, vor weiterer Verteuerung des Lebens und vor Eintreten einer persönlichen Notlage; wir fassen sie hier als existenzielle Ängste zusammen. Bei diesen Aspekten können wir uns auf langjährige Trends stützen:

Abb. 2.34: Angst vor persönlicher Arbeitslosigkeit (A), vor Verteuerung des Lebens (V) und vor einer persönlichen Notlage (N) im Trend. Die Anteile der AP 1 und 2 wurden zusammengefasst. Die Trendlinie bezieht sich auf die Verteuerung des Lebens (V).

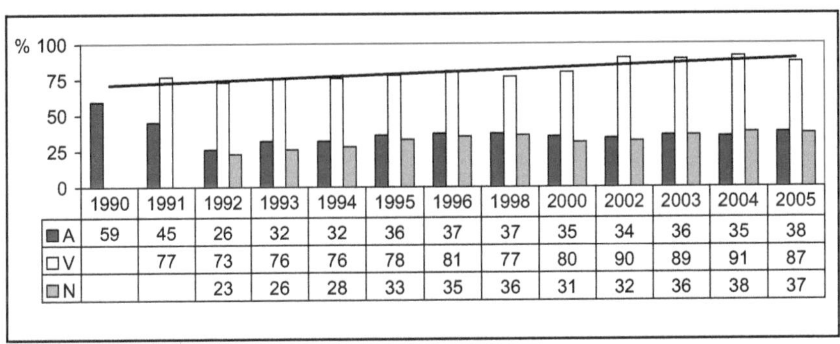

	1990	1991	1992	1993	1994	1995	1996	1998	2000	2002	2003	2004	2005
A	59	45	26	32	32	36	37	37	35	34	36	35	38
V		77	73	76	76	78	81	77	80	90	89	91	87
N			23	26	28	33	35	36	31	32	36	38	37

Wir gehen etwas näher auf die Entwicklung diese drei Ängste ein, auf ihren Syndromcharakter kommen wir noch zurück. Bei der Angst vor eigener Arbeitslosigkeit war 1992 gegenüber 1990 und 1991 zunächst ein signifikanter Rückgang zu verzeichnen. Seit Mitte der 90er Jahre betrug der Anteil derer mit starker oder eher starker Angst jedoch ziemlich konstant ein reichliches Drittel, ist aber 2005 gegenüber 2004 tendenziell angestiegen. Die jungen Frauen äußern zu jedem Zeitpunkt weitaus häufiger diese Angst, Anfang bis Mitte der 90-er Jahre sogar etwa doppelt so häufig wie ihre männlichen Altersgefährten (Abbildung 2.35).

Längsschnittkorrelationen belegen übrigens, dass die ab 1990 und 1991 bei vielen Panelmitgliedern erstmals aufgetretenen Ängste im Hinblick auf mögliche eigene Arbeitslosigkeit, aber auch in Bezug auf ihre Eltern, bis in die Gegenwart nachwirken. Obwohl von Jahr zu Jahr leicht abnehmend, besteht selbst noch 2005 mit den Angaben von 1991 (6. Welle) ein signifikanter und relevanter Zusammenhang ($p < .001$), ein nachhaltiges psychisches »Echo« damaliger massiver Verunsicherungen mit Langzeitwirkung ist unverkennbar.

Abb. 2.35: Angst vor Arbeitslosigkeit im Trend 1991 bis 2005, nach Geschlechtergruppen differenziert

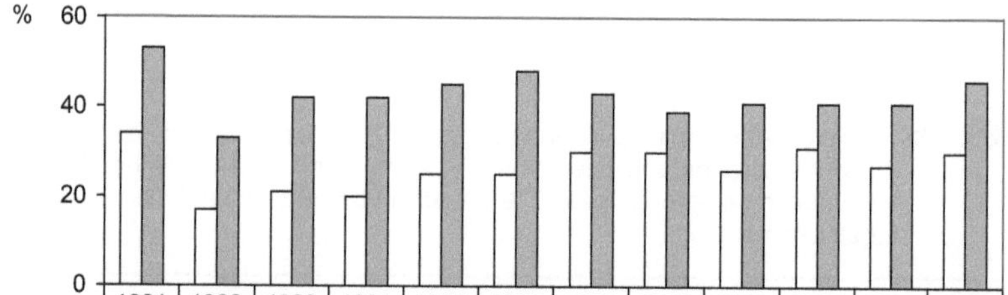

%	1991	1992	1993	1994	1995	1996	1998	2000	2002	2003	2004	2005
□ männlich	34	17	21	20	25	25	30	30	26	31	27	30
■ weiblich	53	33	42	42	45	48	43	39	41	41	41	46

Tatsache ist, dass viele der schockartigen negativen Erfahrungen, die die Panelmitglieder bereits unmittelbar nach der Wende gemacht haben, von erheblicher Lebensdauer sind. Diese nachhaltigen, teilweise irreversiblen Wirkungen, bei einmaligen Untersuchungen nicht sichtbar, wurden und werden noch immer stark unterschätzt.

Bei diesen Überlegungen muss außerdem stets hinzugedacht werden, dass reale Arbeitslosigkeit und Angst vor dem Verlust des Arbeitsplatzes für die jungen Ostdeutschen zu DDR-Zeiten faktisch unbekannte Erscheinungen waren. Die stark prägende Kindheit bzw. Jugendzeit der TeilnehmerInnen dieser Studie war bis zur Wende frei von diesen kritischen Ereignissen, eine Tatsache, deren Relevanz für die Langzeitwirkung der zu DDR-Zeiten erfahrenen Sozialisation kaum überschätzt werden kann.

Tiefgehende Umbrüche innerhalb sehr kurzer Zeit erlebten auch viele TeilnehmerInnen dieser Studie. So antwortete z. B. ein Teilnehmer im Frühjahr 1989 als Schüler der 10. Klasse in seiner Antwort auf die offene Frage, was ihm in der DDR gegenwärtig am besten gefällt: *»Die sichere Zukunft, das Recht auf Arbeit, Bildung und Wohnen.«* Im Frühjahr 1990 schreibt er – nun Lehrling im 1. Lehrjahr – *»Die größten Sorgen macht mir, dass ich höchstwahrscheinlich nach der Lehrzeit arbeitslos werde.«*

Eine Schülerin schrieb 1989: *»Friedenssicherung, jeder hat Arbeit und Wohnung – gesicherte Zukunft.«*, im Frühjahr 1990 notierte sie als Lehrling: *»Ich habe auch Angst, dass ich eines Tages mal meinen Beruf verliere und dann dastehe.«*

Diese und viele ähnliche Aussagen vom Frühjahr 1990 sprechen für sich, lassen die individuellen Konfliktlagen, Frustrationen und Brüche in den Lebensentwürfen ahnen, welche die katastrophale Entwicklung auf dem Arbeitsmarkt mit sich brachte. Lebensentwürfe wurden faktisch über Nacht entwertet.

Inzwischen sind die Ängste vor Arbeitslosigkeit zu dem zentralen Thema bei den verbalen Notizen der Panelmitglieder geworden. Die meisten Panelmitglieder schreiben bei der abschließenden offenen Frage zu den Fortschritten oder Rückschritten der gesellschaftlichen Entwicklung seit der Wende über ihre ständige Angst, den Arbeitsplatz (erneut) zu verlieren; für sie stellt sich diese permanente, existenzielle Verunsicherung eindeutig als Rückschritt dar, den sie dem gegenwärtigen kapitalistischen Gesellschaftssystem anlasten: *»Ständig mit dieser Angst leben zu müssen, arbeitslos zu werden, ist eine schreckliche Aussicht! Was soll dann aus unseren Kindern werden?«*

Zurück zu den Trends. Deutlich und fast kontinuierlich zugenommen hatte zwischen 1992 und 1998 die Angst vor einer persönlichen Notlage, ein für junge Leute im Osten vor der Wende ebenfalls unbekanntes Bedrohungsgefühl. Der 2000 sich andeutende leichte Rückgang wurde inzwischen von einem erneuten Anstieg abgelöst. Auch diese Angst wurde im gesamten Untersuchungszeitraum ab 1992 von den jungen Frauen häufiger geäußert als von den jungen Männern.

Die stark verbreitete Angst vor einer weiteren Verteuerung des Lebens ist nach 2000 nochmals angestiegen, nicht überraschend angesichts der Realitäten, des tatsächlichen oder »gefühlten« Anstiegs der Lebenshaltungskosten (für 2005 z. B. wurde eine vorläufige Teuerungsrate von rund 2 % ermittelt, die höchste seit 2001, Quelle: Spiegel-Online, 17.01.2006) und nicht zuletzt der faktisch täglichen, meist Sorgen und Ängste auslösenden Ankündigung weiterer Erhöhungen in allen Lebensbereichen, in einigen Medien dazu noch reißerisch aufgemacht. So belegen Korrelationen, dass Panelmitglieder, die oft eine weit verbreitete Boulevardzeitung lesen, signifikant häufiger Ängste vor weiteren Reformen der Regierung äußern als jene, die das nur selten oder gar nicht tun. Dabei ist natürlich in Rechnung zu stellen, dass verunsicherte Personen (in diesem Falle vor allem junge Arbeitslose bzw. Arbeiter) häufiger Medien rezipieren, die solche Verunsicherungen thematisieren.

Diese quantitativen Daten werden noch unterstrichen durch qualitative Daten, d. h. die sehr kritischen Urteile vieler Panelmitglieder über die Lebensverhältnisse in Ostdeutschland, in denen die ständig steigenden finanziellen Belastungen eine zentrale Rolle spielen. Häufig wird die Frage gestellt, »ob den Konzernbossen überhaupt klar ist, dass die Preisspirale immer wieder dieselben Leute trifft, die das ausbaden müssen? Das kann doch nicht so weitergehen!!« In der Tat lassen die vorliegenden Berechnungen für die 32-Jährigen klar darauf schließen, dass eine weitere Verteuerung des Lebens ihre ohnehin schwache Akzeptanz des gegenwärtigen Systems verringern wird, mit heute noch nicht absehbaren Konsequenzen für den »sozialen Frieden« im Lande.

Um die Veränderungstendenzen des erwähnten Syndroms von Existenzängsten genauer untersuchen zu können, wurde auf der Grundlage der drei einzelnen Ängste für jedes Untersuchungsjahr ein Index »Existenzangst« gebildet, der sich auf einer Punktwerteskala von 0 bis 9 Punkten bewegt, wobei die Ausprägung der Existenzangst mit zunehmender Punktzahl stärker wird. Die folgende Abbildung 2.36 informiert über die Ausprägung des genannten Indexes im Trend zwischen 1992 (8. Welle) und 2005 (19. Welle):

Abb. 2.36: Ausprägung des Indexes »Existenzangst« im Trend 1992 bis 2005, differenziert nach Geschlechtergruppen (Mittelwerte)

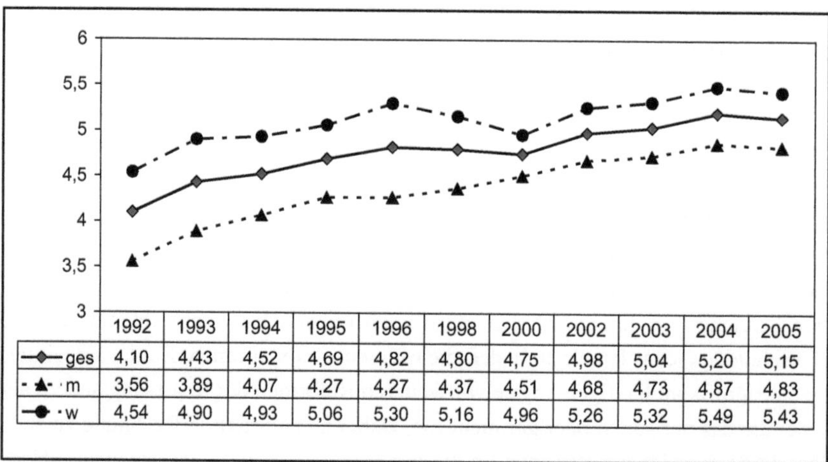

	1992	1993	1994	1995	1996	1998	2000	2002	2003	2004	2005
ges	4,10	4,43	4,52	4,69	4,82	4,80	4,75	4,98	5,04	5,20	5,15
m	3,56	3,89	4,07	4,27	4,27	4,37	4,51	4,68	4,73	4,87	4,83
w	4,54	4,90	4,93	5,06	5,30	5,16	4,96	5,26	5,32	5,49	5,43

Erkennbar ist, dass die durchschnittliche Ausprägung dieser Ängste über den Zeitraum von 12 Jahren fast kontinuierlich erheblich zugenommen hat. Bei den weiblichen Panelmitgliedern ist zu allen Zeitpunkten eine signifikant höhere Ausprägung festzustellen als bei den männlichen Altersgefährten.

Dieser Index stimmt übrigens in seiner deutlich zunehmenden Tendenz gut mit den Ergebnissen der Langzeitstudie »Ängste der Deutschen« überein, die seit 15 Jahren im Auftrag der R+V Versicherung bei rund 2400 Deutschen in West und Ost durchgeführt wird. Demnach ist das generelle »Angstniveau« 2005 in beiden Landesteilen das höchste seit 15 Jahren. »Höchstwerte erreichen dabei wirtschaftliche Themen. Ganz oben stehen die Ängste vor steigenden Preisen, einem weiteren Rückgang der Wirtschaft und Arbeitslosigkeit.« (Internetinformation des Infocenters der R+V Versicherung vom 8. September 2005, http://www.ruv.de/de/presse/download/pdf/aengste_der_deutschen_2005/ aengste2005_aengste_deutschen.pdf, S. 1).

Für differenziertere Informationen über die Auswirkungen dieser drei Existenzängste auf die Zukunftszuversicht der Panelmitglieder und weitere Merkmale stützen wir uns auf eine mehrdimensionale Analyse im Rahmen der 19. Welle 2005.

Dazu wurde zunächst der Nachweis ihrer Zusammengehörigkeit mit Hilfe der Konfigurationsfrequenzanalyse KFA geführt, einem parameterfreien Verfahren zur Analyse mehrdimensionaler Kontingenztafeln (vgl. u. a. Krauth & Lienert, 1973; Förster, 1988), das sich in diesem Fall als sehr effektiv erweist. Die signifikante Gesamtkontingenz der drei Ängste wurde mit $Chi^2 = 124.86 > 9,49$; $C = .48$ berechnet. Die Reliabilität (Cronbachs Alpha) betrug .63. Sie bilden ein Syndrom existenzieller Ängste bei den 32-Jährigen bzw. widerspiegeln ein Mangelsyndrom an sozialer Sicherheit. Spezifik und Vorzug dieses Herangehens (wir haben es in früheren Untersuchungen in modifizierter Form als »Ensembleanalyse« bezeichnet; vgl. Förster, 1988, S. 5) bestehen darin, dass die jeweils spezifische Qualität der einzelnen Elemente und ihrer verschiedenen Konfigurationen erhalten bleibt, für die adäquate Analyse von Syndromen (z. B. der Lern-, Arbeits- oder Studienmotivation) ist das entscheidend. Ein Nachteil ist, dass dazu meist größere Populationen zur Verfügung stehen müssen. In unserem Fall entstehen beispielsweise acht Konfigurationen.

Wir verzichten hier aus Platzgründen auf die differenzierte Wiedergabe der Berechnungen (z. B. der bestehenden Typen) und untersuchen die Häufigkeiten der acht Konfigurationen in der Gesamtgruppe und in relevanten Untergruppen. Die vierstufige Antwortskala der drei einzelnen Ängste wurde zuvor dichotomisiert. Die neuen reduzierten Merkmalsklassen erhielten die Bezeichnung »stark« (numerische Darstellung: (»1«) bzw. »schwach« (»2«).

Tab. 2.16: Prozentanteile der Konfigurationen der drei Ängste in relevanten Untergruppen 2005 (A = Arbeitslosigkeit, T = Teuerung, N = Notlage)

Merkmal	ATN 111	AT- 112	A-N 121	A-- 122	-TN 211	-T- 212	--N 221	--- 222	n
Gesamt	24	11	2	1	10	41	1	10	384
Geschlechtergruppen									
männlich	17	10	1	2	10	48	1	11	179
weiblich	31	12	2	1	10	35	1	8	205
Sozialer Status (Auswahl)									
aktuell arbeitslos	62	24	2	5	0	5	0	2	42
Arbeiter	31	10	0	0	9	49	0	1	79
Selbstständige	11	0	0	3	6	72	0	8	36
Beamte	0	0	0	0	5	78	6	11	18
Gesamtdauer bisheriger Arbeitslosigkeit in Monaten (Extremgruppen)									
bisher nicht (0)	10	9	1	0	13	51	1	15	126
12 Monate und mehr	45	16	2	2	6	23	1	5	105
Sicherheit des Arbeitsplatzes									
völlig sicher	3	11	0	0	7	50	4	25	28
ziemlich sicher	13	6	1	1	14	53	1	11	247
ziemlich/sehr unsicher	49	24	3	2	3	17	0	2	59
Wohnregion									
lebt im Osten	28	13	2	1	10	38	1	7	293
lebt im Westen/ im Ausland	13	4	1	1	11	50	2	18	91

Aufschlussreich sind bereits die Häufigkeiten der beiden Extremgruppen, d. h. derer, die alle drei Einzelängste äußern (111 bzw. ATN; 24 %) und jener, die keine der drei Einzelängste äußern (222 bzw. ---; 10 %). Immerhin fast ein Viertel der Panelmitglieder ist demnach von Existenzängsten im definierten Sinne betroffen, nur eine Minderheit ist frei davon. Bemerkenswert ist, dass 41 % »nur« Angst vor weiterer Verteuerung des Lebens empfinden. Auf die übrigen Konfigurationen können wir hier leider nicht eingehen.

Die angeführten Differenzierungen verweisen darauf, dass weibliche Panelmitglieder deutlich häufiger als ihre männlichen Altersgefährten alle drei Existenzängste gleichzeitig empfinden: 31 % gegenüber 17 %! Überdurchschnittlich häufig gilt das auch für die Panelmitglieder, die zum Zeitpunkt der Befragung arbeitslos waren: 62 % (67 % von ihnen sind weiblich), aber auch für die Arbeiter: 31 %. Weit unter der durchschnittlichen Häufigkeit rangieren die Gruppen der Selbstständigen (11 %) und der Beamten (0 %). Ablesbar ist weiter, dass mit 45 % fast die Hälfte der Panelmitglieder, die bisher bereits 12 Monate und länger arbeitslos waren, alle drei Existenzängste äußern und der Anteil derer, die frei von diesen Ängsten sind, dagegen nur 5 % beträgt. Sehr ähnliche Relationen bestehen im Hinblick auf die gefühlte Sicherheit des Arbeitsplatzes, eine Bestätigung dafür, dass bereits das Gefühl der Unsicherheit dieser Existenzgrundlage erhebliche negative Auswirkungen auf die Befindlichkeit hat.

Erwähnenswert ist auch, dass das gleichzeitige Auftreten der genannten Existenzängste bei den 32-Jährigen im Osten signifikant häufiger vorkommt als bei den im Westen bzw. im Ausland Lebenden (28 % gegenüber 13 %). Unter dem Blickwinkel unserer Analyse von Existenzängsten bei den Panelmitgliedern gewinnen diese Informationen vor allem dann an Wert, wenn wir sie im Längsschnitt und damit im Prozess ihrer Veränderung betrachten. Wir stellen dazu die berechneten Kombinationen gegenüber:

Tab. 2.17: Vergleich der Häufigkeiten der Konfigurationen zwischen 1992 und 2005 (Spaltenprozente)

		Jahr										
Kombination		'92	'93	'94	'95	'96	'98	'00	'02	'03	'04	'05
111	ATN	12	20	17	18	23	20	18	18	23	24	24
112	AT-	9	10	13	12	9	10	11	13	9	9	11
121	A-N	1	2	1	1	2	3	2	1	1	1	2
122	A--	3	1	3	3	2	3	3	1	2	1	1
211	-TN	9	4	10	10	9	9	9	11	10	13	10
212	-T-	42	42	38	38	39	37	41	48	46	45	41
221	--N	1	1	3	3	2	3	2	1	1	0	1
222	---	23	20	15	15	14	15	14	7	8	7	10
N		151	210	231	293	325	343	368	395	398	413	384

Eine ausführliche Interpretation der Konfigurationen über die Zeit hinweg kann hier nicht geboten werden, wir müssen uns auf Auffälligkeiten konzentrieren. Aufschlussreich ist zunächst, dass über die gesamte Zeit hinweg die alleinige Angst vor einer weiteren Verteuerung des Lebens (212 bzw. -T-) am häufigsten vorkommt. Daraus geht 2005 hervor, dass 41 % der 32-Jährigen zumindest mit dieser einen Angst zu tun haben, sich Sorgen wegen der ansteigenden Preise machen.

Erhebliche Veränderungen sind bei der Konfiguration ATN bzw. 111, d. h. starke Ausprägung aller drei Ängste, zu beobachten. Ihre Häufigkeit hat sich, von gewissen Schwankungen abgesehen, in den 13 Jahren von 12 % im Jahr 1992 auf 24 % in 2005 verdoppelt! Dagegen ist die Häufigkeit der Konfiguration --- bzw. 222, d. h. die Panelmitglieder sind frei von allen drei Ängsten, im gleichen Zeitraum von 23 % fast kontinuierlich auf 10 % gesunken. Der Anteil derer, die überhaupt diese drei Existenzängste äußern, gleichgültig in welcher Konfiguration, ist in diesem Zeitraum signifikant von 77 % auf 90 % gestiegen (vgl. Tabelle 2.16). Die deutliche Zunahme der Häufigkeit des gemeinsamen Auftretens dieser drei existenziellen Ängste (ATN) seit 1992 erhärtet unsere Annahme, dass hier offensichtlich bei einem größer werdenden Teil der Panelmitglieder eine Ballung negativer Gefühle, eine Art negativer »Gefühlsstau« (vgl. Maaz, 1990) über viele Jahre hinweg vorliegt.

Da wir in einer Längsschnittstudie aktuelle Befunde in ihrer Entwicklung zurück verfolgen können, stellt sich für jene Panelmitglieder, die 2005 diese starke Belastung aufwiesen, tatsächlich heraus, dass viele von ihnen alle diese Ängste bereits in den vorhergehenden Jahren geäußert haben: 2003, d. h. vor zwei Jahren, waren das 65 % von ihnen, 2000 (vor fünf Jahren) 45 %; noch früher, im Jahr 1994 (vor 11 Jahren) auch bereits 42 %! Dieser »Angststau« wird weiter untersucht. Im Vorgriff auf diese differenzierteren Analysen werden wir im Folgenden der Frage nachgehen, inwieweit sich die beiden Extremgruppen (ATN, 111 bzw. ---, 222) 2005 im Hinblick auf verschiedene relevante Merkmale unterscheiden. Sie umfassen zusammen 34 % der Population. Es werden nur signifikante Unterschiede aufgeführt (Abbildung 2.37).

Nicht überraschend geben die 32-Jährigen, die alle drei existenziellen Ängste äußern, auch weitaus häufiger Angst vor Altersarmut (A) bzw. vor weiteren Reformen der Regierung (B) an und blicken erheblich weniger zuversichtlich in ihre

Zukunft (C) als jene, von diesen Ängsten faktisch frei sind. Sie sind aber auch viel weniger zufrieden mit der Demokratie (D) und der jetzigen Wirtschaftsordnung (E), bejahen deutlich weniger häufig die Wende (F) bzw. die deutsche Einheit (G). Sie kommen weniger häufig mit den jetzigen gesellschaftlichen Verhältnissen zurecht (H), stimmen weniger häufig zu, dass die friedliche Revolution '89 den Ostdeutschen die Freiheit gebracht hat (I) und dass im jetzigen System die Menschenrechte geachtet werden (K). Sie schätzen die gesellschaftliche Entwicklung in Ostdeutschland seit der Wende weniger häufig als Fortschritt ein (L) und erhoffen auch weniger häufig, dass das jetzige System für immer erhalten bleibt (M). Sie würden häufiger selbst an Protestaktionen teilnehmen (N).

Aufschlussreich ist, dass 51 % von ihnen bis 2005 bereits 12 Monate und länger arbeitslos waren (O). Aus der umgekehrten Sicht zeigt sich, dass von denen, die bisher nicht arbeitslos waren, nur 10 % dieses Angstsyndrom aufweisen gegenüber 45 % jener, die insgesamt bereits 12 Monate oder länger ohne Arbeit waren! Positiv zu Ausländern eingestellt sind lediglich 16 % gegenüber 44 % derer, die frei sind von diesen Existenzängsten (P). Diese und weitere Vergleiche bestätigen die nahe liegende Annahme, dass dieses Syndrom von Existenzängsten nicht isoliert zu sehen ist. Es beeinflusst wie ein sensibler »Filter« die individuelle Wahrnehmung und Beurteilung der gesellschaftlichen Umwelt bis hin zur Einstellung zu Ausländern und zur Protestbereitschaft.

Auf die übrigen untersuchten Bedrohungsängste können wir hier nicht eingehen. Alles in allem zeigen ihre Ausprägungen und Entwicklungstrends, dass der Vereinigungsprozess auch bei den jetzt 32-Jährigen von erheblichen Verunsicherungen und Existenzängsten begleitet und belastet wird, dass die Angst faktisch zu einer Grundemotion im Vereinigungsprozess geworden ist (vgl. Berth, 1999), zu einer stark negativ prägenden Begleiterscheinungen des Lebens im gegenwärtigen Kapitalismus. Ein zunehmender Teil erlebt die gegenwärtige Gesellschaft als eine »Angstgesellschaft«. Das wiegt um so schwerer, als alle vorliegenden Daten dafür sprechen, dass unter den gegenwärtigen Bedingungen eine weitere Zunahme von Existenzängsten sehr wahrscheinlich ist – mit allen angedeuteten Konsequenzen.

Abb. 2.37: Merkmale von Panelmitgliedern, die 2005 alle drei Existenzängste bzw. keine davon äußern (Extremgruppenvergleich)

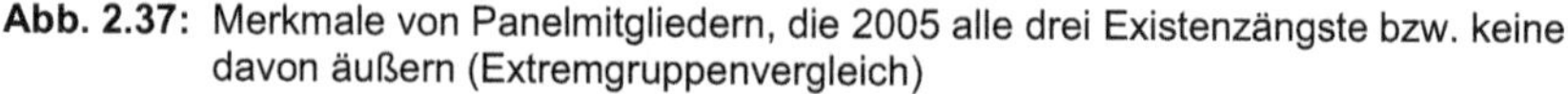

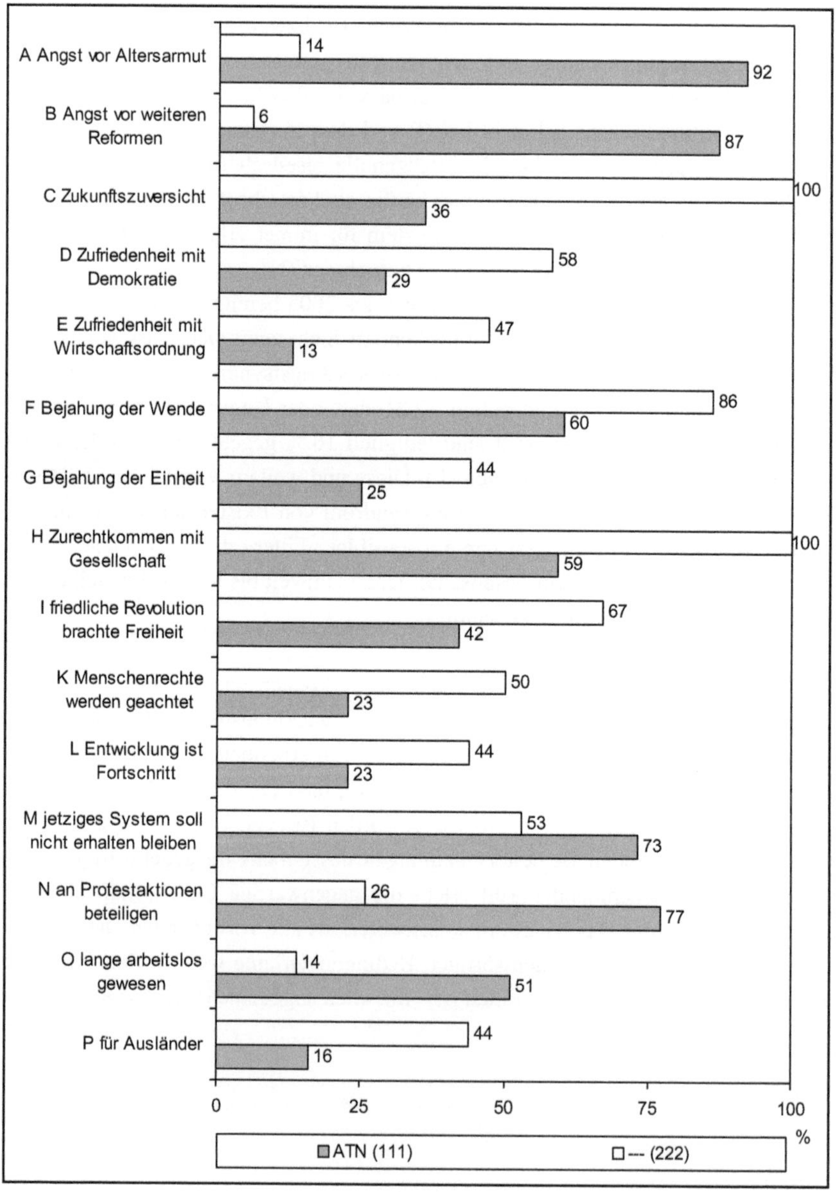

Erläuterungen (in Klammer: Anteile der ausgewählten AP in der Gesamtgruppe):

A Angst vor Armut im Alter: stark/eher stark (69 %)

B Angst vor weiteren Reformen der Regierung: stark/eher stark (65 %)

C persönliche Zukunftszuversicht: ohne Einschränkung/mit Einschränkung (76 %)

D Zufriedenheit mit der Demokratie: sehr zufrieden/zufrieden (36 %)

E Zufriedenheit mit der jetzigen Wirtschaftsordnung: sehr zufrieden/zufrieden (27 %)

F Bejahung der Wende: sehr starke/starke Zustimmung (72 %)

G Bejahung der Einheit: einschränkungslos (34 %)

H Zurechtkommen mit den neuen gesellschaftlichen Verhältnissen: ohne Einschränkung/mit Einschränkung (74 %)

I Mit der »friedlichen Revolution« im Herbst '89 haben die Ostdeutschen die Freiheit errungen: sehr starke/starke Zustimmung (49 %)

K Im jetzigen Gesellschaftssystem werden die Menschenrecht geachtet: sehr starke/starke Zustimmung (29 %)

L gesellschaftliche Entwicklung: eher Fortschritt oder eher Rückschritt? Fortschritt (31 %)

M Ich hoffe, dass das jetzige Gesellschaftssystem für immer erhalten bleibt: sehr starke/starke Ablehnung (65 %)

N Ich würde mich an Protestaktionen beteiligen: auf jeden Fall/wahrscheinlich (60 %)

O Anteil derer, die bisher länger als 12 Monate arbeitslos waren (27 %)

P für Ausländer: klar für/eher für als gegen Ausländer (22 %)

2.2 Einflussfaktoren der Kritik am gegenwärtigen Gesellschaftssystem und des Entstehens von Existenzängsten

»Der Mensch hat dreierlei Wege, um klug zu handeln; erstens durch Nachdenken, zweitens durch Nachahmen, das ist der leichteste, und drittens durch Erfahrung, das ist der bitterste.« (Konfuzius)

Wie schon vor der Wende, so ist auch gegenwärtig nicht wohlklingende politische Rhetorik entscheidend für eine Identifikation der Panelmitglieder mit dem jetzigen Gesellschaftssystem, sondern das persönliche Erleben der gesellschaftlichen Realität. Und diese Erfahrungen sind hochgradig ambivalent, auch 15 Jahre nach der Herstellung der Einheit. Seit 1995 zielt eine Frage auf die generellen Erfahrungen der Panelmitglieder mit dem neuen Gesellschaftssystem.

Abb. 2.38: Generelle Erfahrungen der Panelmitglieder mit dem jetzigen Gesellschaftssystem im Trend 1995 bis 2005

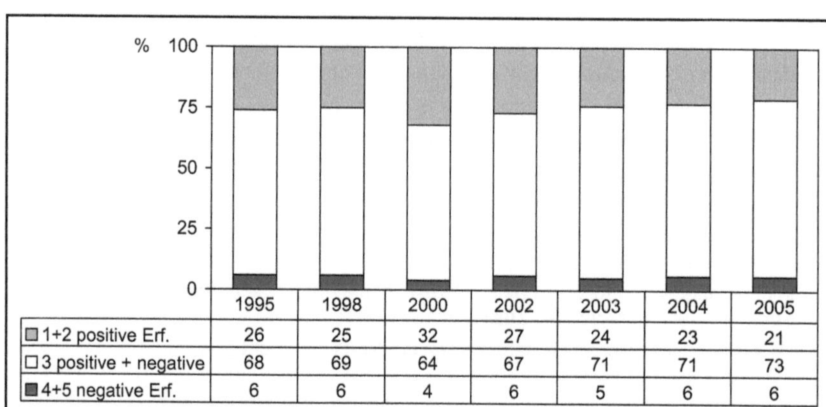

	1995	1998	2000	2002	2003	2004	2005
1+2 positive Erf.	26	25	32	27	24	23	21
3 positive + negative	68	69	64	67	71	71	73
4+5 negative Erf.	6	6	4	6	5	6	6

Fragetext: »Welche persönlichen Erfahrungen haben Sie – alles in allem – mit dem neuen Gesellschaftssystem gemacht?«

1 nur positive Erfahrungen – 2 überwiegend positive – Erfahrungen – 3 sowohl positive als auch negative Erfahrungen – 4 überwiegend negative Erfahrungen – 5 nur negative Erfahrungen

Die Antwortpositionen 1 + 2 bzw. 4 + 5 wurden in der Abbildung zusammengefasst.

Rund ein Fünftel der 32-Jährigen (21 %, darunter 1 % mit ausschließlich positiven Angaben) verweist 2005 auf positive Erfahrungen, nur 6 % haben negative Erfahrungen gemacht. Für die überwiegende Mehrheit (73 %) sind jedoch nach wie vor ambivalente Erfahrungen charakteristisch, d. h. positive und negative Erfahrungen stehen nebeneinander. Die Ergebnisse der vorangegangenen Wellen stimmen damit im wesentlichen überein, allerdings ist nach dem Zuwachs an positiven Erfahrungen im Jahr 2000 (nach dem Regierungswechsel 1998) – wie bei vielen anderen Sachverhalten – wieder eine signifikant regressive Tendenz von 32 % auf 21 %, dem bisher niedrigsten Wert, erkennbar.

Für die hohe Ambivalenz der individuellen Erfahrungen mit dem gegenwärtigen Kapitalismus sind in der Studie noch weitere Belege zu finden. Sehr augenscheinlich kommt sie bei der Beurteilung des in der jetzigen Gesellschaft bestehenden Verhältnisses von neuen Chancen und neuen Risiken zum Vorschein:

Abb. 2.39: Verhältnis von neuen Chancen und neuen Risiken im Trend 1995 bis 2005

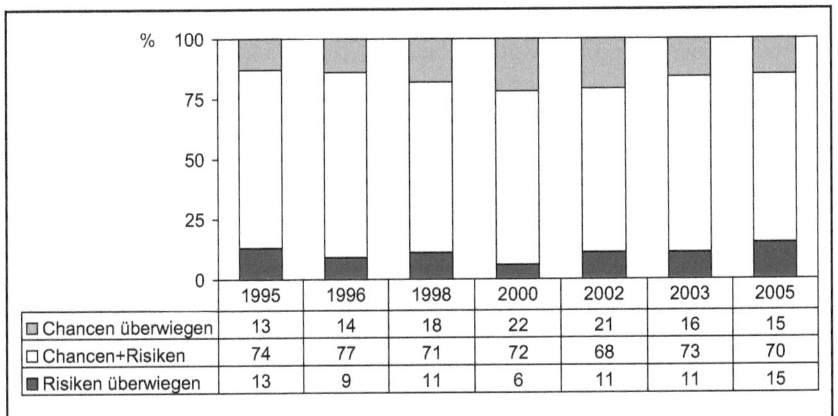

	1995	1996	1998	2000	2002	2003	2005
Chancen überwiegen	13	14	18	22	21	16	15
Chancen+Risiken	74	77	71	72	68	73	70
Risiken überwiegen	13	9	11	6	11	11	15

Fragetext: »Es heißt, dass die jetzige Gesellschaft den Bürgern neue Chancen für die Lebensgestaltung bietet, aber auch neue, ungewohnte Risiken mit sich bringt. Welche Erfahrungen haben Sie gemacht? Überwiegen die Chancen oder die Risiken oder ist beides miteinander verbunden?«

1 die neuen Chancen überwiegen – 2 die neuen Risiken überwiegen – 3 es gibt sowohl neue Chancen als auch neue Risiken

Die Relationen zwischen neuen Chancen und neuen Risiken hatten sich im Erleben der Panelmitglieder bis 2000 (nach dem Regierungswechsel) zugunsten neuer Chancen verschoben. Seitdem hat jedoch dieser Anteil wieder deutlich abgenommen und die Quote derer zugenommen, die mehr Risiken als Chancen reflektieren. 2005 sind beide Gruppen gleich groß. Typisch für den gesamten Zeitraum ist jedoch die Erfahrung, dass es sowohl neue Chancen als auch neue Risiken gäbe, die hochgradige Ambivalenz der persönlichen Erfahrungen mit dem jetzigen System bleibt auch im Jahre 2005 bestehen. Die jungen Frauen reflektieren deutlich weniger häufig überwiegend neue Chancen als ihre männlichen Altersgefährten (2005: 10 % gegenüber 20 %).

Wir wenden uns jetzt einigen konkreten Erfahrungen der Panelmitglieder zu, deren Einfluss auf die Einstellung zum jetzigen System seit Anfang der 90er Jahre analysiert wird. Betont sei, dass damit nur Ausschnitte dieser Erfahrungen erfasst werden und die Komplexität ihres Zusammenwirkens zunächst unberücksichtigt bleiben muss. Außerdem müssen wir hier auf eine systematische Darstellung der verschiedenen Erfahrungsebenen verzichten, die wir 2002 begründet haben (vgl. Förster, 2002, S. 215 ff.). Auch auf die nachweisbaren Langzeitwirkungen der DDR-Sozialisation und der Rezeption westlicher Sender (damals mit erfasst) gehen wir hier nicht ein. Die Wirkungen von Arbeitslosigkeitserfahrungen sind in einem eigenen Kapitel dargestellt.

2.2.1. Geringe Möglichkeiten demokratischer Mitgestaltung

Die TeilnehmerInnen der Studie äußern sich seit Jahren mehrheitlich sehr kritisch über ihre geringen demokratischen Mitgestaltungsrechte, an die sie, wie die Ostdeutschen generell, in der Wendezeit große Erwartungen hatten:

Abb. 2.40: Anteil der Panelmitglieder, die mit ihren Möglichkeiten zur Einflussnahme auf die Politik zufrieden (1) oder eher zufrieden (2) sind, im Trend 1993 bis 2005

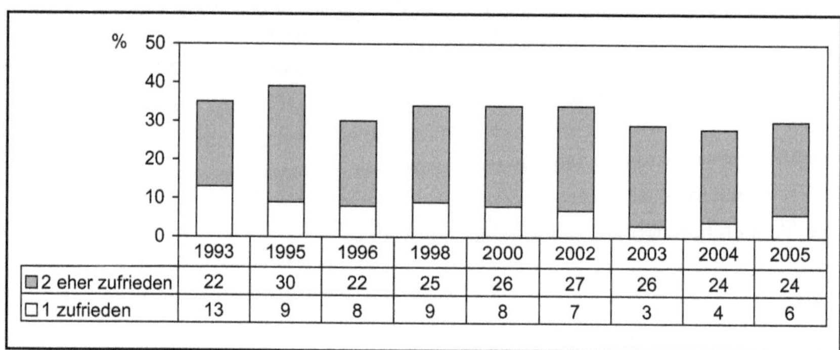

	1993	1995	1996	1998	2000	2002	2003	2004	2005
2 eher zufrieden	22	30	22	25	26	27	26	24	24
1 zufrieden	13	9	8	9	8	7	3	4	6

Fragetext: »Wie zufrieden sind Sie mit Ihren Möglichkeiten zur Einflussnahme auf die Politik?«

1 zufrieden – 2 eher zufrieden als unzufrieden – 3 eher unzufrieden als zufrieden – 4 unzufrieden

Dieser Trend über 12 Jahre lässt klar auf eine massive Enttäuschung von der real existierenden Demokratie schließen: Weniger als ein Drittel (30 %) äußern sich 2005 positiv, der Anteil derer ohne Einschränkung geht gegen Null. Nach wie vor erlebt nur eine Minderheit demokratische Teilhabe.

Aufschlussreich sind auch die folgenden langjährigen Trends, die die geringen Erfahrungen der 32-Jährigen in den letzten Jahren hinsichtlich einer demokratischen Teilhabe widerspiegeln. Wir führen diese Trends komplett an, um zu zeigen, dass wir es hier keineswegs mit punktuellen Einschätzungen zu tun haben:

Tab. 2.18: Erfahrungen der gegenwärtig 32-Jährigen mit der Demokratie im Trend

»Haben Sie in den letzten zwei, drei Jahren folgende Erfahrungen gemacht:«
1 ja – 2 nein – 3 Das ist schwer zu sagen

Jahr	1	2	3
»dass Sie in der Öffentlichkeit offen Ihre Meinung sagen können?«			
1996	60	29	11
1998	63	25	12
2000	65	22	13
2002	64	23	13
2003	59	27	14
2005	57	28	15
»dass die Politiker an Ihrer Meinung interessiert sind?«			
1996	3	85	12
1998	4	85	11
2000	3	84	13
2002	4	81	15
2003	4	84	12
2005	2	88	10
»dass Sie Ihr Leben ohne politische Zwänge frei gestalten können?«			
2000	62	22	16
2002	55	24	21
2003	48	32	20
2004	48	35	17
2005	47	36	17
»dass Sie Einfluss auf die Gesellschaft nehmen können?«			
2002	9	70	21
2003	11	69	20
2004	12	73	15
2005	11	73	16
»dass Sie in der gegenwärtigen Gesellschaft gebraucht werden?«			
2005	27	43	30

Mit nur 57 % haben bis 2005 bei weitem nicht alle die Erfahrung gemacht, in der Öffentlichkeit offen ihre Meinung sagen zu können. In diesem Zusammenhang wird häufig so oder ähnlich geäußert: »Ich kann jetzt zwar alles sagen, aber es interessiert keinen.« oder »Ich kann meine politische Meinung sagen, aber auch nicht überall.« Nur zwischen 2 % und 4 % haben über Jahre hinweg die Erfahrung gemacht, dass die Politiker an ihrer Meinung interessiert sind – ein eindeutiges Urteil. Überraschend ist, dass nur die knappe Hälfte der Panelmitglieder bis 2005 die Erfahrung gemacht hat, ihr Leben ohne politische Zwänge frei gestalten zu können, der Trend ist außerdem eindeutig regressiv. Seit Jahren bejaht nur etwa jeder Zehnte, Einfluss auf die Gesellschaft nehmen zu können, die große Mehrheit stellt dies in Abrede. Die Erfahrung schließlich, in der gegenwärtigen Gesellschaft gebraucht zu werden, haben 27 % gemacht, 43 % meinen das Gegenteil.

2.2.2 Zunehmende Unzufriedenheit mit der sozialen Gerechtigkeit

Das viel diskutierte Defizit an »sozialer Gerechtigkeit« ist auch bei den jungen Erwachsenen dieser Studie seit Jahren zu beobachten, gleichgültig ob damit Leistungsgerechtigkeit oder Verteilungsgerechtigkeit gemeint ist.

Abb. 2.41: Zufriedenheit mit den Chancen, in der jetzigen Gesellschaft durch Leistung voranzukommen, 1995 bis 2005. Zusammengefasste Häufigkeiten zufriedener (1) bzw. eher zufriedener (2) als unzufriedener Panelmitglieder

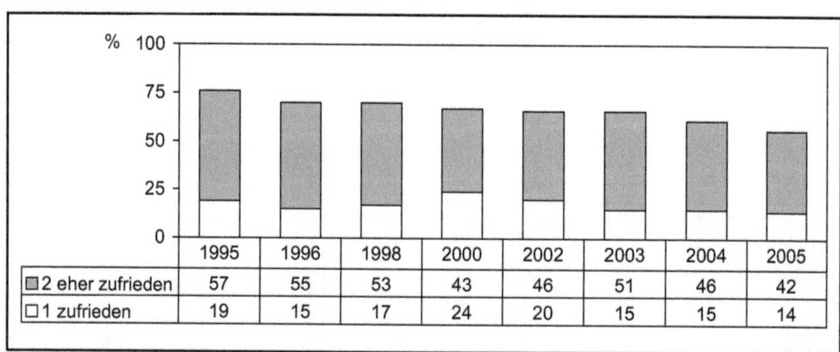

	1995	1996	1998	2000	2002	2003	2004	2005
■ 2 eher zufrieden	57	55	53	43	46	51	46	42
□ 1 zufrieden	19	15	17	24	20	15	15	14

Fragetext: »Wie zufrieden sind Sie mit den Chancen, die Sie in der jetzigen Gesellschaft haben, es im Leben durch Leistung zu etwas zu bringen?«

1 zufrieden – 2 eher zufrieden als unzufrieden – 3 eher unzufrieden als zufrieden – 4 unzufrieden

Lediglich die reichliche Hälfte ist im Jahr 2005 mit den real erlebten Leistungschancen im jetzigen System zufrieden, nur der kleinere Teil davon ohne Einschränkung. Außerdem ist eine rückläufige Tendenz erkennbar: Der Anteil mehr oder weniger zufriedener Panelmitglieder ist zwischen 1995 und 2005 von 76 % kontinuierlich und signifikant auf 56 % abgesunken! Die jungen Frauen äußern sich 2005 signifikant weniger zufrieden als die jungen Männer: 52 % gegenüber 61 %. Insbesondere erfahrene Arbeitslosigkeit ist ein entscheidender Grund dafür, dass viele Panelmitglieder daran zweifeln, in der jetzigen Gesellschaft durch Leistung voranzukommen.

Im Zusammenhang damit steht, dass lediglich eine Minderheit der Panelmitglieder bejaht, ihren gerechten Anteil am gesellschaftlichen Wohlstand zu erhalten:

Abb. 2.42: Anteil am gesellschaftlichen Wohlstand im Trend 1996 bis 2005

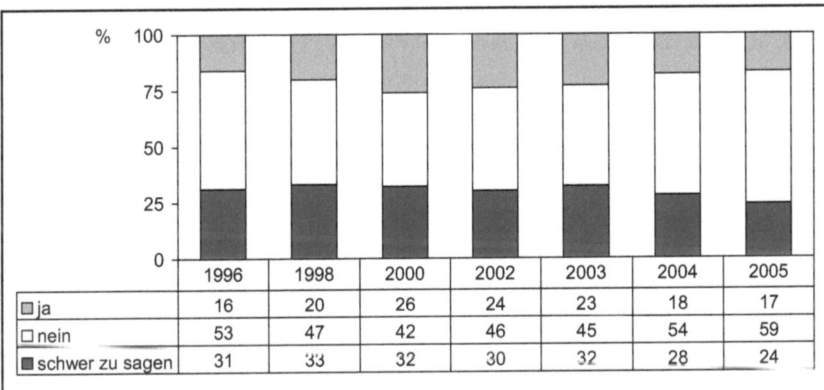

	1996	1998	2000	2002	2003	2004	2005
ja	16	20	26	24	23	18	17
nein	53	47	42	46	45	54	59
schwer zu sagen	31	33	32	30	32	28	24

Fragetext: »Haben Sie in den letzten zwei, drei Jahren folgende Erfahrung gemacht: dass Sie Ihren gerechten Anteil am gesellschaftlichen Wohlstand erhalten?«
1 ja – 2 nein – 0 Das ist schwer zu sagen.

Der sich bis 2000 andeutende positive Trend hat sich danach wieder umgekehrt, die politische Brisanz einer als ungerecht empfundenen und bewerteten Verteilung des Wohlstandes in der jetzigen Gesellschaft nimmt zu. Betrachtet man beide Aspekte sozialer Gerechtigkeit gleichzeitig, dann stellt sich heraus, dass 2005 lediglich 15 % mit ihr mehr oder weniger stark zufrieden sind, ohne Unterschiede zwischen den Geschlechtergruppen. Das geht auch aus einer seit 2004 zu diesem Thema gestellten Frage hervor, die so oder ähnlich formuliert breit diskutiert wird:

Tab. 2.19: Einstellung zur Verteilung des gesellschaftlichen Wohlstandes 2004 und 2005

»Im jetzigen Gesellschaftssystem erhält jeder, egal ob einfacher Bürger oder Vorstand eines Konzerns, seinen gerechten Anteil am gesellschaftlichen Wohlstand.«
Das entspricht meiner Meinung vollkommen 1, 2, 3, 4, 5 überhaupt nicht

	1	2	(1+2)	3	4	5
2004	1	2	(3)	15	29	53
2005	0	3	(3)	12	25	60

Eine eindeutige Aussage: Nur 3 % der 32-Jährigen halten 2005 die im jetzigen System praktizierte Verteilung des gesellschaftlichen Wohlstandes für gerecht, 85 % äußern eine konträre Auffassung. Es besteht hierzu in allen sozialen Schichten ein klarer Konsens, der auch durch eine Vielzahl verbaler Aussagen gestützt wird, in denen die jungen Erwachsenen ihr völliges Unverständnis und ihre zunehmende Wut über die teilweise bekannt gewordenen Einkommen, Pensionen und Abfindungen von Managern, Bankern und Politikern äußern, vor allem dann, wenn persönliches Versagen vorliegt oder es um Korruption, Schmiergeld- und Sexaffären geht.

2.2.3 Das Erleben wirtschaftlicher Zwänge

Von erheblichem Einfluss auf die Identifikation mit dem jetzigen Gesellschaftssystem sind die individuellen Erfahrungen mit der gegenwärtigen Wirtschaftsordnung (Tabelle 2.20).

Unterschiede zwischen den verschiedenen Untergruppen bestehen kaum; sogar jene, die sich selbstständig gemacht haben bzw. mit ihrem Einkommen einschränkungslos zufrieden sind, antworten nicht grundsätzlich anders. Noch weniger TeilnehmerInnen bestätigen allerdings, die Erfahrung gemacht zu haben, ihr Leben ohne wirtschaftliche Zwänge frei gestalten zu können. Zwischen den sozialen Gruppen bestehen dabei nur marginale Unterschiede. Auch zwischen denen, die im Westen bzw. im Osten leben, bestehen nur minimale Unterschiede: 14 % gegenüber 10 %. Beide Erfahrungen gemacht zu haben, ihr Leben ohne wirtschaftliche und politische Zwänge frei gestalten zu können, bejahen 2005 nur 9 %.

Tab. 2.20: Erfahrung, in einer sozialen Marktwirtschaft zu leben und Erfahrung, sein Leben ohne wirtschaftliche Zwänge frei gestalten zu können, 2004 und 2005

1 ja – 2 nein – 3 Das ist schwer zu sagen

	1	2	0
»Haben Sie in den in den letzten zwei, drei Jahren die Erfahrung gemacht, dass Sie in einer sozialen Marktwirtschaft leben?«			
2004	28	50	22
2005	28	49	23
»Haben Sie in den in den letzten zwei, drei Jahren die Erfahrung gemacht, dass Sie Ihr Leben ohne wirtschaftliche Zwänge frei gestalten können?«			
2004	7	80	13
2005	11	80	9

2.2.4 Erfahrung, als Deutscher zweiter Klasse behandelt zu werden

Die Bindung an das gegenwärtige Gesellschaftssystem wird bei einem großen Teil der Panelmitglieder nach wie vor stark durch die Erfahrung beeinträchtigt, von vielen Westdeutschen als Bürger zweiter Klasse behandelt zu werden:

Abb. 2.43: Erfahrung, als Deutscher zweiter Klasse behandelt zu werden, im Trend 1995 bis 2005. Anteile einschränkungsloser (1) bzw. eingeschränkter (2) Zustimmungen

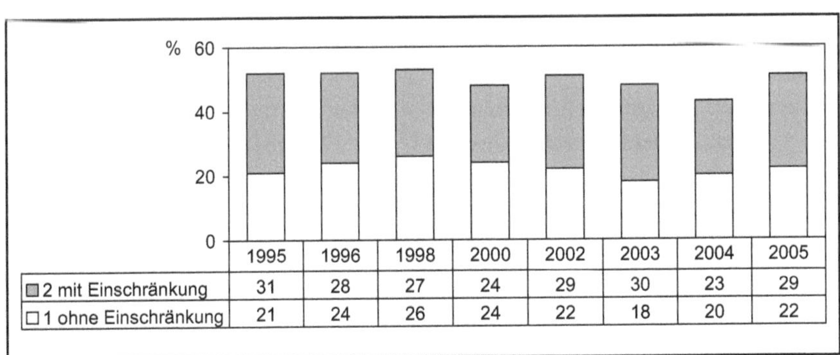

	1995	1996	1998	2000	2002	2003	2004	2005
2 mit Einschränkung	31	28	27	24	29	30	23	29
1 ohne Einschränkung	21	24	26	24	22	18	20	22

Fragetext: »Viele Westdeutsche behandeln uns Ostdeutsche als Deutsche zweiter Klasse.«

Das entspricht meiner Meinung 1 vollkommen 2, 3, 4, 5 überhaupt nicht

Zwischen 2002 und 2004 war der Anteil derjenigen, die solche Erfahrungen gemacht haben, deutlich von 51 % auf 43 % zurückgegangen, ist jedoch 2005 erneut erheblich angestiegen! Wesentlich ist: Das trifft auch für jene zu, die im Westen leben und bei denen der erwähnte Rückgang besonders ausgeprägt war. 2005 bejahen von denen, die im Osten leben, 57 % solche Erfahrungen (2004: 50 %), von denen im Westen 32 % (2004 nur 20 %).

Noch eine abschließende Bemerkung: Es versteht sich, dass im Rahmen dieses Artikels bei weitem nicht alle relevanten Wirkfaktoren untersucht werden konnten. Völlig außer Acht gelassen haben wir hier z. B. die starken Einflüsse, die vom internationalen Erscheinungsbild des gegenwärtigen Kapitalismus ausgehen, das von den Panelmitgliedern mehrheitlich negativ wahrgenommen wird. Das belegt z. B. die äußerst kritische Bewertung der militärischen Aktionen der USA im Irakkrieg. Die einhellige Verurteilung dieses kriegerischen Handelns der führenden kapitalistischen Macht oder auch der Zustände in den berüchtigten US-Militärgefängnissen Guantanamo und Abu Ghraib fließt natürlich ebenfalls in jenes Faktorenbündel ein, das alles in allem und über längere Zeit eine kritische oder ablehnende Haltung dieser jungen Leute gegenüber dem gegenwärtigen Kapitalismus hervorgerufen hat.

2.3 Zusammenfassung

Die Sächsische Längsschnittstudie begleitet den Jahrgang der 1973 der in der DDR Geborenen seit 1987 repräsentativ auf ausgewählten Gebieten ihres Lebens. Sie dokumentiert in vermutlich einmaliger Weise den massiven Wandel, der sich bei den Panelmitgliedern zwischen ihrem 14. und 32. Lebensjahr in Bezug auf ihr politisches Bewusstsein vollzogen hat, ausgelöst durch das Erleben der DDR in ihrer Endzeit, die schockartigen Veränderungen in der Wendezeit und die selbst erfahrene Realität des jetzigen Gesellschaftssystems der Bundesrepublik. Damit ist der weitaus größte Teil ihres bisherigen bewussten Lebens von weit reichenden und tiefgehenden Umbrüchen beeinflusst worden, deren Folgen für ihre weitere Persönlichkeitsentwicklung heute noch nicht absehbar sind.

Die wichtigsten Trendlinien des politischen Einstellungswandels im Untersuchungszeitraum 1987 bis 2005 lassen sich wie folgt zusammenfassen.

1. Die Ergebnisse aus der ersten Phase dieser Studie vor der Wende (1987 – Frühjahr 1989) widerspiegeln die Enttäuschungen der damals 14- bis 16-jährigen Panelmitglieder vom »real existierenden Sozialismus« in der Endzeit der DDR. Ihre Identifikation mit der DDR, mit dem Sozialismus überhaupt, mit der marxistisch-leninistischen Weltanschauung ging von Jahr zu Jahr mehr oder weniger drastisch zurück. An der Politik der SED wurde deutliche Kritik geäußert.

Von diesen regressiven Tendenzen faktisch ausgenommen war jedoch ihre Überzeugung, in der DDR eine sichere Zukunft zu haben. Diese Zuversicht hatte vorwiegend sozialpolitische Grundlagen, darunter nicht zuletzt die Tatsache, dass im Frühjahr 1989, am Ende der 10. Klasse, für faktisch alle TeilnehmerInnen der Untersuchung feststand, wie es nach der Schulzeit weitergehen würde. Sie hatten, von wenigen Ausnahmen abgesehen, eine sichere berufliche Perspektive, für Ängste um einen Arbeits- oder Ausbildungsplatz bestand kein Anlass. Diese und weitere sozialen Erfahrungen wirken bei ihnen bis in die Gegenwart nach und bilden den Kern einer noch heute bestehenden emotionalen (nicht politischen!) Verbundenheit mit der DDR.

Diese Fakten sind auch aufschlussreich für das Verstehen heutiger, teilweise unerwarteter Reaktionen dieser jungen Frauen und Männer auf die Folgen der Vereinigung und des Transformationsprozesses in Ostdeutschland.

2. Für die große, wenn auch abnehmende Mehrheit der in die Studie einbezogenen gegenwärtig 32-jährigen Ostdeutschen gibt es kein Zurück zu den politischen Verhältnissen vor der Wende. Nur eine Minderheit stellt 15 Jahre nach dieser Zäsur in Frage, dass die Wende richtig war. Die meisten bezweifeln aber in zunehmendem Maße, dass die Ziele der ›friedlichen Revolution‹ im Herbst '89 erreicht wurden. Viele stellen auch in Frage, dass die Ostdeutschen damit die Freiheit errungen haben.

3. Das vereinte Deutschland ist für die meisten der TeilnehmerInnen zu einer Selbstverständlichkeit geworden. Sie haben von ihm Besitz ergriffen, anerkennen und nutzen die sich aus der Vereinigung ergebenden Vorteile pragmatisch für ihre Persönlichkeitsentwicklung und ihre berufliche Karriere, nicht zuletzt dafür, die neu gewonnene Reisefreiheit zu praktizieren. Allerdings ist in der jüngsten Zeit ein Rückgang der Zustimmung zu beobachten.

Die Vereinigungsfolgen für Ostdeutschland werden noch immer überwiegend ambivalent bewertet. Der vermutete Zeitpunkt für die Herstellung der wirtschaftlichen und der inneren Einheit wird von Jahr zu Jahr weiter in die Zukunft hinaus geschoben. Sie wird damit mehr und mehr zu einer Utopie – Widerspiegelung erheblicher Enttäuschungen von den Realitäten des Vereinigungsprozesses.

4. Die grundsätzliche Bejahung der deutschen Einheit ist nicht identisch mit der Zustimmung zum gegenwärtigen Gesellschaftssystem. Dieses System wird auch rund anderthalb Jahrzehnte nach der Herstellung der Einheit mehrheitlich skeptisch oder kritisch betrachtet, in jüngster Zeit sogar mit deutlich zunehmender Tendenz.

Das betrifft in besonderem Maße die jetzige Wirtschaftsordnung und – damit eng zusammenhängend – das politische System in der Bundesrepublik. Die ohnehin geringe Zufriedenheit mit beiden Seiten ging schon am Ende der Kohl-Ära stark zurück, nach einem kurzzeitigen Anstieg nach dem Regierungswechsel 1998 und den damit verbundenen neuen Hoffnungen hat sie danach erneut mehr als zuvor abgenommen. Nur Minderheiten sind zufrieden mit der Demokratie, mit der Sozialpolitik, der Familienpolitik, der Gesundheitspolitik und der Lohnpolitik in Ostdeutschland.

5. Die Bereitschaft der Panelmitglieder zur gesellschaftlichen Partizipation ist von Jahr zu Jahr geringer geworden und geht jetzt gegen Null. Diese Orientierung, die schon in den letzten Jahren der DDR stark zurück gegangen war, nahm nach der Wende keinen Aufschwung, sondern stürzte im Gegenteil völlig ab. Auch der starke Rückgang des Strebens nach Aufstieg in der jetzigen Gesellschaft ist Ausdruck des massiven Abbaus der Bereitschaft zur Unterstützung des politischen Systems. Hintergrund ist vor allem die Erfahrung, als Ostdeutscher nach wie vor nur geringe Chancen zu haben, in die vorwiegend von Westdeutschen dominierte gesellschaftliche Elite aufgenommen zu werden – ein generelles Problem der ostdeutschen Gesellschaft.

6. Das Vertrauen zu den demokratischen Parteien ist nur sehr gering entwickelt. Die Trends belegen: Die verbreitete Unzufriedenheit mit dem politischen System, mit der gesellschaftlichen Entwicklung insgesamt, geht in beträchtlichem Maße auf die sehr schwache Vertrauensbasis faktisch aller demokratischen Parteien zurück. Eine Trendwende ist gegenwärtig nicht in Sicht. Im Gegenteil: In den letzten Jahren hat sich der Anteil der jungen Erwachsenen, die zu keiner der demokratischen Parteien Vertrauen haben, drastisch auf rund drei Viertel erhöht. Die meisten der 32-Jährigen meinen, dass die heute herrschenden Politiker in erster Linie die Politik der Reichen und Mächtigen vertreten.

7. Die kritische Sicht dieser jungen Ostdeutschen auf das jetzige Gesellschaftssystem kulminiert in weit verbreiteten und weiter wachsenden Zweifeln an seiner Zukunftsfähigkeit. Nur weniger als 10 % glauben daran, dass dieses System die dringenden Menschheitsprobleme lösen wird und dass es das einzige menschenwürdige Zukunftsmodell sei. Ebenfalls nur eine Minderheit hofft, dass das jetzige System erhalten bleibt, die meisten wünschen das Gegenteil. Und nur ein kleiner Teil bejaht, dass im Kapitalismus Freiheit existiert und die Menschenrechte geachtet werden. Der Anteil derer, die die Entwicklung in Ostdeutschland seit der Wende als Fortschritt bewerten, ist deutlich zurückgegangen. Diese und weitere Ergebnisse lassen auf eine weit verbreitete systemkritische Haltung schließen, deren Quellen vor allem in den gegenwärtigen Erfahrungen dieser jungen Frauen und Männer liegen, vermutlich aber auch weit in ihre zu DDR-Zeiten erfahrene Sozialisation zurückreichen.

8. Die anwachsende Kritik des größten Teils der Panelmitglieder an ihrem gegenwärtigen gesellschaftlichen Umfeld geht zeitgleich mit teilweise überraschenden Entwicklungen anderer politischer Einstellungen einher. Sie äußert sich insbesondere im Identitätswandel vom DDR-Bürger zum Bundesbürger, der sich als ein sehr langwieriger Prozess erweist. Bei den meisten dieser 32-Jährigen ist konstant eine »Doppelidentität« festzustellen: Sie fühlen sich als Bundesbürger, ohne jedoch ihre Verbundenheit mit der DDR aufgegeben zu haben. Das Zugehörigkeitsgefühl zur DDR ist bei ihnen offensichtlich tiefer verwurzelt, als lange Zeit angenommen wurde. Absehbar ist, dass die Herausbildung einer von »Resten« der DDR-Verbundenheit freien staatsbürgerlichen Identifikation mit der Bundesrepublik noch längere Zeit dauern wird, wenn sie überhaupt jemals zustande kommt. Dafür spricht auch, dass die politische Identifikation mit der Bundesrepublik sehr schwach ausgeprägt ist und ebenfalls zurückgeht.

9. Beim Systemvergleich DDR – heutige Bundesrepublik schneidet die DDR in sozialer Hinsicht nicht schlechter, sondern von Jahr zu Jahr besser ab. Das gilt vor allem in Bezug auf die soziale Sicherheit, die Betreuung der Kinder, das Verhältnis der Menschen untereinander, die Förderung der Familie, den Schutz gegenüber Kriminalität, die Schulbildung, die soziale Gerechtigkeit. Das sind offensichtlich jene Gebiete des Lebens, auf denen bei den 32-Jährigen auch gegenwärtig positive Erinnerungen überwiegen.

Mit hoher Konstanz halten sie mehrheitlich an der Auffassung fest, dass die DDR sowohl gute als auch schlechte Seiten hatte. Dabei wird die DDR umso positiver beurteilt, je negativer die heutigen Erfahrungen der jungen Leute mit den Folgen der Vereinigung sind. Diese positiven Erinnerungen stehen jedoch in keinem Zusammenhang mit ihren früheren politischen Bindungen, bedeuten keine »ideologische Verklärung« der DDR.

Zahlreiche TeilnehmerInnen halten bis in die Gegenwart an ihrer Kritik fest, dass es ein grundsätzlicher Fehler der Vereinigungspolitik war und noch immer sei, faktisch keine der ihrer Meinung nach »guten Seiten« der DDR in das vereinte Deutschland zu übernehmen. Zu einer totalen Verurteilung der DDR als »lebenslanger Knast« ist etwa ein Drittel bereit.

10. Die ansteigende Distanz gegenüber dem jetzigen Gesellschaftssystem geht außerdem mit einer deutlich zunehmenden Tendenz der Identifikation mit sozialistischen Idealen einher. Sozialistisches Gedankengut ist trotz des Zusammenbruchs der DDR und des »real existierenden Sozialismus« nicht aus dem Bewusstsein dieser jungen Ostdeutschen verschwunden. Dafür spricht auch, dass die überwiegende Mehrheit den Sozialismus für eine gute Idee hält, die nur schlecht verwirklicht wurde, und dass fast die Hälfte von ihnen für eine reformsozialistische Alternative zum jetzigen System plädiert. Die grundsätzliche Frage »Kapitalismus oder Sozialismus?« ist für sie offensichtlich noch nicht endgültig beantwortet. Dass die sozialistischen Gesellschaftsideale sich eines Tages durchsetzen werden, glauben gegenwärtig allerdings ebenso wenige wie das jetzige Gesellschaftsmodell für zukunftsfähig halten.

11. Die persönliche Zukunftszuversicht der 32-Jährigen – zugleich aussagekräftiges Kriterium dafür, wie sie die Zukunft der Gesellschaft beurteilen – hat nach der Wende und der deutschen Einheit nicht zu-, sondern erheblich abgenommen. Als ein sehr ernstes Signal ist zu werten, dass immer weniger der 32-Jährigen ihre Zukunft mit Ostdeutschland verbinden. Etwa ein Viertel dieser jungen Erwachsenen ist bereits abgewandert und hat sich dort integriert; fast alle wollen auch dort bleiben, einschließlich ihrer Kinder. Rund ein Drittel äußert, am liebsten aus Deutschland auswandern zu wollen. Die Zukunftszuversicht für die eigenen Kinder, ebenfalls zugleich spezifische Widerspiegelung von Zukunftsfähigkeit der Gesellschaft, ist in erschreckendem Maße gering und stürzt weiter ab. Sie erweist

sich immer mehr als ein äußerst einflussreiches Kriterium für die eigene Haltung zum gegenwärtigen System.

12. Die Zukunftszuversicht vieler Panelmitglieder, ihre gesamte Lebensgrundstimmung, wird durch eine Vielzahl von Alltagsängsten beeinträchtigt, die aus den veränderten gesellschaftlichen Verhältnissen erwachsen. Vor allem die psychisch stark belastenden existenziellen Ängste vor einer weiteren Verteuerung des Lebens, vor eigener Arbeitslosigkeit und Eintreten einer persönlichen Notlage, vor den Auswirkungen von »Hartz IV« sowie vor weiteren Reformen der Regierung haben erheblichen Anteil an der bestehenden Unzufriedenheit mit dem gegenwärtigen System, an einer verbreiteten Angst vor dieser Gesellschaft. Bei vielen ist über Jahre hinweg eine psychisch stark belastende Ballung negativer Gefühle entstanden. Als Alarmsignal ist zu werten, dass rund zwei Drittel der jungen Erwachsenen sich bereits im Alter von 32 Jahren von Armut im Alter bedroht fühlen!

13. Dank der spezifischen Anlage der Untersuchung als Längsschnittstudie bei einer identischen Population über die Wende hinweg konnten aus der Vielfalt der realen individuellen Lebensumstände mehrere wesentliche Einflussfaktoren nachgewiesen werden, die hinter den erwähnten Trends stehen. Sie lassen sich überwiegend auf den gemeinsamen Nenner der persönlichen Erfahrungen mit dem jetzigen Gesellschaftssystem bringen. Weiter stellte sich heraus, dass nur wenige Panelmitglieder Demokratie tatsächlich erleben, dass ein großer Teil die deklarierte Chancen- bzw. Verteilungsgerechtigkeit vermisst und noch immer die Erfahrung machen muss, von vielen Westdeutschen als Deutscher zweiter Klasse behandelt zu werden. Der Anteil derer, die diese Erfahrung machen, steigt gegenwärtig wieder an.

Die in der DDR erfahrene Sozialisation der 32-Jährigen hat bis in die Gegenwart nachweisbare Langzeitwirkungen. Das betrifft vor allem die damaligen Alltagserfahrungen in sozialer Hinsicht, insbesondere die erlebte soziale Sicherheit. Aber auch die damalige politische Sozialisation ist nachweislich nicht wirkungslos geblieben. Das äußert sich weniger in bestimmten Einstellungen als vielmehr in einer zunehmenden generellen Identifikation mit sozialistischem Gedankengut. Langzeitwirkungen früherer politischer Bindungen treten insbesondere bei denen hervor, die gegenwärtig überwiegend negative Erfahrungen mit dem kapitalistischen Gesellschaftssystem machen.

Die bis 2005 vorliegenden Trends über teilweise 15 Jahre hinweg führen alles in allem zu der Feststellung, dass diese jungen Leute zum zweiten Mal innerhalb eines verhältnismäßig kurzen Zeitraumes von der Gesellschaft enttäuscht sind, in der sie leben. Rund anderthalb Jahrzehnte haben nicht ausgereicht, um einen größeren Teil der jetzt 32-Jährigen für das jetzige Gesellschaftssystem einzunehmen, Vertrauen zur politischen Klasse und zu den Wirtschaftsführern zu gewinnen. Sie haben sich diesem System gegenüber nicht »entfremdet«, sondern stehen ihm faktisch schon von der Wendezeit an mehrheitlich skeptisch oder ablehnend gegenüber. Diese kritische Haltung verstärkte sich in den letzten Jahren der Regierungszeit von Schwarz-Gelb, den kurzfristig wachsenden Hoffnungen nach dem Regierungswechsel 1998 zu Rot-Grün folgte ein noch stärkerer Absturz als zuvor. Ein großer Teil dieser jungen Männer und Frauen will den gegenwärtigen Kapitalismus wieder loswerden.

Die Kehrseite davon ist, dass die meisten Panelmitglieder konstant an einer Doppelidentität festhalten, sich schon als Bundesbürger, aber zugleich noch als DDR-Bürger fühlen; dass sie sich in zunehmendem Maße mit sozialistischen Idealen identifizieren und für einen Systemwechsel zugunsten einer reformsozialistischen Alternative plädieren.

Einer der entscheidenden Faktoren für diese kapitalismuskritische Haltung der 32-Jährigen ist die Massenarbeitslosigkeit im Osten, von der immer mehr immer länger selbst betroffen sind und die sie täglich in ihrem sozialen Umfeld erleben. Systemkritik erwächst bei ihnen zugleich aus dem seit vielen Jahren bestehenden erheblichen Defizit an erlebbarer demokratischer Teilhabe und an sozialer Gerechtigkeit, aus den erfahrenen wirtschaftlichen Zwängen und der Behandlung als Deutsche zweiter Klasse seitens vieler Westdeutscher.

Zumindest mit dem Blick auf diese Altersgruppe ist zu konstatieren, dass die häufig geäußerte Vermutung, die Kritiker des Kapitalismus würden im Osten allmählich aussterben, wenig realistisch ist. Die Daten zeigen: Die Kritiker sind bereits nachgewachsen, und es ist heute völlig offen, welchen gesellschaftlichen Alternativen sich diese jungen Männer und Frauen nach ihrer zweifachen Enttäuschung zuwenden werden. Eine Trendwende zur Akzeptanz einer kapitalistisch verfassten Gesellschaft ist bei den meisten von ihnen wenig wahrscheinlich.

3. Arbeitslosigkeit und Arbeitsplatzunsicherheit

Hendrik Berth, Peter Förster, Elmar Brähler & Yve Stöbel-Richter

3.1 Einführung

Zu dem Zeitpunkt, als die TeilnehmerInnen der Sächsischen Längsschnittstudie im Sommer 1989 die Polytechnische Oberschule (POS) verließen, um eine Lehre anzutreten, das Abitur zu machen usw., gab es die DDR noch, Arbeitslosigkeit existierte nicht. Für jeden gab es, wenn auch oft nicht die gewünschte, zumindest eine Ausbildungsstelle. Und im »Arbeiter-und-Bauern-Staat« fehlte es ständig an Arbeitskräften in nahezu allen Wirtschaftsbereichen, so dass sich niemand um einen Job, wenn auch nicht den Traumjob, und um sein Auskommen Sorgen machen musste.

Diese Situation hat sich bekanntlich nach der Wiedervereinigung schlagartig und vollkommen verändert. Bis heute ist der ostdeutsche Arbeitsmarkt, auch in den wirtschaftlich stärkeren Regionen wie etwa den sächsischen Großstädten Leipzig und Dresden, ein Sorgenkind. Die offizielle Statistik weist für den Oktober 2006 insgesamt 4.084.508 Arbeitslose in Deutschland aus. Dies entspricht einer Arbeitslosenquote von 9,8 %. Die Unterschiede zwischen Ostdeutschland (1.345.899 Personen, 15,7 %) und den alten Ländern (2.738.609 Personen, 8,2 %) sind dramatisch (Bundesagentur für Arbeit, 2006).

In der Umbruchsituation Anfang der 90er Jahre haben unsere TeilnehmerInnen einen Beruf erlernt, studiert etc. und standen dann vor der Aufgabe, eine Arbeitsstelle zu finden. Im zweiten Teil dieses Kapitels gehen wir auf die erlebten Arbeitslosigkeitserfahrungen der TeilnehmerInnen seit der Wiedervereinigung ein. Danach (dritter Teil) schildern wir die Auswirkungen, die Arbeitslosigkeitserfahrungen für verschiedene Lebensbereiche, wie etwa die berufliche und allgemeine Zukunftszuversicht, die Zufriedenheit mit der gesellschaftlichen Entwicklung oder verschiedene Existenzängste haben. Seit 2002 ist Arbeitslosigkeit ein Schwerpunkthema in der Sächsischen Längsschnittstudie. Im vierten Abschnitt werden die Einstellungen der TeilnehmerInnen zu Arbeitslosigkeit, wie etwa zu Aussagen

»Wer wirklich Arbeit sucht, findet auch welche«, und deren Veränderungen in den letzten Jahren dargestellt.

Das Thema Arbeitslosigkeit und Gesundheit (fünfter Teil des Kapitels) ist ein seit Jahrzehnten intensiv untersuchtes Gebiet. Die Fülle von Publikationen hierzu ist nahezu unüberschaubar. Eine der ersten Arbeiten zum Thema, die als Klassiker zu bezeichnende Studie »Die Arbeitslosen von Marienthal«, wurde bereits 1933 vorlegt (Jahoda, Lazarsfeld & Zeisel, 1933). Der dort vorgestellte typische Phasenverlauf von lang andauernder Arbeitslosigkeit ist bis heute im Wesentlichen gültig: 1) Antizipationsphase, 2) Schock unmittelbar nach dem Eintreten der Arbeitslosigkeit, 3) Erholungsphase (1.–2. Monat), 4) Latenzphase (3.–6. Monat), 5) pessimistische Reaktionen (7.–12. Monat) und 6) Phase der fatalistischen Anpassung (nach 1 Jahr).

Die gesundheitlichen Folgen von Arbeitslosigkeit sind eindeutig als negativ einzuschätzen (vgl. z. B. die Überblicke von Mohr, 1997; Murphy & Anthansou, 1999; Feather, 1995; Udris, 2005; McKee-Ryan et al., 2005 oder Winefield, 2002). Arbeitslose leiden unter einer Erhöhung des systolischen Blutdrucks, vermehrter Chronifizierung von Krankheiten, unter Ein- oder Durchschlafstörungen, Herzbeschwerden, Erschöpftheit und Angespanntheit, Erhöhung des Alkohol- und Nikotinkonsums, Verlust sozialer Bindungen und sozialer Identität, Statuseinbußen, und/oder Verschlechterung der Familienbeziehungen und anderen Symptomen mehr. Die psychischen Auswirkungen betreffen vor allem Depressionssymptome, Angstsymptome, allgemeines negatives Befinden, psychosomatische Symptome, Lebenszufriedenheit und emotionales Wohlbefinden. Männer, jüngere Personen oder Personen mit niedrigerem sozialem und beruflichem Status leiden mehr unter den Folgen von Arbeitslosigkeit. Die psychischen Folgen nehmen mit der Dauer der Arbeitslosigkeit zu, d. h. Langzeitarbeitlose sind meist stärker belastet (Moser & Paul, 2001).

In verschiedenen Arbeiten hatten wir die Auswirkungen der Arbeitslosigkeit unter den TeilnehmerInnen der Sächsischen Längsschnittstudie untersucht (vgl. Berth, Förster & Brähler, 2003a, 2003b, 2005; Berth et al., 2005, 2006a, 2006b; Förster, Berth & Brähler, 2004). Im fünften Abschnitt stellen wir die Untersuchungen zusammenfassend dar und ergänzen sie um aktuelle Analysen.

Der sechste Teil des Kapitels beschäftigt sich mit dem Thema Arbeitsplatzunsicherheit. Neben tatsächlich erlebter Arbeitslosigkeit kann auch ein als unsicher wahrgenommener Arbeitsplatz bei nichtarbeitslosen Personen bereits zu psychischen und körperlichen Beeinträchtigungen führen und manchmal sogar schlimmer erlebt werden, als wirklicher Arbeitsplatzverlust (Pelzmann et al., 1985; für einen Überblick vgl. Sverke et al., 2002). Arbeitsplatzunsicherheit beeinflusst auch das Arbeits- und Leistungsverhalten. Eine hohe Arbeitsplatzunsicherheit kann zu motivationalen Folgen und damit geringerem Engagement im Beruf führen (Adkins et al., 2001), woraus wiederum eine höhere Fluktuation und auch tatsächlicher Arbeitsplatzverlust resultieren können (Büssing, 1987).

Zum Abschluss widmen wir uns einer wichtigen und heiß diskutierten Forschungsfrage: dem kausalen Zusammenhang von Ursache und Wirkung bei Arbeitslosigkeit. Hier gibt es (aus den Forschungen zum Thema Arbeitslosigkeit und Gesundheit) zwei Hypothesen: Kausalitäts- und Selektionshypothese (Brähler, Laubach & Stöbel-Richter, 2002). Die Kausalitätshypothese (z. B. Häfner, 1990) besagt, dass der Eintritt von Arbeitslosigkeit kausal zu negativen psychischen und physischen Folgen führt. Dies kann zum einen direkt erfolgen und andererseits indirekt als Folge eines geänderten Verhaltens, wie z. B. höheren Nikotin- und Alkoholkonsum, oder durch sozioökonomische Belastungen, wie etwa finanzielle Probleme. Die Selektionshypothese (z. B. Elkeles & Seifert, 1992) hingegen postuliert, dass Arbeitslosigkeit als Folge eines schlechten Gesundheitszustandes eintritt. Personen, die häufiger und länger krank sind, werden eher arbeitslos und bleiben dies auch länger als gesündere Personen. Für beide Hypothesen fanden sich in Studien Belege: für die Kausalitätshypothese etwa bei Lange und Lampert (2005), für die Selektionshypothese z. B. bei Grobe und Schwartz (2003). Wir werden in diesem Abschnitt darstellen, dass es unter den schwierigen ökonomischen Bedingungen der neuen Bundesländer persönlichkeitsspezifische Faktoren gibt, die das Risiko, arbeitslos zu werden, erhöhen.

3.2 Arbeitslosigkeitserfahrungen der TeilnehmerInnen

Seit Frühjahr 1992 (7. Welle) wurde die Prozentquote derer ermittelt, die zum Zeitpunkt der Befragung arbeitslos waren. Das Minimum betrug 4,5 % im Jahr 2000, das bisherige Maximum 10,9 % im Jahr 2005. In jedem Untersuchungsjahr unterschied sich die Teilgruppe der aktuell Arbeitslosen im Hinblick auf wesentliche Persönlichkeitsmerkmale, wie z. B. die Ausprägung ihrer Zukunftszuversicht, signifikant von allen anderen soziodemographischen Gruppen.

Nachdem klar war, dass das Thema Arbeitslosigkeit aus der Studie nicht mehr wegzudenken sein wird, bemühten wir uns, dieses Thema differenzierter anzugehen. Vor allem wollten wir unsere Hypothese prüfen, dass der Einfluss von persönlich erfahrener Arbeitslosigkeit wesentlich mit von deren Häufigkeit bzw. Gesamtdauer abhängt; eine Fragestellung, die sich mit der erforderlichen Exaktheit nur im Rahmen einer Längsschnittstudie bei identischen Personen klären lässt. Deshalb wurden ab 1996 (12. Welle) auch die Häufigkeit bisheriger Arbeitslosigkeit und deren bisherige Gesamtdauer zum jeweiligen Befragungszeitpunkt erfasst. Der Anteil der Panelmitglieder, die tatsächlich die Erfahrung eigener Arbeitslosigkeit machen mussten, hat sich in den letzten Jahren deutlich vergrößert:

Abb. 3.1: Anteil der Panelmitglieder mit eigener Erfahrung hinsichtlich Arbeitslosigkeit im Trend 1996 bis 2005

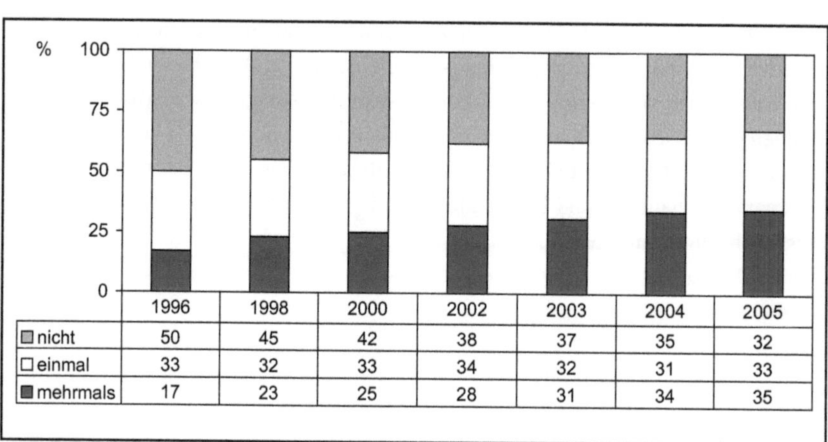

	1996	1998	2000	2002	2003	2004	2005
nicht	50	45	42	38	37	35	32
einmal	33	32	33	34	32	31	33
mehrmals	17	23	25	28	31	34	35

Fragetext: »Waren Sie arbeitslos? (einschließlich eventueller jetziger Arbeitslosigkeit)«
1 ja, mehrmals – 2 ja, einmal – 3 nein

Im Jahr 1996 (d. h. mit rund 23 Jahren!) hatten demnach bereits 50 % der Panelmitglieder persönlich Arbeitslosigkeit erfahren. Dieser Anteil ist bis zum Jahr 2005 ziemlich kontinuierlich auf über zwei Drittel (68 %) der jetzt 32-Jährigen gestiegen. Ablesbar ist vor allem, dass der Anteil derer, die bereits mehrmals arbeitslos waren, sich zwischen 1996 und 2005 mehr als verdoppelt hat.

Die Geschlechtergruppen unterscheiden sich 2005 nur wenig: bisher waren 71 % der männlichen Panelmitglieder gegenüber 64 % der weiblichen ein- oder mehrmals arbeitslos. Auf der Grundlage dieser Daten lässt sich für die 32-Jährigen eine grobe Prognose der künftigen Entwicklung berechnen:

Abb. 3.2: Zusammengefasste Anteile der 32-Jährigen, die seit der Wende bereits ein- oder mehrmals arbeitslos waren (identische Population), sowie Schätzung bis 2010

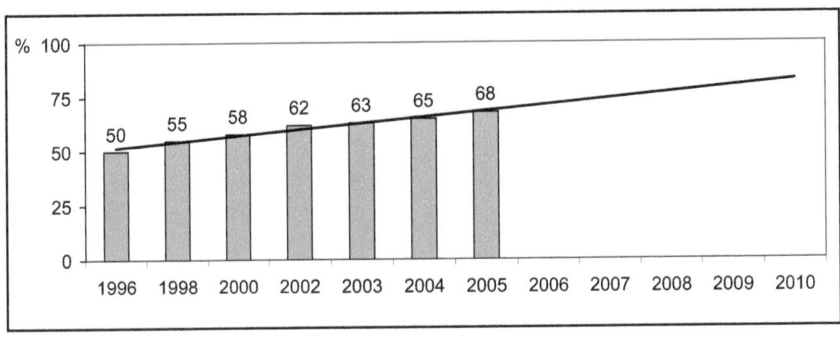

Unter der Annahme, dass wir es hier mit einem linearen Trend zu tun haben (R Quadrat = .97), ist davon auszugehen, dass bei unveränderten gesellschaftlichen Bedingungen der Anteil derer, die die Erfahrung »Arbeitslosigkeit« machen müssen, in den nächsten Jahren weiterhin ansteigen wird.

Einen tieferen Einblick in das Ausmaß der selbst erlebten Arbeitslosigkeit gibt aber erst deren Dauer, die seit 1996 fast jährlich erfasst wurde. Die TeilnehmerInnen gaben dazu jeweils die Anzahl der Monate insgesamt an, die sie seit der Wende bisher arbeitslos waren. Sie wurden gebeten, über diese Angaben genau »Buch zu führen«, damit sie diese Werte nicht immer von neuem berechnen müssen und wir uns bei der Auswertung auf zuverlässige und exakte Zahlen stützen können. Die folgende Abbildung 3.3 dokumentiert die erhebliche Zunahme der Zeitdauer für mehrere Zeitpunkte im Zeitraum zwischen 1996 und 2005, differenziert nach den Geschlechtergruppen (Abbildung 3.3).

Erkennbar ist, dass die durchschnittliche Gesamtdauer der Arbeitslosigkeit bei den betroffenen männlichen Personen von 5,6 Monaten 1996 auf 12,4 Monate 2005 gestiegen ist und sich damit mehr als verdoppelt hat. Bei den jungen Frauen hat sie sich von 7,8 auf 14,7 Monate erhöht. Letztere waren demnach tendenziell, aber nicht signifikant, länger arbeitslos. Dieser kumulativen Betrachtung kommt für die Analyse der vielschichtigen Auswirkungen von Arbeitslosigkeit eine entscheidende Bedeutung zu. Für die hier untersuchte Altersgruppe der (2005) 32-jährigen Ostdeutschen kann ein solcher Einfluss tatsächlich vielfach belegt werden. Um die Analysen überschaubar zu halten, wurden die Rohdaten zu vier Untergruppen zusammengefasst (Tabelle 3.1).

Abb. 3.3: Kumulierte Gesamtdauer der durchschnittlichen Arbeitslosigkeit 1996 bis 2005 in Monaten, differenziert nach Geschlecht

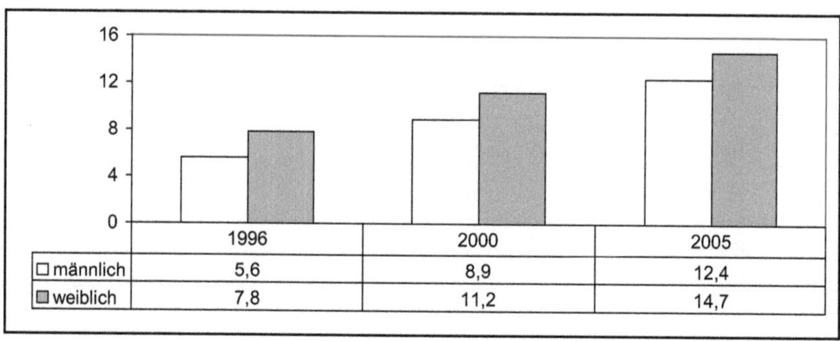

Tab. 3.1: Prozentuale Anteile der Untergruppen nach Dauer der Arbeitslosigkeit 2005 in Monaten (gruppierte Daten)

	Dauer der Arbeitslosigkeit in Monaten				
	0	1–4	5–11	12 und mehr	n
n	127	73	80	105	385
Gesamt	33	19	21	27	100
männlich	29	26	20	25	179
weiblich	37	13	21	29	205
Arbeiter	18	21	28	33	79
Selbstständige	31	22	36	11	36
Angestellte	47	21	18	14	150
Beamte	50	28	11	11	18
arbeitslos	0	10	7	83	42

Bemerkenswert hoch ist mit 27 % der Anteil derer, die kumulativ gesehen, bereits ein Jahr oder länger arbeitslos waren, unabhängig davon, ob das einmal oder mehrmals zutraf. Zu beachten ist: Diese Gruppe ist nicht identisch mit der Kategorie »Langzeitarbeitslos«, zu der in der amtlichen Statistik jene Personen zusammengefasst werden, die ein Jahr oder länger arbeitslos gemeldet waren. Auffällig ist der erhebliche Unterschied zwischen den Arbeitern und den Angestellten: Von Ersteren sind weitaus mehr von Arbeitslosigkeit betroffen gewesen. Auch gegenüber den Selbstständigen ist der Unterschied signifikant. Ablesbar ist auch, dass von den zum Befragungszeitpunkt arbeitslosen Panelmitgliedern bereits 83 % ein Jahr oder länger arbeitslos waren.

Bisher war nur von der persönlichen Betroffenheit der Panelmitglieder durch Arbeitslosigkeit die Rede. Mehr oder weniger direkt sind sie jedoch darüber hinaus auch durch Arbeitslosigkeit bzw. deren Auswirkungen in ihrem sozialen Umfeld betroffen. Wir stützen uns bei dieser übergreifenden Analyse auf differenzierte Daten der 18. Welle von 2004:

Es stellt sich heraus, dass bis 2004 über die Hälfte (58 %) der Eltern (d. h. Vater und/oder Mutter) von Arbeitslosigkeit betroffen waren bzw. sind. Mit 21 % ist dabei die Gruppe derer ziemlich groß, die Arbeitslosigkeit beider Elternteile erlebt haben (was nicht gleichzeitig passiert sein muss). Für sehr viele unserer Panelmitglieder war das erste schockierende, stark prägende Ereignis nach der Wende, dass ihre Väter und/oder Mütter völlig unerwartet arbeitslos wurden.

Hinzu kommt, dass 2004 auch ein erheblicher Teil der LebenspartnerInnen arbeitslos waren oder sind. Betrachten wir bei den LebenspartnerInnen nur den Anteil derer, die verheiratet sind oder in Lebensgemeinschaft leben (also jene, die das vermutlich am besten beurteilen können), dann beträgt diese Quote mindestens 37 %. Hier besteht jedoch insofern eine Unsicherheit, als die Kenntnisse über die bisherige Arbeitslosigkeit des Partners bzw. der Partnerin (bzw. vorhergehender PartnerInnen) vielfach lückenhaft sind. 2004 stellte sich weiter heraus, dass von 44 % der Panelmitglieder mit Geschwistern diese arbeitslos waren bzw. sind sowie von 68 % der Panelmitglieder enge Freunde arbeitslos waren bzw. sind.

Aus der individuellen Kopplung der Angaben hierzu geht hervor, dass bis 2004 94 % der Panelmitglieder direkt oder indirekt im erwähnten sozialen Nahbereich mit den Auswirkungen von Arbeitslosigkeit konfrontiert wurden – mit nachweislich erheblichen Konsequenzen für ihre politischen Einstellungen und ihre Befindlichkeit und Gesundheit. Arbeitslosigkeit der Eltern, des Partners/der Partnerin, der Geschwister und enger Freunde und die damit verbundenen Sorgen machen vielen TeilnehmerInnen zusätzlich zu schaffen, vermindern ihre eigene Zukunftszuversicht, dämpfen ihre Zufriedenheit mit der Gesellschaft (vgl. Förster, 2002). Diese kollektive Betroffenheit wird in ihrem real bestehenden Ausmaß und ihren Folgen völlig unterschätzt.

3.3 Arbeitslosigkeit und Lebenssituation

Die folgenden Auswertungen veranschaulichen exemplarisch den statistisch signifikanten, kumulativen Einfluss der Gesamtdauer bisheriger Arbeitslosigkeit auf einige wesentliche Merkmale der Lebenssituation der Panelmitglieder im Jahr 2005.

Tab. 3.2: Ausprägung der Zuversicht für die eigene berufliche Entwicklung 2005, differenziert nach der bisherigen Gesamtdauer der Arbeitslosigkeit in Monaten

»Wie zuversichtlich sind Sie für die Verwirklichung Ihrer beruflichen Pläne?«
sehr zuversichtlich 1, 2, 3, 4, 5 überhaupt nicht zuversichtlich

	1	2	(1+2)	3	4	5	MW	n
Gesamtgruppe:	6	41	(47)	37	11	5	2,68	383
(A) Dauer in Monaten								
0 (nie)	9	54	(63)	29	6	2	2,38	126
1–4	10	47	(57)	33	7	3	2,46	72
5–11	9	32	(41)	46	9	4	2,66	80
12 und mehr	0	26	(26)	41	22	11	3,19	105
(B) Bisher arbeitslos gewesen								
nein (0)	9	54	(63)	29	6	2	2,38	126
ja	5	34	(39)	41	14	6	2,82	257

Aus unserer Sicht ist vor allem die obere Tabellenhälfte (A) aufschlussreich. Hier wurde die Ausprägung der beruflichen Zukunftszuversicht (die auch in der Gesamtgruppe seit Jahren zurückgeht) nach den oben erwähnten Zeitkategorien differenziert. Dabei fällt die Gruppe derer besonders ins Auge, die schon 12 Monate und länger arbeitslos waren. Bei ihnen umfasst die Quote derer, die ihre berufliche Zukunft mehr oder weniger zuversichtlich sehen, gerade einmal 26 %. 33 % dagegen sehen diese mit geringer oder gar ohne Zuversicht. D. h., je länger die Gesamtdauer der Arbeitslosigkeit, desto geringer fällt die berufliche Zukunftszuversicht aus. Eine Umkehr der Wirkungsrichtung ist auszuschließen. Dieser Zusammenhang ist zwar angesichts des hohen Gewichtes der beruflichen Perspektiven für die Verwirklichung der eigenen Lebensentwürfe zu erwarten, sein Ausmaß ist jedoch überraschend. Die Mittelwerte der vier Untergruppen steigen auf der fünfstufigen

Skala kontinuierlich von 2,38 über 2,46 und 2,66 auf 3,19 an. Die Varianzanalyse belegt ($F = 18,27$; $p < .001$), dass die Nullhypothese, d. h. die Annahme, die Mittelwerte aller Gruppen sind gleich, abzulehnen ist. Zu diesem Ergebnis führt auch der nicht-parametrische H-Test von Kruskal/Wallis ($Chi^2 = 46,87$; $p < .001$). Aus den hierbei berechneten mittleren Rangplätzen ist abzulesen, dass sich die vier Untergruppen in Bezug auf die Variable »berufliche Zukunftszuversicht« hochsignifikant voneinander unterscheiden.

Die einfache Differenzierung der Gesamtgruppe danach, ob die Befragten arbeitslos waren oder nicht (Tabelle 3.2: B), nivelliert hier demgegenüber geradezu die Auswirkungen von Arbeitslosigkeit im Hinblick auf jene, die schon länger arbeitslos waren, und verstellt den Blick auf die tatsächlichen, teilweise katastrophalen Folgen.

Neben der berufsbezogenen Zukunftszuversicht hat die erfahrene Arbeitslosigkeit auch einen wesentlichen Einfluss auf die generelle Einschätzung der persönlichen Zukunft (Abbildung 3.4).

Abb. 3.4: Ausprägung der persönlichen Zukunftszuversicht 2005, differenziert nach der bisherigen (kumulierten) Gesamtdauer der Arbeitslosigkeit in Monaten

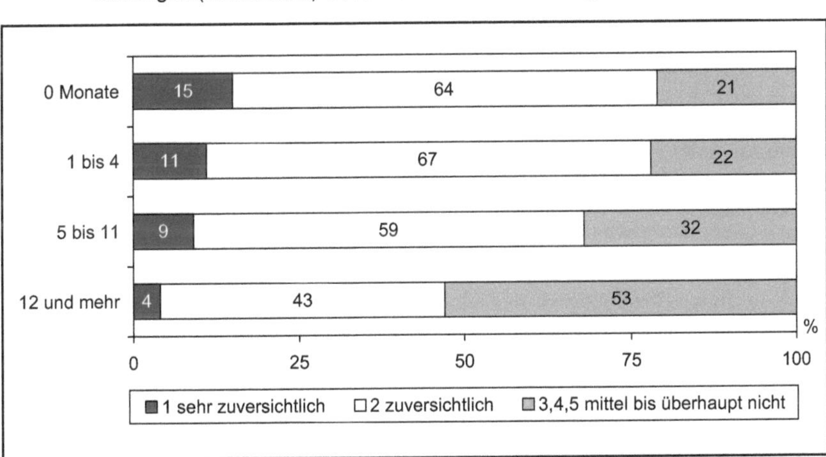

Fragetext: »Wie zuversichtlich sehen Sie die Zukunft für Sie persönlich?«
1 sehr zuversichtlich 2, 3, 4, 5 überhaupt nicht zuversichtlich

Von jenen 32-Jährigen, die nicht von Arbeitslosigkeit betroffen waren (0 Monate), äußerten sich 15 % sehr zuversichtlich bzw. 64 % zuversichtlich über ihre persönlichen Zukunftsaussichten. Bei denen, die länger als ein Jahr betroffen waren, trifft das nur auf 4 % bzw. 43 % zu.

Als nächstes Beispiel führen wir den Zusammenhang mit der generellen Zufriedenheit mit der gesellschaftlichen Entwicklung an:

Abb. 3.5: Ausprägung der Zufriedenheit mit der gesellschaftlichen Entwicklung 2005, differenziert nach der bisherigen Gesamtdauer der Arbeitslosigkeit in Monaten

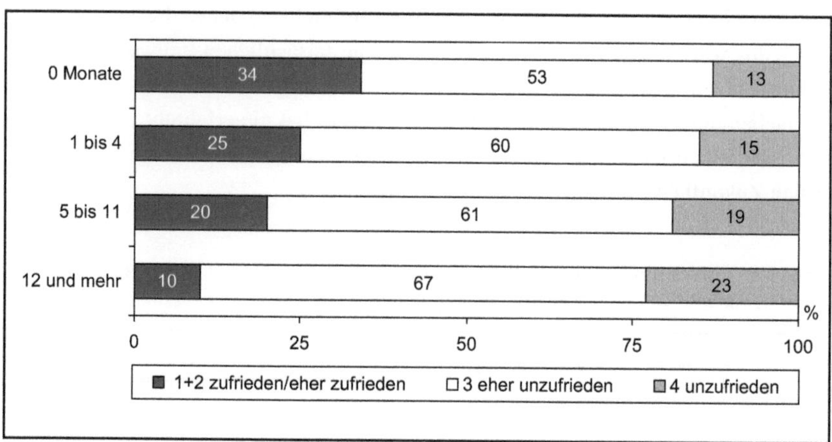

Fragetext: »Wie zufrieden sind Sie mit der gesellschaftlichen Entwicklung?«
Ich bin 1 zufrieden – 2 eher zufrieden als unzufrieden – 3 eher unzufrieden als zufrieden – 4 unzufrieden

Auch in dieser Beziehung ist das Gefälle in den Verteilungen deutlich erkennbar: Je länger die bisherige Gesamtdauer der Arbeitslosigkeit ist, desto geringer fällt die Zufriedenheit mit der gesellschaftlichen Entwicklung aus. Das verweist auf die hohe politische Relevanz einer erheblich wachsenden Anzahl von Arbeitslosigkeit Betroffener, insbesondere mit Blick auf die bereits sehr lange Zeit arbeitslosen Personen, von denen unseren Berechnungen zufolge nur noch eine Minderheit von 10 % mit der gesellschaftlichen Entwicklung zufrieden ist.

Ein weiteres Beispiel betrifft die Angst vor Altersarmut (Abbildung 3.6). Zu erkennen ist, dass die Angst vor Altersarmut mit zunehmender Dauer von Arbeitslosigkeit stark ansteigt.

Abb. 3.6: Ausprägung der Angst vor Armut im Alter 2005, differenziert nach der bisherigen Gesamtdauer der Arbeitslosigkeit in Monaten

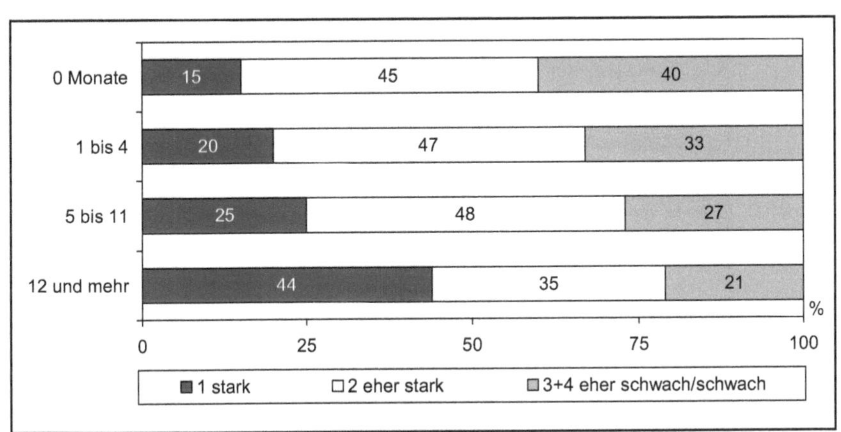

Fragetext: »Inwieweit haben Sie Angst vor Armut im Alter?«
1 stark – 2 eher stark – 3 eher schwach – 4 schwach
(Die AP 3 + 4 wurden zusammengefasst.)

Auf dieser Grundlage können wir für die exemplarisch dargestellten Merkmale die Hypothese einer kumulativen Wirkung verifizieren: Je größer die Gesamtdauer der Arbeitslosigkeit, desto geringer die Zukunftszuversicht im Hinblick auf die beruflichen Pläne und die Zufriedenheit mit der gesellschaftlichen Entwicklung und desto größer die Angst vor Altersarmut.

In der folgenden Abbildung 3.7 sind weitere Angaben von den Extremgruppen (Panelmitglieder, die bisher noch nicht arbeitslos waren, vs. Befragte, die 12 Monate und länger arbeitslos waren) gegenübergestellt. Alle aufgeführten Unterschiede sind statistisch gesichert (Varianzanalysen bzw. t-Tests, $p < 0.05$).

Dieser auf die beiden Extremgruppen reduzierte Vergleich ist sehr informativ, der »Riss« durch die Population ist unübersehbar. Ablesbar ist, dass von den 32-Jährigen, die insgesamt betrachtet bereits ein Jahr und länger arbeitslos waren, nur rund halb so viele zufrieden mit ihrem Einkommen sind als von jenen, die bisher noch nicht arbeitslos waren: 39 % gegenüber 76 % (A). Angesichts der Bedeutung des Einkommens als entscheidende Existenzgrundlage haben wir es hier mit sehr ernst zu nehmenden Unterschieden zu tun. Das gilt ebenso für die Zufriedenheit mit der gegenwärtigen Lebenssituation (B), die Relationen betragen 42 % gegenüber 80 %!

Abb. 3.7: Merkmale von Panelmitgliedern, die 2005 ein Jahr und länger bzw. bisher nicht arbeitslos waren (Extremgruppenvergleich)

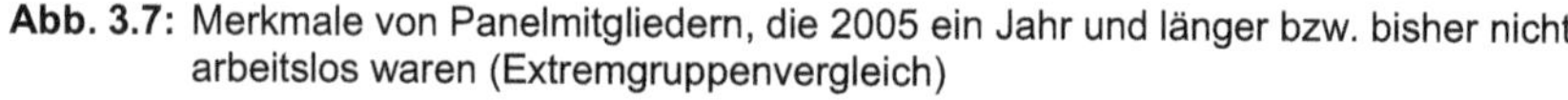

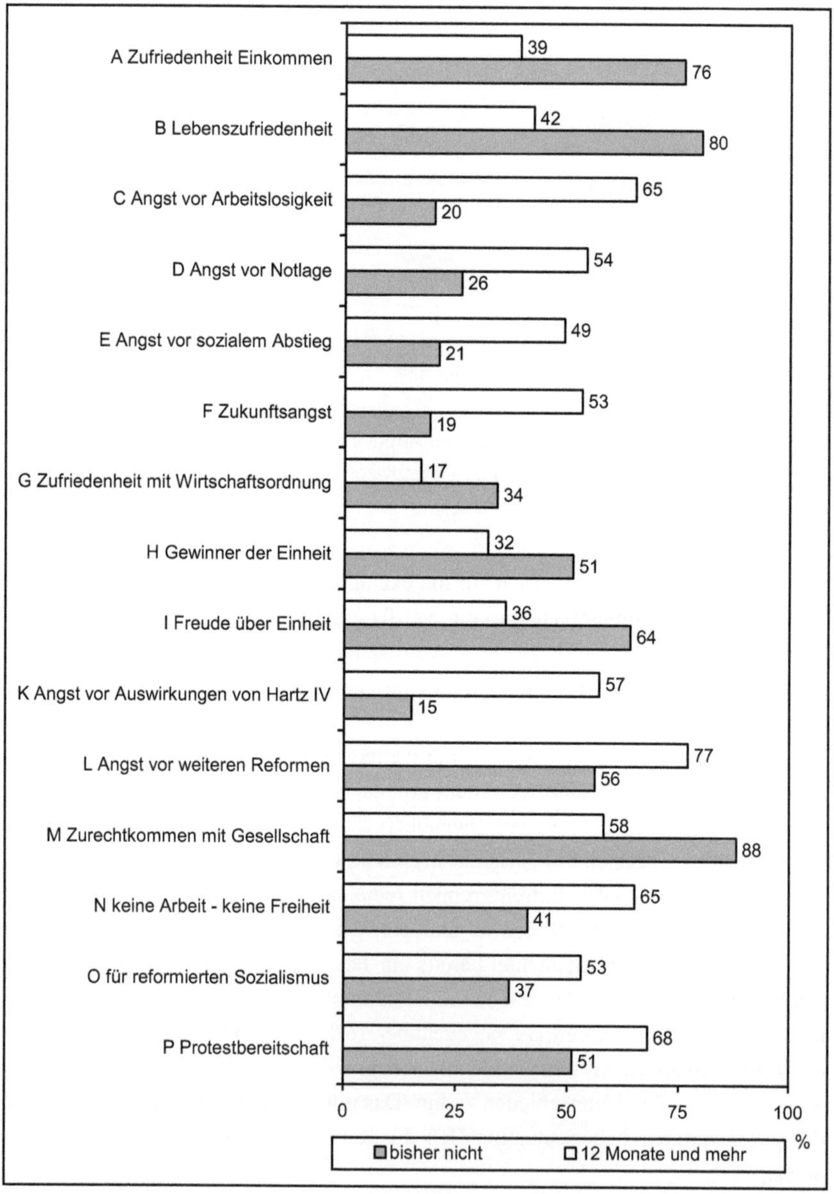

Erläuterungen (in Klammer: Prozentanteil der jeweiligen Positionen in der Gesamtgruppe):

- A Zufriedenheit mit dem Einkommen: zufrieden/eher zufrieden (61 %)
- B Zufriedenheit mit der gegenwärtigen Lebenssituation: sehr zufrieden/zufrieden (67 %)
- C Angst vor (weiterer) Arbeitslosigkeit: stark/eher stark (38 %)
- D Angst vor persönlicher Notlage: stark/eher stark (37 %)
- E Angst vor eigenem sozialen Abstieg (30 %)
- F Zukunftsangst: seit Jahren/seit Monaten (34 %)
- G Zufriedenheit mit der jetzigen Wirtschaftsordnung: sehr zufrieden/zufrieden (27 %)
- H »Fühlen Sie sich als Gewinner der deutschen Einheit?«: vollkommen/etwas schon (44 %)
- I »Ich freue mich, dass die Einheit Deutschlands hergestellt ist.«: sehr starke und starke Zustimmung (52 %)
- K Angst vor den Auswirkungen von »Hartz IV«: stark/eher stark (32 %)
- L Angst vor weiteren Reformen der Regierung: stark/eher stark (65 %)
- M »Wie kommen Sie – alles in allem – mit den neuen gesellschaftlichen Verhältnissen zurecht?«: ohne/mit Einschränkung (74 %)
- N Zustimmung zur Aussage »Freiheit nützt mir nichts, wenn ich keine Arbeit habe.« (52 %)
- O »Ein reformierter, humanistischer Sozialismus wäre mir lieber als die gegenwärtige politische Ordnung.« (45 %)
- P »Würden Sie sich an Protestaktionen (z. B. Demonstrationen, Streiks) beteiligen?«: auf jeden Fall/wahrscheinlich (60 %)

Große Unterschiede bestehen im Hinblick auf die untersuchten Ängste der 32-Jährigen. So äußern diejenigen, die schon sehr lange arbeitslos waren, viel häufiger Angst vor (erneuter) Arbeitslosigkeit (C), vor einer persönlichen Notlage (D) und sozialem Abstieg (E) als jene, die bisher noch nicht betroffen waren. Erstere äußern auch weitaus häufiger, generell Angst vor der Zukunft zu haben (F): 53 % zu 19 %!

Bestätigt finden wir, dass sich auch die politischen Einstellungen erheblich unterscheiden: Diejenigen, die schon sehr lange arbeitslos waren, sind erheblich weniger zufrieden mit der jetzigen Wirtschaftsordnung (G): 17 % gegenüber 34 %. Von Ersteren betrachten sich deutlich weniger als »Gewinner der deutschen Einheit« (H): 32 % zu 51 %, bzw. äußern Freude darüber, dass die Einheit hergestellt ist (I): 36 % zu 64 %. Erheblich häufiger empfinden Erstere auch Ängste im Zusammenhang mit Hartz-IV (K): 57 % gegenüber 15 % bzw. vor weiteren Reformen der Regierung (L): 77 % zu 56 %. Stark wirkt persönlich erfahrene, lang andauernde

Arbeitslosigkeit auf das Zurechtkommen mit dem gegenwärtigen Gesellschaftssystem (M): Während das von Ersteren 58 % bestätigen, gilt das bei Letzteren immerhin für 86 %.

Aufschlussreich ist, dass der Aussage »Freiheit nützt mir nichts, wenn ich keine Arbeit habe.« (N) von 65 % der Ersteren (mehr als 1 Jahr arbeitslos) bzw. 41 % der Letzteren (nie arbeitslos) zugestimmt wird. Das Erleben von Freiheit im Verständnis der 32-Jährigen wird mit zunehmender Dauer persönlich erfahrener Arbeitslosigkeit erheblich eingeschränkt oder verhindert. Ablesbar ist auch, dass von Ersteren erheblich mehr für einen Systemwechsel zugunsten eines humanistischen, reformierten Sozialismus plädieren (O) als von Letzteren: 53 % zu 37 %. Schließlich bestehen deutliche Unterschiede im Hinblick auf die Protestbereitschaft (P): Von Ersteren sind 68 % zur persönlichen Beteiligung an Protestaktionen bereit, von Letzteren 51 %.

Die zum Befragungszeitpunkt arbeitslosen Panelmitglieder (11 %) antworteten noch auf drei spezifische Fragen zu ihrer gegenwärtigen Situation:

Tab. 3.3: Situation der Panelmitglieder, die zum Befragungszeitpunkt (2005) arbeitslos waren (n = 42)

sehr zufrieden/zuversichtlich 1, 2, 3, 4, 5 überhaupt nicht zufrieden/zuversichtlich

	1	2	(1+2)	3	4	5	MW
»Wie zuversichtlich sind Sie, wieder Arbeit zu finden?«	15	20	(35)	33	17	15	2,98
»Wie zufrieden sind Sie mit Ihrer Förderung, wieder Arbeit zu finden?«	2	7	(9)	12	37	42	4,07
»Wie zufrieden sind Sie mit den Möglichkeiten für einen Zusatzverdienst zum Arbeitslosengeld?«	2	12	(14)	34	17	35	3,68

Nur ein Drittel dieser 32-Jährigen hat die Hoffnung, wieder Arbeit zu finden. Die bei älteren arbeitslosen Personen verbreitete Hoffnungslosigkeit, wieder einer Arbeit nachgehen zu können, breitet sich auch bei sehr viel Jüngeren aus! Außerdem sind nur Minderheiten zufrieden mit ihrer Förderung in dieser Beziehung bzw. mit den Möglichkeiten, hinzuzuverdienen.

Alles in allem muss für die von uns untersuchte Altersgruppe der 32-Jährigen im Jahr 2005 von einem durchaus relevanten kumulativen Einfluss erfahrener Arbeitslosigkeit auf viele Aspekte ihrer Lebenssituation und ihrer Einstellungen ausgegangen werden. Ihre Berücksichtigung ermöglicht eine Annäherung an das tatsächliche Ausmaß der Wirkung von Arbeitslosigkeit auf die Betroffenen, gestattet es, diese Wirkungen genauer und differenzierter zu diagnostizieren und in Beziehung zu ihrer Lebenslage, zu ihrem Denken, Fühlen und Verhalten zu setzen. Von den amtlichen, auf den Bevölkerungsdurchschnitt bzw. auf bestimmte Bevölkerungsgruppen gerichteten Statistiken her ist das nur schwer oder gar nicht möglich. Sehr wahrscheinlich liegt im Fehlen solcher langfristigen und personenbezogenen Analysen zum »menschlichen Faktor« (vgl. Hengsbach, 2004) eine wesentliche Ursache dafür, dass die Massenarbeitslosigkeit zwar aus rein wirtschaftspolitischer Sicht ausgiebig untersucht scheint, dagegen viel zu wenig Klarheit darüber besteht, welche nachhaltigen Veränderungen bei den betroffenen Menschen damit in Gang gesetzt oder verstärkt werden, angefangen von Selbstzweifeln bis hin zu massiven Zweifeln am jetzigen Gesellschaftssystem bzw. antikapitalistischen Einstellungen.

Und noch etwas wird sichtbar: Ausstieg aus der Arbeitslosigkeit und Einstieg in eine neue Beschäftigung (und das möglicherweise mehrmals) bedeutet keinesfalls, dass die vielschichtigen Wirkungen der »Erfahrung Arbeitslosigkeit« in der Erinnerung des Betroffenen jeweils auf Null zurückgefahren werden, vergessen und beseitigt sind. Die Annahme, dass mit der Vermittlung eines neuen Arbeitsplatzes »alles wieder gut ist«, die Stimmungslage der Betroffenen sozusagen über Nacht von negativ auf positiv umschlägt, ließ sich auch in anderen Studien nicht bestätigen (vgl. Lucas et al., 2004).

3.4 Einstellungen zur Arbeitslosigkeit

Seit der 16. Welle 2002 geben die Panelmitglieder Urteile zum Thema Arbeitslosigkeit ab, aus denen die vielschichtigen Auswirkungen persönlicher und kollektiver Betroffenheit durch Arbeitslosigkeit aus ihrer eigenen Sicht im Prozess der Veränderung abgelesen werden können. Wir führen hier zunächst jene Aussagen an, denen 2005 mindestens die Hälfte der 32-Jährigen zustimmt:

Tab. 3.4: Urteile über Arbeitslosigkeit 2002, 2004 und 2005 (geordnet nach dem Mittelwert 2005)

»Noch einige Aussagen zum Thema Arbeitslosigkeit. Bitte nehmen Sie zu jeder einzelnen Stellung, indem Sie die jeweils zutreffende Zahl in die entsprechende Klammer eintragen.«

Ich stimme vollkommen zu 1, 2, 3, 4, 5 Ich lehne vollkommen ab

	1	2	(1+2)	3	4	5	MW
»Arbeitslosigkeit macht Angst vor der Zukunft.«							
2002	49	34	(83)	14	2	1	1,73
2004	68	21	(89)	8	3	0	1,48
2005	70	24	(94)!	5	1	0	1,37
»Arbeitslosigkeit nimmt den Menschen ihr Selbstbewusstsein.«							
2002	41	33	(74)	20	4	2	1,94
2004	52	30	(82)	14	4	0	1,70
2005	59	31	(90)	8	2	0	1,52
»Arbeitslosigkeit bedeutet Verlust an individuellen Freiheiten.«							
2002	37	35	(72)	20	5	3	2,02
2004	56	29	(85)	11	3	1	1,65
2005	57	30	(87)	12	1	0	1,59
»Arbeitslosigkeit macht die Menschen arm.«							
2002	39	32	(71)	21	6	2	1,98
2004	54	29	(83)	13	2	2	1,69
2005	57	27	(84)	13	3	0	1,64
»Arbeitslosigkeit ist ein typisches Merkmal des jetzigen Gesellschaftssystems.«							
2002	38	36	(74)	18	6	2	1,98
2004	60	25	(85)	11	3	1	1,61
2005	56	27	(83)	13	3	1	1,66
»Arbeitslosigkeit macht die Menschen krank.«							
2002	34	40	(74)	20	3	3	1,96
2004	40	31	(71)	21	8	0	1,98
2005	48	33	(81)	16	2	1	1,75
»Arbeitslosigkeit nimmt den Menschen ihre Lebensfreude.«							
2002	31	38	(69)	25	4	2	2,09
2004	38	34	(72)	23	5	0	1,97
2005	43	36	(79)	17	3	1	1,82

Fortsetzung folgt

Fortsetzung Tabelle 3.4:

	1	2	(1+2)	3	4	5	MW
»Arbeitslosigkeit macht die Menschen depressiv.«							
2002	42	38	(80)	16	3	1	1,83
2004	40	35	(75)	20	4	1	1,92
2005	41	36	(77)	19	4	0	1,87
»Arbeitslosigkeit führt zu Ausländerhass.«							
2002	24	28	(52)	28	11	9	2,54
2004	28	27	(55)	27	9	9	2,43
2005	36	27	(63)	25	8	4	2,19
»Arbeitslosigkeit verstößt gegen die Achtung der Würde des Menschen.«							
2002	24	26	(50)	29	13	8	2,56
2005	25	34	(59)	23	13	5	2,38

Sehr viele Panelmitglieder stimmen den überwiegend kritisch formulierten Statements über Arbeitslosigkeit zu, selbst dann, wenn sie bisher noch nicht persönlich von Arbeitslosigkeit betroffen waren (was aber – wie erwähnt – für die Eltern, Lebenspartner, Geschwister und Freunde zutreffen kann). Das lässt darauf schließen, dass diese Meinungen einen weit verbreiteten Konsens darstellen als Reaktion dieser jungen Leute auf die kollektiv erfahrene und sich weiter ausbreitende Massenarbeitslosigkeit in Ostdeutschland.

Der größte Teil von ihnen reflektiert Arbeitslosigkeit als gravierende Bedrohung und Einschränkung ihrer Persönlichkeitsentwicklung. Enorm zugenommen hat seit 2002 insbesondere die einschränkungslose Zustimmung (nur Position 1) zu dem Statement, dass Arbeitslosigkeit Angst vor der Zukunft macht: von 49 % auf 70 % (1+2: von 83 % auf 94 %). Dagegen stellen nur Einzelne diese Aussage in Abrede. Das unterstreicht noch einmal den engen Zusammenhang von Arbeitslosigkeit und Zukunftsangst.

Deutlich zugenommen hat darüber hinaus auch die einschränkungslose bzw. eingeschränkte Zustimmung (Positionen 1 und 2) zu folgenden Aussagen:

- Arbeitslosigkeit nimmt den Menschen ihr Selbstbewusstsein
- Arbeitslosigkeit bedeutet Verlust an individuellen Freiheiten
- Arbeitslosigkeit macht die Menschen arm

- Arbeitslosigkeit ist ein typisches Merkmal des jetzigen Gesellschaftssystems. Nur sehr wenige Panelmitglieder widersprechen dem: 2002 8 %, 2004 und 2005 jeweils 4 %.
- Arbeitslosigkeit macht die Menschen krank
- Arbeitslosigkeit nimmt den Menschen ihre Lebensfreude – Arbeitslosigkeit führt zu Ausländerhass.

Aufschlussreich ist auch die Veränderung bzw. Konstanz bei folgenden Aussagen:

Tab. 3.5: Urteile über Arbeitslosigkeit 2002, 2004 und 2005 (geordnet nach dem Mittelwert 2005)

»Noch einige Aussagen zum Thema Arbeitslosigkeit. Bitte nehmen Sie zu jeder einzelnen Stellung, indem Sie die jeweils zutreffende Zahl in die entsprechende Klammer eintragen.«

Ich stimme vollkommen zu 1, 2, 3, 4, 5 Ich lehne vollkommen ab

	1	2	(1+2)	3	4	5	MW
»Wer wirklich Arbeit sucht, findet auch welche.«							
2002	24	33	(57)	30	10	3	2,34
2004	15	21	(36)	31	21	12	2,95
2005	9	19	(28)	40	18	14	3,08
»An Arbeitslosigkeit kann man sich mit der Zeit gewöhnen.«							
2002	9	15	(24)	22	17	37	3,61
2004	11	20	(31)	19	15	35	3,43
2005	10	18	(28)	19	19	34	3,49
»Arbeitslosigkeit hat auch angenehme Seiten.«							
2004	6	17	(23)	20	23	34	3,61
2005	5	12	(17)	23	28	32	3,72
»Mit der Arbeitslosigkeit muss man sich abfinden, man kann nichts daran ändern.«							
2002	0	3	(3)	12	23	62	4,43
2005	1	5	(6)	20	25	49	4,14
»Jeder ist selbst daran schuld, wenn er arbeitslos wird.«							
2002	0	3	(3)	19	29	49	4,24
2005	1	1	(2)	13	28	57	4,43
aktuell arbeitslos	0	0	(0)	7	12	81!	4,74

Besonders ins Auge fällt der erhebliche Rückgang der Zustimmung zu der immer wieder in Umlauf gesetzten These, dass »wer wirklich Arbeit sucht, auch Arbeit findet«: von 57 % im Jahr 2002 auf 28 % im Jahr 2005! Rund ein Drittel meint, dass man sich mit der Zeit an Arbeitslosigkeit gewöhnen könne. Bei den aktuell arbeitslosen 32-Jährigen beträgt dieser Anteil allerdings nur 10 %. Noch weniger unterstellen der Arbeitslosigkeit auch angenehme Seiten: 17 % im Jahr 2005. Nur Einzelne stimmen zu, dass man sich mit der Arbeitslosigkeit abfinden müsse bzw. dass jeder selbst daran schuld ist, wenn er arbeitslos wird. Letzterer Aussage widersprechen 93 % derer, die zum Befragungszeitpunkt arbeitslos waren!

Alles in allem ist von diesen Urteilen der Panelmitglieder her auf eine äußerst kritische Wahrnehmung und Bewertung der Arbeitslosigkeit als ein typisches Merkmal des gegenwärtigen Gesellschaftssystems zu schließen. Und es spricht sehr wenig dafür, dass sie bereit sein könnten, sich auf die Dauer mit Massenarbeitslosigkeit und deren Folgen abzufinden.

Deutlich wird anhand dieser Daten auch, dass Arbeitslosigkeit durchaus kein allein materielles bzw. finanzielles Problem ist, obwohl dies eine große Rolle spielt. Die Reflexionen der Panelmitglieder verweisen vielmehr darauf, dass Arbeitslosigkeit sehr viel mit der Würde des Menschen, mit Freiheit und Selbstbewusstsein zu tun hat, dass sie das Erleben solcher Werte in der gegenwärtigen gesellschaftlichen Ordnung konterkariert.

Ausdruck der verbreiteten Verunsicherung angesichts der Massenarbeitslosigkeit im Osten sind die Angaben zu der Frage: »Von welchem Alter an muss man heute Ihren Beobachtungen zufolge generell um seinen Arbeitsplatz bangen?« Die Eintragungen weisen eine große Streuung auf, bewegen sich insgesamt zwischen 15 und 60 Jahren. Sehr aufschlussreich ist, dass immerhin ein Drittel (32 %) ihren Beobachtungen zufolge ein Alter zwischen 15 und 30 Jahren nennt, 26 % ein Alter zwischen 31 und 40 Jahren und 42 % zwischen 45 und 60 Jahren. Im Durchschnitt ergeben die Berechnungen 36,9 Jahre, ein Alter, von dem die 32-Jährigen nicht sehr weit entfernt sind! Die jungen Frauen setzen ein signifikant geringeres Durchschnittsalter an als die jungen Männer: 35,7 Jahre gegenüber 38,2 Jahre.

Zweifel bestimmen auch die Antworten auf die den 32-Jährigen vorgelegte Frage, wie sich die Arbeitslosigkeit in Ostdeutschland in den nächsten 12 Monaten entwickeln wird, d. h. im Zeitraum von Mitte 2005 bis Mitte 2006. Mit 64 % rechnen die meisten damit, dass sie eher zunehmen wird, 34 % glauben, dass sie bleibt wie sie ist, nur 2 % gehen davon aus, dass sie eher abnehmen wird.

3.5 Arbeitslosigkeit und Gesundheit

Seit 2002 werden die Panelmitglieder um die Selbsteinschätzung ihres eigenen Gesundheitszustandes gebeten (Frage: »Wie würden Sie Ihren gegenwärtigen Gesundheitszustand beschreiben?«; Antwortmöglichkeiten: sehr gut, gut, zufrieden stellend, weniger gut, schlecht). Diese Frage hat sich als guter Indikator für subjektive Gesundheit erwiesen (vgl. Helmert, 2002). Abbildung 3.8 zeigt diese Selbsteinschätzung (Antwortpositionen sehr gut und gut zusammengefasst) nach den Arbeitslosigkeitserfahrungen (Extremgruppenvergleich niemals vs. mehrmals arbeitslos).

Abb. 3.8: Selbsteinschätzung des eigenen Gesundheitszustandes als sehr gut/gut bei niemals vs. mehrfach Arbeitslosen 2002 bis 2005

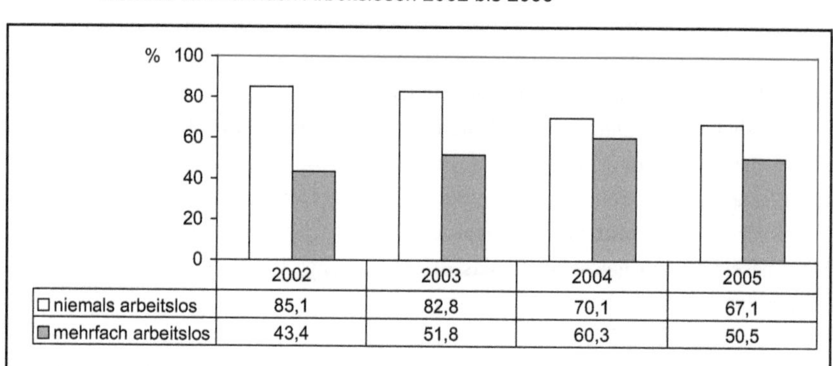

	2002	2003	2004	2005
niemals arbeitslos	85,1	82,8	70,1	67,1
mehrfach arbeitslos	43,4	51,8	60,3	50,5

Personen, die mehrfach arbeitslos waren, schätzen ihren eigenen Gesundheitszustand stets als schlechter ein, als die Personen, die noch nie arbeitslos waren. Interessanterweise hat sich der Abstand zwischen den beiden Extremgruppen im Laufe der letzten Jahre angenähert, da die Niemals-Arbeitslosen ihren Gesundheitszustand zunehmend als weniger gut beurteilten. Der Unterschied zwischen den Gruppen erreicht jedoch stets die Signifikanzgrenze.

Ein weiterer wichtiger Indikator für subjektive Gesundheit ist die Einschätzung, inwiefern man seinen eigenen Gesundheitszustand beeinflussen kann (Frage »Welche Meinung haben Sie darüber, wie sehr man seinen eigenen Gesundheitszustand beeinflussen kann?«, Antwortmöglichkeiten: sehr viel, viel, eingeschränkt, wenig, gar nicht). Abbildung 3.9 stellt wiederum den Extremgruppenvergleich für die Antwortpositionen 1 + 2, d. h. eine hohe Einschätzung der Beeinflussbarkeit der eigenen Gesundheit dar.

Abb. 3.9: Beeinflussbarkeit des eigenen Gesundheitszustandes (sehr/viel) bei niemals vs. mehrfach Arbeitslosen 2002 bis 2005

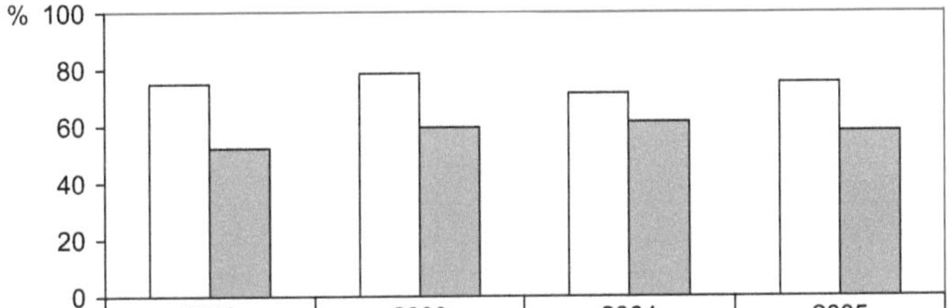

	2002	2003	2004	2005
□ niemals arbeitslos	74,9	78,5	71,5	75,2
■ mehrfach arbeitslos	52,3	59,6	61,4	58,1

Auch bzgl. der Beeinflussbarkeit des eigenen Gesundheitszustandes unterscheiden sich die Personen mit mehrfachen Arbeitslosigkeitserfahrungen von den Befragten ohne eine solche Erfahrung (2004: nicht signifikant). Arbeitslose schätzen die Beeinflussbarkeit ihrer eigenen Gesundheit als deutlich schlechter ein. Insgesamt ist festzustellen, dass die deutliche Mehrheit der Panelmitglieder der Auffassung ist, auf ihren eigenen Gesundheitszustand viel bzw. sehr viel Einfluss zu haben.

In Abbildung 3.10 ist, in Abhängigkeit von den Arbeitslosigkeitserfahrungen in drei Gruppen, die Anzahl der Raucher unter den Panelmitgliedern dargestellt. Aus Tabelle 3.6 sind die Ergebnisse eines Alkoholismus-Screeningtests (Alcohol Use Disorders Identification Test (Saunders et al., 1993) in der Übersetzung von Spies & Neumann, 2003) ersichtlich.

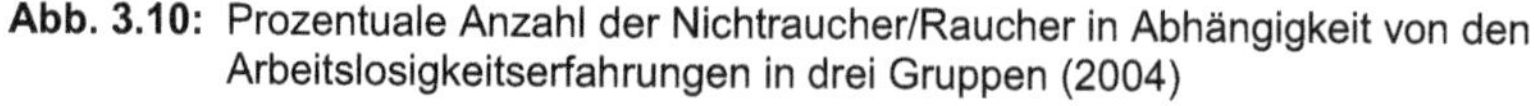

Abb. 3.10: Prozentuale Anzahl der Nichtraucher/Raucher in Abhängigkeit von den Arbeitslosigkeitserfahrungen in drei Gruppen (2004)

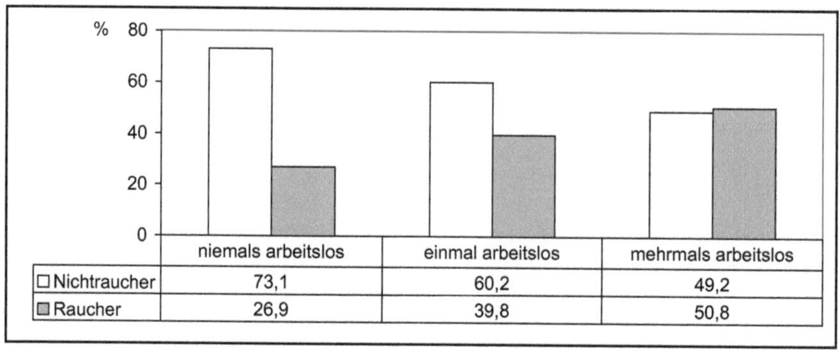

	niemals arbeitslos	einmal arbeitslos	mehrmals arbeitslos
□ Nichtraucher	73,1	60,2	49,2
■ Raucher	26,9	39,8	50,8

Tab. 3.6: Ergebnisse des Alcohol Use Disorders Identification Test bei verschiedenen Einteilungen der Arbeitslosigkeitserfahrungen der TeilnehmerInnen (Mittelwert, Standardabweichung, höhere Werte = höherer Alkoholkonsum)

	Arbeitslosigkeit			
	Nein	**Ja**		
	(N = 119)	(N = 218)		
Alkoholkonsum	2,80 (1,69)	3,17 (2,13)		t = -1,60, n. s.
	Häufigkeit der Arbeitslosigkeit			
	Nie	**Einmal**	**Mehrfach**	
	(N = 119)	(N = 98)	(N = 120)	
Alkoholkonsum	2,80 (1,69)	2,91 (2,11)	3,38 (2,13)	F = 2,18, p = .067
	Dauer der Arbeitslosigkeit			
	Nie	**Bis 1 Jahr**	**Mehr als 1 Jahr**	
	(N = 132)	(N = 154)	(N = 61)	
Alkoholkonsum	2,77 (1,67)	3,23 (2,09)	3,03 (2,28)	F = 1,83, n. s.

Insgesamt gaben 41,1 % an, dass sie gelegentlich oder regelmäßig rauchen. Die Mehrzahl der TeilnehmerInnen (58,9 %) sind Nichtraucher bzw. haben das Rauchen aufgegeben. Der Unterschied zwischen den Gruppen mit verschiedenen Arbeitslosigkeitserfahrungen ist signifikant. Von den Personen, die noch nie arbeitslos waren, rauchen nur 26,9 %. Bei den mehrfach Arbeitslosen raucht mit knapp über 50 % die überwiegende Mehrheit. Unklar bleibt die Kausalrichtung dieses Zusammenhangs: Werden Raucher eher arbeitslos oder rauchen Arbeitslose mehr?

Ein solch eindeutiges Bild wie für das Rauchverhalten zeigt sich beim Alkoholkonsum nicht. Beim eingesetzten Test stehen höhere Werte für einen höheren Konsum. In der Gesamtgruppe ist das Trinkverhalten insgesamt als moderat einzuschätzen. Tendenziell zeigt sich, dass Personen mit Arbeitslosigkeitserfahrungen (ja/nein), mit mehrfachen/längeren Arbeitslosigkeitserfahrungen mehr Alkohol zu sich nehmen als die Panelmitglieder, die noch nie arbeitslos waren. Die Unterschiede zwischen den Gruppen sind jedoch in allen drei gewählten verschiedenen Einteilungen der Arbeitslosigkeitserfahrungen nicht signifikant. Ebenfalls keine Unterschiede in Abhängigkeit von der Arbeitslosigkeit konnten wir in der Häufigkeit von Arztbesuchen, stationären Krankenhausaufenthalten und Krankschreibungstagen aufzeigen (nicht ausführlich dargestellt). Hier muss das junge Alter und der damit zusammenhängende, anzunehmend recht gute Gesundheitszustand der TeilnehmerInnen berücksichtigt werden.

In den verschiedenen Erhebungswellen wurden wiederholt standardisierte psychologische Fragebogen zur Messung der Befindlichkeit eingesetzt. Abbildung 3.11 zeigt einen Vergleich für Ängstlichkeit, Depressivität und generelle psychische Belastung/Beschwerdedruck (Distress) in Abhängigkeit von den Arbeitslosigkeitserfahrungen. Ängstlichkeit und Depressivität wurden mit der Hospital Anxiety and Depression Scale HADS (Herrman et al., 1995), einem 14 Items umfassenden Fragebogen, gemessen. Der globale Distress wurde mit den neun Fragen der Kurzform SCL-9-K der Symptomcheckliste SCL-90-R (Klaghofer & Brähler, 2001) bestimmt.

Abb. 3.11: Arbeitslosigkeitserfahrungen und psychisches Befinden 2004 (Angst, Depressivität, allgemeine psychische Belastung, Mittelwerte)

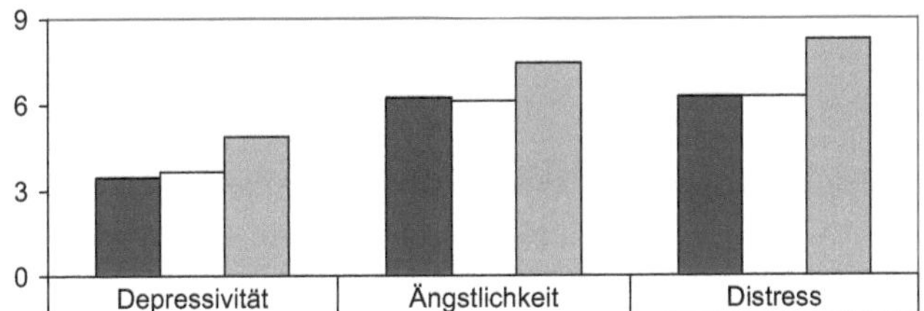

	Depressivität	Ängstlichkeit	Distress
■ niemals arbeitslos	3,47	6,24	6,27
□ einmal arbeitslos	3,67	6,13	6,27
▒ mehrmals arbeitslos	4,89	7,44	8,26

In den drei untersuchten Befindensbereichen zeigt sich ein einheitliches Bild: Je häufiger Arbeitslosigkeit erlebt wurde, umso höher sind die Werte ausgeprägt. Die Unterschiede zwischen den niemals- und den einmal arbeitslos gewesenen Personen sind nicht signifikant. Die Gruppe der Personen aber, die bereits mehrfach arbeitslos war, ist deutlich ängstlicher, deutlich depressiver und ihre generelle psychische Belastung ist höher.

Das Distressniveau wurde in unserer Studie weiterhin mit einem eigenen, vier Items umfassenden Fragebogen, dem so genannten D-Score, erhoben (vgl. Berth et al., 2006b; Förster, Berth & Brähler, 2004). Die TeilnehmerInnen nehmen auf einer dreistufigen Skala (ja seit Jahren, ja seit Monaten, nein) Stellung zu Aussagen wie »Ich fühle mich oft niedergeschlagen und mutlos«. Ein höherer Wert drückt eine größere allgemeine psychische Belastung aus. Die Gütekriterien des Instruments sind überzeugend. Den D-Score (Mittelwert) in Abhängigkeit von den Arbeitslosigkeitserfahrungen 1996 bis 2005 zeigt Abbildung 3.12.

Abb. 3.12: Distress und Arbeitslosigkeit 1996 bis 2005 (Mittelwerte)

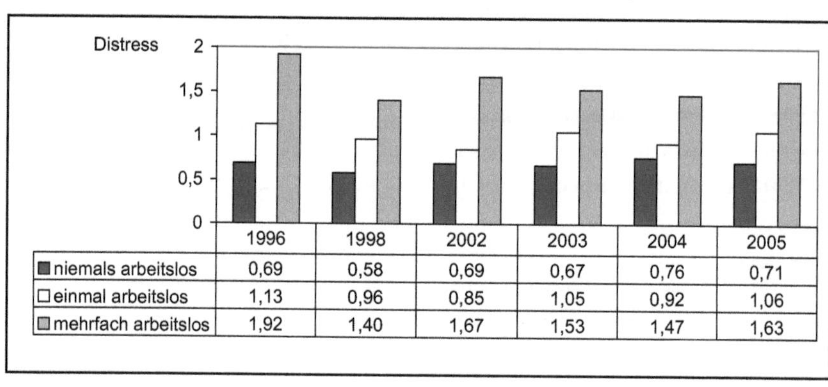

	1996	1998	2002	2003	2004	2005
niemals arbeitslos	0,69	0,58	0,69	0,67	0,76	0,71
einmal arbeitslos	1,13	0,96	0,85	1,05	0,92	1,06
mehrfach arbeitslos	1,92	1,40	1,67	1,53	1,47	1,63

In allen Erhebungen seit 1996, seitdem die Arbeitslosigkeitserfahrungen detailliert erfasst werden, zeigt sich für den D-Score ein einheitliches Bild. Die niedrigsten Werte weisen stets die Personen auf, die noch nie arbeitslos waren. Danach folgen Personen mit einmaliger Arbeitslosigkeitserfahrung. Die Personen, die bereits mehrmals arbeitslos gewesen sind, haben mit Abstand stets die höchsten Werte der psychischen Beeinträchtigung.

Einen weiteren wichtigen Aspekt der psychischen Gesundheit stellt die Lebensqualität einer Person dar. Diese wurde mit dem Fragebogen zur Lebenszufriedenheit FLZ-M (Henrich & Herschbach, 2000) erhoben. Der Bogen erlaubt die ökonomische Erfassung von acht spezifischen Bereichen der Lebenszufriedenheit (Freunde, Freizeit, Gesundheit, Einkommen, Beruf, Wohnen, Familie, Partnerschaft). Höhere Werte stehen für eine höhere Lebenszufriedenheit.

Abb. 3.13: Lebensqualität in verschiedenen Bereichen (FLZ-M, Mittelwerte) in Abhängigkeit von den Arbeitslosigkeitserfahrungen 2003 (** p < .01)

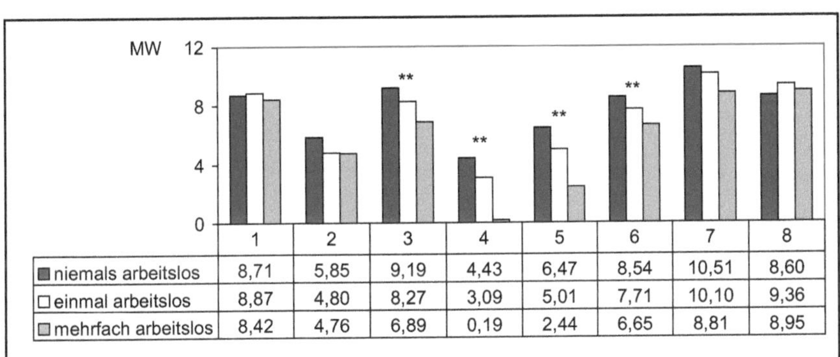

	1	2	3	4	5	6	7	8
niemals arbeitslos	8,71	5,85	9,19	4,43	6,47	8,54	10,51	8,60
einmal arbeitslos	8,87	4,80	8,27	3,09	5,01	7,71	10,10	9,36
mehrfach arbeitslos	8,42	4,76	6,89	0,19	2,44	6,65	8,81	8,95

1 Freunde – 2 Freizeit – 3 Gesundheit – 4 Einkommen – 5 Beruf – 6 Wohnen – 7 Familie – 8 Partner

Die Gruppe der einmalig Arbeitslosen unterscheidet sich von den Niemals-Arbeitslosen nur im Bereich der Zufriedenheit mit dem Einkommen. Es ist wiederum die Gruppe der mehrfach arbeitslosen Panelmitglieder, die in den markierten Bereichen (Gesundheit, Einkommen, Beruf und Wohnen) deutlich unzufriedener mit ihrer Situation ist. Dies spiegelt sich ebenfalls im Gesamtwert der Lebenszufriedenheit wieder (nie: 62,15; einmal: 57,17, mehrfach arbeitslos: 47,08, p < .001). Mit Ausnahme der Gesundheit sind die Bereiche, in denen bei den mehrfach Arbeitslosen eine größere Unzufriedenheit besteht, mehr oder weniger direkt materiell bedingt (Einkommen, Beruf und Wohnen). In den eher nicht materiell bestimmten Bereichen Freunde, Freizeit, Familie und Partner gibt es keine Unterschiede in der Lebenszufriedenheit zwischen den Gruppen mit unterschiedlichen Arbeitslosigkeitserfahrungen.

3.6 Arbeitsplatzunsicherheit und ihre Folgen

Zur verbreiteten Erfahrung Arbeitslosigkeit kommt außerdem hinzu, dass seit 1993 das Gefühl, gegenwärtig einen sicheren Arbeits- bzw. Ausbildungsplatz zu besitzen, zurückgegangen ist:

Abb. 3.14: Vermutete Sicherheit des Arbeitsplatzes im Trend 1992 bis 2005. Anteile der AP »völlig sicher« (1) und »ziemlich sicher« (2) (Nur Personen, die zum jeweiligen Zeitpunkt nicht arbeitslos waren)

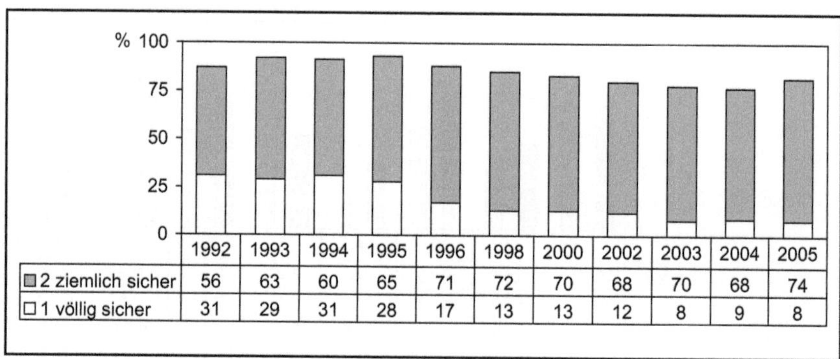

	1992	1993	1994	1995	1996	1998	2000	2002	2003	2004	2005
2 ziemlich sicher	56	63	60	65	71	72	70	68	70	68	74
1 völlig sicher	31	29	31	28	17	13	13	12	8	9	8

Fragetext: Wie sicher ist Ihr Arbeits-/Ausbildungsplatz?
1 völlig sicher – 2 ziemlich sicher – 3 ziemlich unsicher – 4 völlig unsicher

Vor allem der Anteil derer, die sich ihres Arbeitsplatzes völlig sicher sind, ist erheblich zurückgegangen: von 30 % im Jahr 1992 auf 8 % im Jahr 2005. Erste Analysen (vgl. Berth, Förster & Brähler, 2005) zeigten, dass auch unter unseren StudienteilnehmerInnen die Sicherheit des Arbeitsplatzes bzw. die Bedrohung durch einen möglichen Arbeitsplatzverlust zu Beeinträchtigungen in verschiedenen Bereichen führen. Die Bedrohung wurde mit folgender Frage erfasst: »Inwieweit fühlen Sie sich durch eine mögliche eigene Arbeitslosigkeit persönlich bedroht?« (Antwortmöglichkeiten: stark, eher stark, eher schwach, schwach).

Mit dem GBB-24 (Brähler & Scheer, 1995) wurden die vorhandenen Körperbeschwerden der TeilnehmerInnen erfasst. Die 24 Fragen dieses Bogens sind vier Beschwerdebereichen (vgl. Tabelle 3.7) zugeordnet. Weiterhin wird ein Gesamtwert (Beschwerdedruck) gebildet.

Tab. 3.7: Erlebte Bedrohung durch mögliche eigene Arbeitslosigkeit und Körperbeschwerden in der Gesamtgruppe (GBB-24, MW, SD, Varianzanalyse)

	Bedrohung durch eigene Arbeitslosigkeit				
GBB-Skala	stark (1)	eher stark (2)	eher schwach (3)	schwach (4)	Varianz-analyse
Erschöpfungs-neigung	7,88 (5,24)	7,42 (4,52)	5,48 (4,01)	4,92 (4,56)	F = 8,49, p < .001
Magen-beschwerden	3,90 (3,59)	3,33 (3,12)	2,62 (2,82)	2,29 (2,58)	F = 4,14, p < .05
Glieder-schmerzen	8,21 (4,56)	7,70 (4,40)	6,46 (4,19)	6,85 (4,07)	F = 3.20, p < .05
Herz-schmerzen	3,31 (3,55)	2,69 (3,59)	1,85 (2,44)	1,79 (2,52)	F = 4,74, p < .05
Beschwerde-druck	23,29 (13,39)	21,12 (11,87)	16,40 (10,83)	15,86 (10,50)	F = 8,01, p < .001

In allen Bereichen (Erschöpfungsneigung, Magenbeschwerden, Glieder- und Herzschmerzen und dem Beschwerdedruck) zeigt sich ein einheitliches Bild: Je mehr sich die TeilnehmerInnen durch Arbeitslosigkeit bedroht fühlen, um so stärker sind diese Körperbeschwerden bei ihnen ausgeprägt (höhere Werte). Hier ist es wichtig zu bedenken, dass es sich um Personen Anfang 30 handelt, also eine Klientel, die in der Regel nicht durch ein Vielzahl von tatsächlich vorhandenen Krankheiten und körperlichen Beeinträchtigungen geplagt wird.

In Abbildung 3.15 haben wir für Ängstlichkeit und Depressivität (HADS) bzw. den Distress (SCL-9-K) die Anteile der Personen dargestellt, die einen auffällig hohen, über der Norm liegenden Wert haben, in Abhängigkeit von der Sicherheit des Arbeitsplatzes. Die Antwortpositionen 1 und 2 wurden zu »sicher«, die Antwortpositionen 3 und 4 zu »unsicher« zusammengefasst.

Für Ängstlichkeit, Depressivität und globale psychische Belastung zeigt sich ein eindeutiges Ergebnis. Vergleicht man Personen, die ihren Arbeitsplatz als sicher wahrnehmen, mit Personen, die dies nicht tun, sind jeweils die Letzteren deutlich belasteter. Im Bereich des Distress sind es nahe an die 50 %, deren Wert als außerordentlich hoch – verglichen mit der Normstichprobe – einzuschätzen ist. Hier ist darauf hinzuweisen, dass für diese Auswertung nur diejenigen Personen herangezogen wurden, die zum Zeitpunkt der Befragung tatsächlich einen Arbeitsplatz hatten, also nicht arbeitslos waren.

Abb. 3.15: Prozentualer Anteil von Personen (Gesamtgruppe) mit auffälligen Scores (> MW + 1 SD) bei Depressivität, Ängstlichkeit und allgemeiner psychischer Belastung in Abhängigkeit von der Sicherheit des Arbeitsplatzes (sicher/ unsicher)

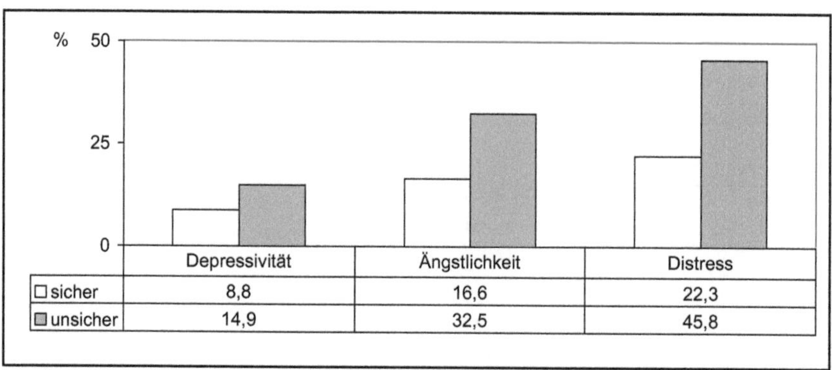

	Depressivität	Ängstlichkeit	Distress
sicher	8,8	16,6	22,3
unsicher	14,9	32,5	45,8

Ein ganz ähnliches Ergebnis erhält man, wenn die Lebenszufriedenheit der TeilnehmerInnen betrachtet wird (FLZ-M). Untersucht werden wiederum nur diejenigen Personen, die zur Erhebung auch tatsächlich eine Arbeitsstelle hatten.

Abb. 3.16: Lebenszufriedenheit (FLZ M, gewichtet) in Abhängigkeit von der angenommenen Sicherheit des Arbeitplatzes, bei Personen, die aktuell nicht arbeitslos sind (N = 378, MW, t-Tests, **p < .01, *p < .05)

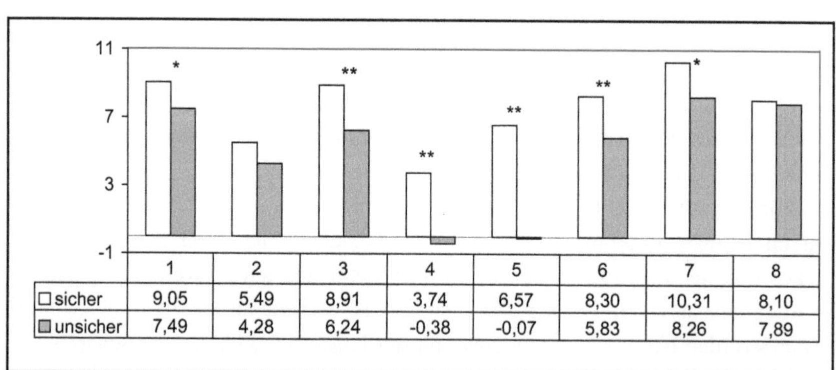

	1	2	3	4	5	6	7	8
sicher	9,05	5,49	8,91	3,74	6,57	8,30	10,31	8,10
unsicher	7,49	4,28	6,24	-0,38	-0,07	5,83	8,26	7,89

1 Freunde – 2 Freizeit – 3 Gesundheit – 4 Einkommen – 5 Beruf – 6 Wohnen – 7 Familie – 8 Partner

Ganz ähnlich wie bei tatsächlich erlebter Arbeitslosigkeit, führt auch ein als unsicher wahrgenommener Arbeitsplatz zu einer niedrigeren Lebenszufriedenheit bzgl. der Bereiche Gesundheit, Einkommen, Beruf, Wohnen und der Lebensqualität insgesamt. Hier ist es jedoch auch so, dass Personen, die ihren Arbeitsplatz als unsicher einschätzen, wesentlich unzufriedener mit ihrem privaten Umfeld (Freunde, Familie) sind. Arbeitsplatzunsicherheit wirkt sich demnach nicht nur auf die direkt mit Arbeit und Geld in Zusammenhang stehenden Bereiche, wie etwa Beruf oder Einkommen aus, sondern beeinträchtigt ebenfalls massiv das Privatleben.

Abschließend soll – wiederum in Analogie zu den Arbeitslosigkeitsfolgen – die globale psychische Belastung der TeilnehmerInnen in verschiedenen Wellen der Sächsischen Längsschnittstudie in Abhängigkeit von der wahrgenommenen Sicherheit des eigenen Ausbildungs-/bzw. Arbeitsplatzes dargestellt werden. Erfasst wurde die in Abbildung 3.17 dargestellte Belastung mit dem eigenentwickelten Instrument D-Score.

Abb. 3.17: Psychischer Distress (D-Score) und Sicherheit des Arbeitsplatzes 1996 bis 2005 (Gesamtgruppe, inkl. aktuell arbeitsloser Personen)

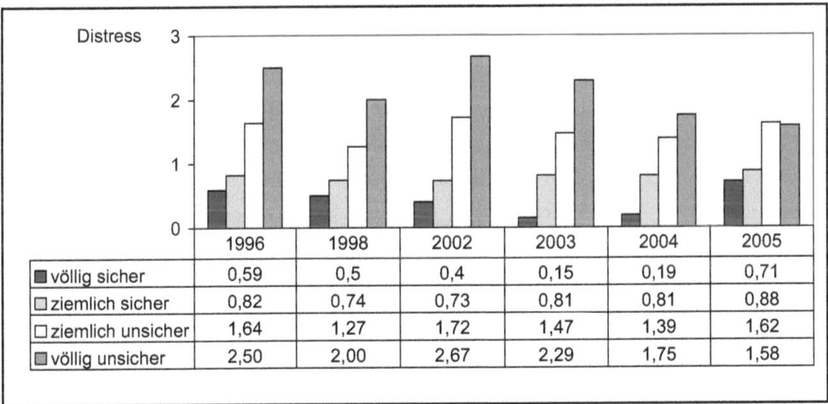

	1996	1998	2002	2003	2004	2005
völlig sicher	0,59	0,5	0,4	0,15	0,19	0,71
ziemlich sicher	0,82	0,74	0,73	0,81	0,81	0,88
ziemlich unsicher	1,64	1,27	1,72	1,47	1,39	1,62
völlig unsicher	2,50	2,00	2,67	2,29	1,75	1,58

Fragetext: Wie sicher ist Ihr Arbeits-/Ausbildungsplatz?
1 völlig sicher – 2 ziemlich sicher – 3 ziemlich unsicher – 4 völlig unsicher

Mit Ausnahme 2005 (Gruppe ziemlich unsicher) ist der Trend in allen Wellen eindeutig. Je unsicherer der eigene Arbeits- oder Ausbildungsplatz erlebt wird, umso größer ist der erlebte psychische Distress. Arbeitsplatzunsicherheit führt damit ebenso stark wie tatsächlich erlebte Arbeitslosigkeit zu massiven Beeinträchtigungen. Diese Beeinträchtigungen können sich auf die tatsächliche Arbeitsleistung auswirken und so dazu führen, dass eine Person tatsächlich ihren Arbeitsplatz verliert.

3.7 Ursachen von Arbeitslosigkeit

Als die Studie 1987 begann, waren die TeilnehmerInnen in der 8. Klasse, etwa 14 Jahre alt, und keiner von ihnen hatte bis zu diesem Zeitpunkt selbst Arbeitslosigkeitserfahrungen machen können. Auch in ihrem Eltern-, Freundes- und Bekanntenkreis gab es das Phänomen Arbeitslosigkeit nicht. Mit der Wiedervereinigung und dem damit verbundenen rasanten Um- und Abbau der ostdeutschen Wirtschaft wurde Arbeitslosigkeit zur gesellschaftlichen Realität. Die TeilnehmerInnen haben als letzter Jahrgang die zehnklassige polytechnische Oberschule der DDR voll durchlaufen, ihre berufliche Ausbildung jedoch bereits im wiedervereinigten Deutschland absolviert. Arbeitslosigkeit hat bis zum Jahre 2005 mehr als 60 % der Panelmitglieder ein- oder mehrmals betroffen. Wir wollen prüfen, ob es Merkmale gibt, die das Risiko einer Person erhöhen, arbeitslos zu werden. Die seit fast 20 Jahren erhobenen Daten bieten hierfür einige Möglichkeiten.

In den ersten Wellen 1987 bis 1989 wurde u. a. nach den Schulnoten der TeilnehmerInnen in den Fächern Mathematik, Deutsch (Gesamt), Russisch, Staatsbürgerkunde, Physik und Sport gefragt. Aus den Noten der Abschlussklasse 1989 haben wir, wobei Sport nicht berücksichtigt wurde, eine Gesamtnote (Summe dividiert durch 5) gebildet. Die folgende Abbildung 3.18 zeigt für vier Erhebungswellen der Studie die Anteile der Befragten, die ein- oder mehrmals arbeitslos waren, in Abhängigkeit von der gerundeten Gesamtnote 1989. Einbezogen wurden nur diejenigen TeilnehmerInnen, die übereinstimmend 1989 und 2005 teilgenommen hatten und von denen alle entsprechenden Angaben vorlagen (N = 372).

Die Werte in Abbildung 3.18 zeigen für alle Erhebungszeitpunkte ein einheitliches Bild: Je schlechter die Gesamtnote am Ende der schulischen Ausbildung in der Klasse 10 war, um so größer ist das Risiko, später arbeitslos zu werden. Von den Personen mit einer Abschlussnote 4 waren bereits 1996 mehr als 80 % ein- oder mehrmals arbeitslos. Bis zum Jahr 2005 waren dann alle (100 %) der schlechteren Schüler mindestens einmal arbeitslos. Von den sehr guten Schülern (Note 1) waren 1996 nur 18,8 % arbeitslos, im Jahr 2005 sind es dann knapp die Hälfte. Berechnet man das relative Risiko (Odds-Ratio), arbeitslos zu werden, in Äbhängigkeit von der dichotomisierten Gesamtnote (1 + 2 vs. 3 + 4), ergibt sich für die schlechteren Schüler ein 3,5-fach höheres Risiko, arbeitslos zu werden (95 % Konfidenzintervall: 2,14–6,49, geschlechtsadjustiert, $p < .05$).

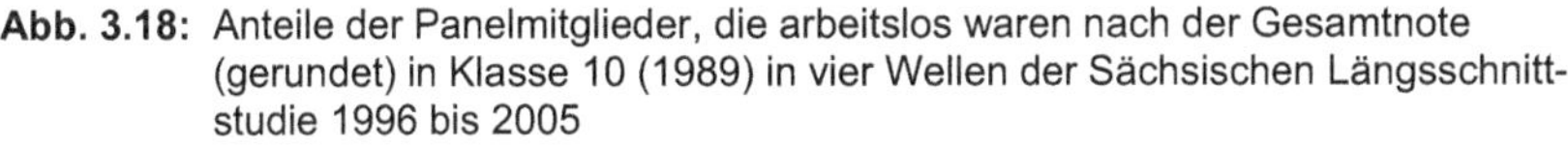

Abb. 3.18: Anteile der Panelmitglieder, die arbeitslos waren nach der Gesamtnote (gerundet) in Klasse 10 (1989) in vier Wellen der Sächsischen Längsschnittstudie 1996 bis 2005

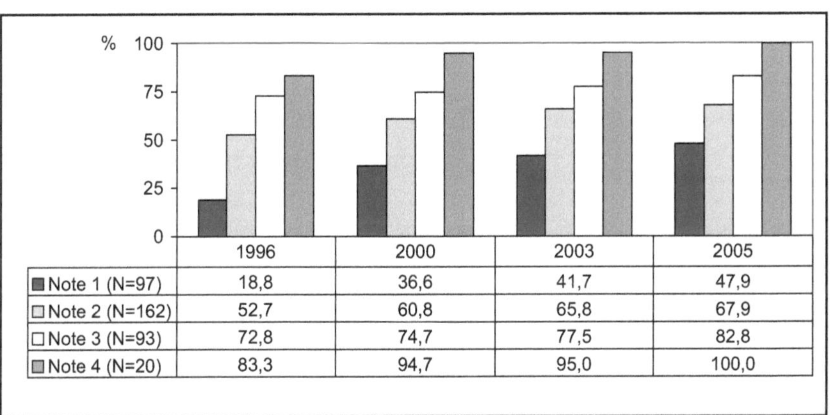

	1996	2000	2003	2005
Note 1 (N=97)	18,8	36,6	41,7	47,9
Note 2 (N=162)	52,7	60,8	65,8	67,9
Note 3 (N=93)	72,8	74,7	77,5	82,8
Note 4 (N=20)	83,3	94,7	95,0	100,0

So eindeutig der Beleg für einen Zusammenhang von schlechter Schulnote und hoher Arbeitslosigkeit auch ist, so muss darauf hingewiesen werden, dass auch ein guter (Note 2) oder sehr guter Schulabschluss kein absoluter Schutz vor Arbeitslosigkeit ist. Von den Personen mit einer Gesamtnote 2 am Ende der zehnten Klasse waren 2005 ebenfalls bereits über zwei Drittel einmal oder mehrfach von Arbeitslosigkeit betroffen.

Nicht ganz so eindrucksvoll, jedoch ebenso eindeutig ist das Bild, wenn man prüft, ob ein erfolgreich abgeschlossenes Studium das Risiko, arbeitslos zu werden, mindert (Abbildung 3.19).

Abb. 3.19: Anteile der Panelmitglieder, die bereits ein- oder mehrmals arbeitslos waren, im Trend 1996 bis 2005, differenziert danach, ob sie mit Abschluss studiert haben (N = 108, 25,8 %) oder gar nicht studiert haben (N = 279, 66,6 %) (ohne Personen, die ohne Abschluss studiert haben, N = 32, 7,6 %)

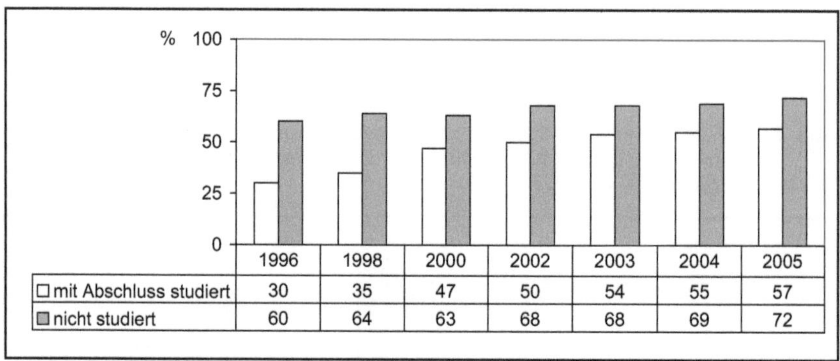

	1996	1998	2000	2002	2003	2004	2005
□ mit Abschluss studiert	30	35	47	50	54	55	57
■ nicht studiert	60	64	63	68	68	69	72

Das relative Risiko, arbeitslos zu werden, ist bei Personen ohne abgeschlossenes Studium um den Faktor 1,77 erhöht (Odds-Ratio, 95 % Konfidenzintervall: 1,11–2,79, geschlechtsadjustiert, $p < .05$). Die Unterschiede in den Arbeitslosigkeitserfahrungen zugunsten der höher Qualifizierten sind zwar durchweg signifikant, sie haben aber seit 1996 erheblich abgenommen, die Schere verringert sich zusehends. 2005 waren auch 57 % derer mit Studium mehrmals (20 %) oder einmal (37 %) arbeitslos – Tendenz zunehmend. Angst vor Arbeitslosigkeit äußern die besser Qualifizierten mit 24 % zwar weniger häufig als die geringer Qualifizierten mit 46 %, aber auch sie sind keineswegs frei von solchen Sorgen. Das betrifft auch die verbreitete Angst vor Altersarmut: Auch 58 % der besser Qualifizierten äußern sie gegenüber 74 % der geringer Qualifizierten.

Der Bildungsstandard einer Person – hier gezeigt an den Beispielen Schulnoten und abgeschlossenes Studium – scheint somit wesentlichen Einfluss auf Arbeitslosigkeit zu haben. Einleitend hatten wir in diesem Kapitel dargestellt, dass es jedoch auch Hypothesen gibt, wonach kränkere und belastetere Personen eher ihren Job verlieren, als dies bei Gesünderen der Fall ist (Selektionshypothese). In den Daten der Sächsischen Längsschnittstudie liegen aus den ersten Wellen keine Angaben zur Gesundheit der TeilnehmerInnen vor, da die Studie gänzlich andere Ziele verfolgte. In der 6. Welle 1991, die Jugendlichen waren etwa 18 alt, wurde erstmals das allgemeine psychische Befinden mit dem Screeninginstrument D-Score erhoben. In Abbildung 3.20 haben wir – nur für die TeilnehmerInnen, die übereinstimmend an allen drei Erhebungen 1991, 1996 und 2004 teilgenommen haben (N = 153) – die bis 2004 erlebte Gesamtdauer der Arbeitslosigkeit (niemals, bis zu einem Jahr, mehr als ein Jahr) und die Werte des D-Scores aus den Jahren 1991, 1996 und 2004 dargestellt.

Abb. 3.20: Dauer der insgesamt erlebten Arbeitslosigkeit bis 2004 in drei Gruppen und psychisches Befinden (D-Score, Mittelwerte) 1991, 1996 und 2004

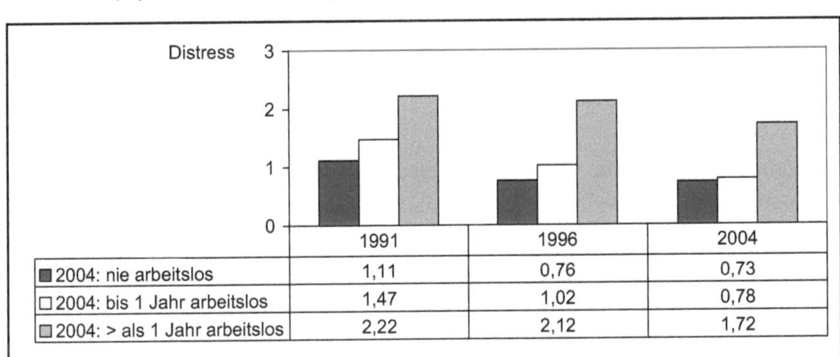

	1991	1996	2004
2004: nie arbeitslos	1,11	0,76	0,73
2004: bis 1 Jahr arbeitslos	1,47	1,02	0,78
2004: > als 1 Jahr arbeitslos	2,22	2,12	1,72

Die Abbildung (Säulen für 2004) unterstreicht zunächst die im Abschnitt zu den Arbeitslosigkeitsfolgen getroffenen Aussagen: Personen, die 2004 insgesamt mehr als ein Jahr arbeitslos waren, haben zu diesem Zeitpunkt auch eine deutlich höhere seelische Belastung, als TeilnehmerInnen, die 2004 bis zu einem Jahr bzw. niemals arbeitslos waren.

Die Abbildung 3.20 zeigt jedoch auch, dass eine höhere psychische Belastung in früheren Jahren (Säulen für 1996 und 1991) einen Risikofaktor für Arbeitslosigkeit dargestellt. Diejenigen, die 2004 mehr als ein Jahr arbeitslos waren, hatten 13 Jahre vorher (!) 1991 mit einem D-Score von 2,22 eine viel höhere psychische Belastung als die Personen, die dann 2004 bis zu einem Jahr (D-Score 1,47) bzw. nie (D-Score 1,11) arbeitslos waren (werden sollten). Eine binär-logistische Regression (Distress 1991 auf Arbeitslosigkeit 2004 ja/nein) zeigt für die im Jahre 1991 belasteteren Personen ein um den Faktor 2,79 erhöhtes Risiko, arbeitslos zu werden (Odds-Ratio, geschlechtsadjustiert, 95 % Konfidenzintervall 1,42–5,49, $p < .05$).

Auch unter den schwierigen ökonomischen Bedingungen der neuen Bundesländer mit sehr hohen Arbeitslosigkeitsquoten – zur Erinnerung: mehr als 60 % der jungen TeilnehmerInnen waren bereits von Arbeitslosigkeit betroffen – gibt es

Faktoren, die das Risiko, arbeitslos zu werden, erhöhen. Für den Bildungsstand und die allgemeine psychische Belastung konnten wir dies exemplarisch demonstrieren. Auch wenn Arbeitslosigkeit mittlerweile – nicht nur, aber in ganz besonderem Maße in den ostdeutschen Ländern – gesellschaftliche Realität, schon fast Normalität ist, ist die Identifizierung solcher Risikofaktoren wichtig, um präventiv arbeitsmarkt- und bildungspolitisch frühzeitig eingreifen und gegensteuern zu können.

3.8 Zusammenfassung

Bis zum Jahre 2005, im Alter von 32 Jahren, waren bereits rund zwei Drittel der StudienteilnehmerInnen mindestens einmal arbeitslos. Der Anteil derer, die seit der Vereinigung bereits mehrfach Arbeitslosigkeit erlebt haben und bei denen diese ernsten negativen Auswirkungen besonders deutlich sichtbar werden, hat sich zwischen 1996 und 2005 von 17 % auf 35 % faktisch verdoppelt. Auch die durchschnittliche Dauer von Arbeitslosigkeit ist dementsprechend von rund 7 Monaten auf rund 14 Monate gestiegen.

Die Arbeitslosigkeit geht wie ein Riss durch die gesamte Population. Sie nährt Ängste gegenüber dem gegenwärtigen kapitalistischen System, bestärkt Zweifel an seiner Zukunftsfähigkeit, weckt Hoffnungen auf einen Systemwechsel und erhöht die Protestbereitschaft, hat aber auch erhebliche negative Folgen für die physische und psychische Gesundheit der TeilnehmerInnen (Ängstlichkeit, Depressivität, Lebensqualität, globale seelische Belastung). Nachgewiesen wird, dass diese negativen Auswirkungen mit wachsender Gesamtdauer der Arbeitslosigkeit des einzelnen Betroffenen signifikant oder tendenziell zunehmen. Mit zunehmender Dauer eigener Arbeitslosigkeit geht z. B. die Zufriedenheit der jungen Erwachsenen mit der jetzigen Gesellschaft kontinuierlich zurück, und ihre Angst vor einer persönlichen Notlage steigt stark an.

Die übergroße, weiter zunehmende Mehrheit meint, dass Arbeitslosigkeit ein typisches Merkmal des jetzigen Gesellschaftssystems ist, Angst vor der Zukunft macht, den Menschen ihr Selbstbewusstsein und ihre Lebensfreude nimmt, Verlust an individuellen Freiheiten bedeutet und die Menschen arm und krank macht. Nahezu alle lehnen es ab, sich mit Arbeitslosigkeit abzufinden. Bei mehr als der Hälfte von ihnen haben sich die langjährigen Erfahrungen mit Arbeitslosigkeit inzwischen zu der Auffassung verdichtet, dass ohne Arbeit keine Freiheit existiert.

Diese nachhaltigen Wirkungen erfahrener Arbeitslosigkeit werden von der Politik völlig unterschätzt, klein geredet oder als »Jammern« diskreditiert. Dabei spielen keineswegs nur die direkten, persönlichen Erfahrungen eine Rolle, sondern auch indirekte Erfahrungen im sozialen Nahbereich (Lebenspartner/Eltern/Geschwister/enge Freunde), sowie die Wahrnehmung der vielschichtigen negativen Folgen einer weiter zunehmenden kollektiven Betroffenheit durch Arbeitslosigkeit in Ostdeutschland. Auch diese Wirkungen werden viel zu gering eingeschätzt. Hinzu kommt bei vielen TeilnehmerInnen die weiter abnehmende Sicherheit ihres Arbeitsplatzes, die in ihren psychischen Auswirkungen denen von erfahrener Arbeitslosigkeit faktisch gleichzusetzen ist.

Als Zeitpunkt, ab dem man sich eigenen Beobachtungen zufolge heute generell Sorgen um seinen Arbeitsplatz machen müsse, wird 2005, d. h. mit 32 Jahren, ein Alter von durchschnittlich 36,9 Jahren angegeben. 64 % vermuten, dass die Arbeitslosigkeit in Ostdeutschland eher zunehmen wird, 2 % dass sie eher abnehmen wird. 34 % schätzen, dass sie bleibt wie sie ist.

Zum Abschluss dieses Kapitels sollen einige Zitate aus den Notizen der aktuell arbeitslosen 32-Jährigen angeführt werden, in denen sie über ihre gegenwärtige Lebenssituation schreiben:

»Im Moment bin ich ohne jegliches Einkommen zu Hause. Mein Anspruch auf Arbeitslosengeld lief im Juni aus, und auf Arbeitslosengeld II habe ich keinen Anspruch. Im Moment ist die Situation katastrophal, da auch mein Mann sich arbeitslos melden musste. Wir müssen den Kredit für unser Haus zahlen, und ohne unsere Eltern hätte ich schon längst nicht mehr gewusst, wie es weiter gehen soll.«

»Es ist schwer, auch an ›unterqualifizierte‹ Arbeit zu kommen, da auch dort schon Fachkräfte und studierte Menschen sich bewerben. Außerdem wird man meiner Meinung nach vom Arbeitsamt gebremst, da man die nötige Motivation durch dieses Amt wieder verliert. Durch die langen Zeiten vom Vorstellen bis zum Termin vergeht es einem.«

»Bin seit Mai letzten Jahres arbeitssuchend. Da ich, wie ich meine, eine gute Ausbildung habe und als Altenpflegerin nie gedacht habe, ohne Arbeit dazustehen, ist es schon deprimierend, mit Hartz IV zurechtzukommen. Einen Job mit 2 Kindern als Altenpflegerin zu finden ist als Frau sehr schwierig.«

»Ich bin seit dem 3-jährigen Erziehungsurlaub mit meinem Sohn arbeitslos. Anfangs habe ich das nicht für so schlimm betrachtet, ich habe ja eine gute Ausbildung und Berufserfahrung, zum Ende sogar den Job einer Chefsekretärin ausgeführt. Im Laufe der Zeit ist es aber schon schlimm, es gibt einfach keine Arbeit. Und wenn, dann ist ein Kind mit vorgeschriebenen Kindergartenzeiten voll der Klotz am Bein. In der heutigen Gesellschaft wird ein Kind nicht berücksichtigt. Mittlerweile bemühe ich mich sogar um Putzjobs... Auf die Hilfe vom Arbeitsamt kann man verzichten, die schikanieren einen sogar noch!«

4. Vom Single zur Familie

Yve Stöbel-Richter, Peter Förster, Elmar Brähler & Hendrik Berth

»Meine Kinder L., fast 9 Jahre und S., 2,5 Jahre, sind für mich und meinen Mann das Wichtigste und Wertvollste im Leben! Ohne meine Kinder wäre ich nichts! Es ist schön, sie aufwachsen zu sehen. Ein Lachen von ihnen tut so gut in der heutigen Zeit. Kleine fragende braune Augen sind so toll. Sie wollen so viel vom Leben wissen. Kinder sind für unser Leben eine Bereicherung! Die Liebe von ihnen zu uns ist unbeschreiblich, es gibt nichts Besseres. Schade, dass die Familienpolitik dafür kein Verständnis hat und mit ihrem Verhalten eine Welt ohne Kinder fördert! Es fehlt dann das Lachen, das Singen und die vielen fragenden Augen auf dieser schon so ›kalten‹ Welt.« (Studienteilnehmerin, 33 Jahre)

4.1 Einführung

Generell sind Familienbildungsprozesse, wie Heirat und die Geburt von Kindern, »individuelle Verhaltensweisen, die sich an bestehenden gesellschaftlichen Rahmenbedingungen, an Normen und Leitbildern wie Lebensbedingungen orientieren. Erst der soziokulturelle und ökonomische Rahmen, die ideellen wie materiellen Gegebenheiten einer Gesellschaft regulieren familienbildende Verhaltensweisen, die sich stets im Zusammenwirken und in Abstimmung mit anderen Gesellschaftsmitgliedern vollziehen. Insofern sind Familienbildungsprozesse soziale Prozesse, basieren sie doch auf sozialen Verhaltensweisen, die wiederum multifaktoriell bestimmt sind. So verwirklichen sich Familienbildungsprozesse stets im gesellschaftlichen Kontext und reflektieren auch gesellschaftliche Gegebenheiten« (Wendt, 1993, S. 4).

Da die von uns Befragten in ihrer Kindheit eine »DDR-Sozialisation« erfahren haben, soll an dieser Stelle kurz auf die Familienprozesse in der DDR eingegangen werden. Typisch für die DDR waren Familien mit ein oder zwei Kindern. Diese Familien können als so genannter Grundtyp der DDR-Familien, die »Norm- bzw.

Kernfamilie« bezeichnet werden. In den 80er Jahren bestanden 62 % aller Haushalte der 18- bis 40-jährigen Frauen aus Ehepaaren mit Kind(ern). Für die DDR war eine generell starke Orientierung auf Partnerschaft mit Kind(ern) sehr charakteristisch. Kinderlose Ehepaare oder Drei-Generationen-Familien existierten demgegenüber relativ selten (Wendt, 1993).

Kinder gehörten zum Leben »einfach« dazu, wie auch die Ergebnisse einer Befragung aus dem Jahre 1982 zeigen. In dieser wurden Frauen mit aktuellem Kinderwunsch nach entscheidenden Gründen für die Geburt eines (weiteren) Kindes befragt (vgl. Speigner, 1987). Die folgenden Gründe wurden am häufigsten angegeben:

1. Das Kind wird als unverzichtbarer Lebensinhalt gesehen, als gemeinsame Lebensaufgabe für die Eltern und als wesentliche Möglichkeit zur Selbstverwirklichung. Darüber hinaus können durch ein Kind die eigenen Lebens- und Erfahrungshorizonte erweitert werden. Von besonderer Bedeutung sind emotionale Erlebnisinhalte wie persönliches Glück und die Liebe zu Kindern. »Kinder werden als ein Stück Zukunft erlebt, in dem eigene Ideale weiterleben« (Hoffmann, 1987, S. 103).

2. Mit dem Kind soll der Liebe zum Partner Ausdruck verliehen, aber auch der Wunsch des Partners nach einem Kind befriedigt werden.

3. Durch ein Geschwisterkind sollen harmonische Familienbeziehungen gefördert werden.

4. Die Frauen möchten mit Kindern leben, da sich die Gesellschaft als kinderfreundlich erwiesen hat und weil in ihr Kinder in sozialer Sicherheit und Geborgenheit aufwachsen können, ohne Angst um die Gestaltung ihrer Zukunft.

Grundsätzlich überwogen emotionale und habituelle Motive (»weil ich Kinder gerne mag«, »weil ich mir schon immer Kinder gewünscht habe«, »weil das Leben für mich nur dann erfüllt ist, wenn ich Kinder habe«, Hoffmann, 1987, S. 104).

Dennoch waren auch in der DDR sinkende Geburtenzahlen im Zeitraum von 1966 bis 1975 ein gesamtgesellschaftliches Problem. Dem versuchte man seitens der Regierung mit verschiedenen sozialpolitischen Maßnahmen entgegenzusteuern: so z. B. die Verkürzung der Arbeitszeit für Mütter mit mehreren Kindern, sowie deren Urlaubsverlängerung, zinslose Kredite für junge Eheleute, die bei der Geburt von Kindern teilweise erlassen wurden, die Einführung des so genannten Babyjahres und der Ausbau von Kinderbeutreuungseinrichtungen. Dies führte zu einem Anstieg der Geburtenzahlen, wobei bis heute nicht eindeutig geklärt ist, ob es sich hierbei teilweise auch um ein Vorziehen der Kinderplanung handelte. Immerhin betrug das durchschnittliche Alter der Frauen bei der Geburt des ersten Kindes im Jahr 1980 21,6 Jahre und im Jahr 1989 22,9 Jahre (Cornelißen, 2005). Diese statistischen Maßnahmen waren dennoch nur bedingt erfolgreich – auch wenn die Geburtenzahlen wieder anstiegen, konnte doch der Ersatz der Elterngeneration (2,1 Kinder pro Frau) nicht wieder erreicht werden.

Nach dem Ende der DDR und dem Beitritt zur Bundesrepublik Deutschland kam es zu einem dramatischen Absinken der Geburtenzahlen in den neuen Ländern. Die Statistik wies zeitweilig eine geschätzte Geburtenrate von 0,77 Kindern pro Frau auf. Dies war der niedrigste ermittelte Wert, den es je in einem Land gegeben hat. Dabei kann bei diesem Wert allerdings nicht absolut geklärt werden, ob es sich um ein Hinausschieben der Realisierung des Kinderwunsches handelt oder um einen dauerhaften Verzicht. 1989 lag die zusammengefasste Geburtenziffer in der DDR noch deutlich über derjenigen des früheren Bundesgebietes, zwischen 1991 und 1995 war der Bestandserhalt der Elterngeneration in den neuen Bundesländern nicht einmal mehr zur Hälfte gesichert (Wendt, 1993).

Das folgende Kapitel widmet sich der Frage, ob und wie sich die gesellschaftlichen Umbrüche, mit denen sich unsere TeilnehmerInnen auseinandersetzen mussten, auf deren Familiengründung auswirken.

In der 18. Welle (2004) wurden neben den allgemeinen Fragen zur Familie einige spezielle Aspekte dieser Thematik erfragt. Das folgende Kapitel gibt einen Überblick über diese Ergebnisse und über die Entwicklung von einigen Familienaspekten im Längsschnitt zwischen den Jahren 1992 bis 2005, also einschließlich der 19. Welle. Mit 32 Jahren im Jahr 2005 stehen viele der Befragten mitten im Prozess der Familiengründung. 61,4 % haben bereits Kinder.

4.2 Partnerschaft – Verheiratet und glücklich?

4.2.1 Partnerschaftszufriedenheit und Lebensformen

Mit 32 Jahren sind viele der TeilnehmerInnen verheiratet (41,9 %), 16,1 % sind noch ledig, 21,9 % sind ledig, haben aber einen festen Partner/Partnerin, 16,4 % geben an, in einer Lebensgemeinschaft zu leben und lediglich 3,6 % sind geschieden. Mehr Frauen als Männer sind verheiratet, aber auch geschieden (vgl. Tabelle 4.1).

Tab. 4.1: Familienstand im Alter von 32 Jahren (Angaben in Prozent)

	Gesamt	Frauen	Männer
Ledig, ohne feste Partnerbindung	16,1	9,8	23,5
Ledig, mit fester Partnerbindung	21,9	19,0	25,1
In Lebensgemeinschaft lebend	16,4	16,6	16,2
Verheiratet	41,9	49,8	33,0
Geschieden	3,6	4,9	2,2

Die Zahl der Verheirateten in der Studie liegt für 2005 bei insgesamt 41,9 %, bei denen, die derzeit in Sachsen leben bei 39,2 %. Das ist etwas mehr, als der sächsische Durchschnitt; im Jahr 2003 waren in Sachsen 36,5 % aller 31- bis 32-Jährigen verheiratet (Statistisches Jahrbuch Sachsen 2004, S. 37), ist aber auch ein wichtiger Beleg für die Aussagekraft unserer Studie.

Betrachtet man die Entwicklung des Familienstandes im Altersverlauf bei Männern und Frauen, so zeigt sich, dass Frauen viel eher heiraten, aber auch eher und häufiger wieder geschieden sind. Der leichte Wiederanstieg bei den ledigen Frauen zwischen dem 29. und dem 32. Lebensjahr kann zum einen mit der leicht differierenden Gesamtgruppe, als auch mit möglichen Trennungen vorher nicht verheirateter Frauen zusammen hängen (Abbildung 4.1).

Auf die Frage, wie glücklich die Befragten ihre aktuelle Partnerschaft einschätzen würden, geben 85 % an, dass ihre Partnerschaft sehr glücklich bzw. glücklich sei. Dabei treten keine signifikanten Unterschiede zwischen Männern und Frauen auf. Bei den Männern geben 85 % an, sehr glücklich bzw. eher glücklich zu sein, bei den Frauen sind es 84 %. Die Zahl der vorhandenen Kinder und die Partnerschaftszufriedenheit stehen in keinem signifikanten Zusammenhang.

Abb. 4.1: Entwicklung des Familienstandes zwischen 1998 und 2005

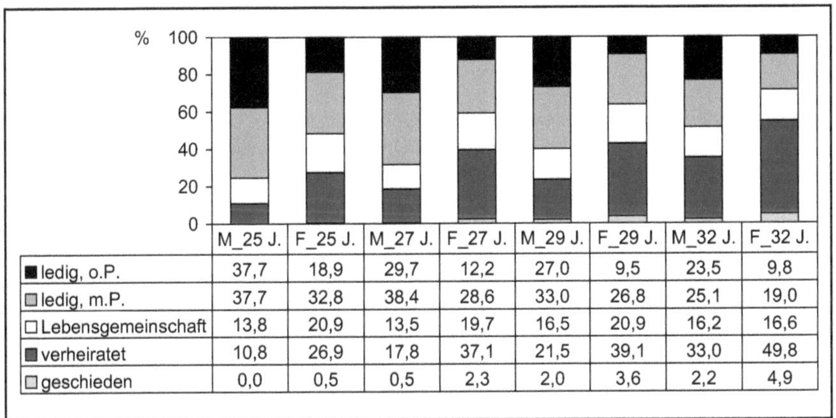

	M_25 J.	F_25 J.	M_27 J.	F_27 J.	M_29 J.	F_29 J.	M_32 J.	F_32 J.
ledig, o.P.	37,7	18,9	29,7	12,2	27,0	9,5	23,5	9,8
ledig, m.P.	37,7	32,8	38,4	28,6	33,0	26,8	25,1	19,0
Lebensgemeinschaft	13,8	20,9	13,5	19,7	16,5	20,9	16,2	16,6
verheiratet	10,8	26,9	17,8	37,1	21,5	39,1	33,0	49,8
geschieden	0,0	0,5	0,5	2,3	2,0	3,6	2,2	4,9

m.P. = mit fester Partnerbindung / o.P. = ohne feste Partnerbindung
M = Männer / F = Frauen

Diejenigen, welche nicht verheiratet oder aber geschieden sind, wurden nach ihrer Absicht, (wieder) zu heiraten gefragt. 203 Personen (52 % der Gesamtstichprobe) haben diese Frage beantwortet. 26,6 % der Männer (n = 54) und 17,7 % der Frauen (n = 36) haben die Absicht, sich (wieder) fest zu binden. 7,9 % der Männer (n = 16) und 8,9 % der Frauen (n = 18) haben dies nicht vor. 19,7 % der Männer (n = 40) und 19,2 % der Frauen (n = 39) sind unentschlossen.

4.2.2 Arbeitslosigkeit und Familiengründung

Betrachtet man Arbeitslosigkeit und Familiengründung im Zusammenhang, zeigen sich doch deutliche Verzögerungen in der Familiengründung bei Personen, die Erfahrungen mit der Arbeitslosigkeit gemacht haben.

Der Anteil der verheirateten Männer unterscheidet sich in den hier dargestellten Altersgruppen tendenziell in Abhängigkeit von ihrer bisherigen Betroffenheit durch Arbeitslosigkeit. Im Alter von 33 Jahren sind von den Verheirateten 13,8 % nicht arbeitslos gewesen, im Gegensatz zu 9,8 %, die mehrmals arbeitslos waren (vgl. Abbildung 4.2). Die Prozentangaben beziehen sich dabei auf die Gesamtstichprobe. Um hierfür eine bessere Relation zu erreichen, ist in der sich anschließenden Tabelle 4.2 der Gesamtanteil der Verheirateten in den jeweiligen Wellen aufgeführt. Für die Gruppe der Frauen zeigen sich ähnliche Tendenzen (vgl. Abbildung 4.3).

Abb. 4.2: Anteil verheirateter Männer in der Gesamtstichprobe derjenigen Teilnehmer, die an allen 7 Wellen teilgenommen haben in Abhängigkeit von den Arbeitslosigkeitserfahrungen 1998 bis 2006 (N = 125)

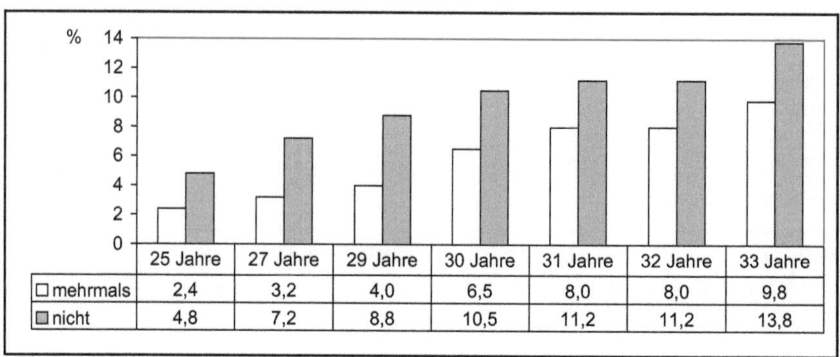

	25 Jahre	27 Jahre	29 Jahre	30 Jahre	31 Jahre	32 Jahre	33 Jahre
□ mehrmals	2,4	3,2	4,0	6,5	8,0	8,0	9,8
■ nicht	4,8	7,2	8,8	10,5	11,2	11,2	13,8

Abb. 4.3: Anteil verheirateter Frauen in %, nur Teilnehmerinnen, die an allen 7 Wellen teilgenommen haben, in Abhängigkeit von den Arbeitslosigkeitserfahrungen 1998 bis 2006 (N = 146)

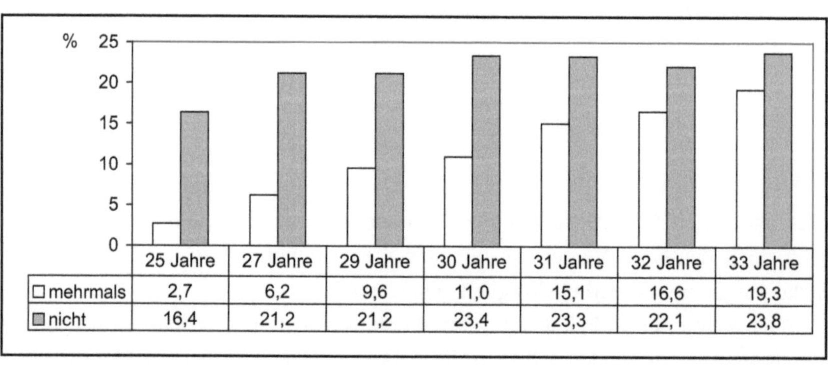

	25 Jahre	27 Jahre	29 Jahre	30 Jahre	31 Jahre	32 Jahre	33 Jahre
□ mehrmals	2,7	6,2	9,6	11,0	15,1	16,6	19,3
■ nicht	16,4	21,2	21,2	23,4	23,3	22,1	23,8

Die Ergebnisse weisen allerdings nicht darauf hin, dass die Erfahrung der Arbeitslosigkeit ein Risikofaktor für die Partnerschaft ist; die Zahl der Geschiedenen ist nicht höher als bei den Befragten, die nicht arbeitslos waren.

Tab. 4.2: Anteil der Verheirateten an der Gesamtstichprobe zwischen 1998 (25 Jahre) und 2006 (33 Jahre) (Angaben in Prozent)

	N	1998	2000	2002	2003	2004	2005	2006
Alter in Jahren		25	27	29	30	31	32	33
Männer	125	10,4	16,0	20,8	25,0	28,0	32,0	37,4
Frauen	146	25,3	39,0	42,5	47,6	52,1	52,4	57,9

4.2.3 Auszug aus dem Elternhaus und Mobilität

Große Unterschiede bestehen zwischen den Geschlechtern auch, wenn man den Auszug aus dem Elternhaus zwischen 1992 (20 Jahre) und 2003 (30 Jahre) betrachtet: Die jungen Männer verbleiben viel länger im »Hotel Mama«; während bei den Frauen schon 50,4 % mit 20 Jahren ihre eigenen Wege gehen, sind dies bei den Männern zu diesem Zeitpunkt lediglich 22,4 %. Erst im Alter von 27 Jahren haben sich die beiden Geschlechtergruppen fast angenähert, aber auch mit 30 Jahren gibt es bei den Männern noch 8,3 % und bei den Frauen 4 %, die noch im Elternhaus wohnen. Zwischen dem 20. und dem 25. Lebensjahr sind die Unterschiede jeweils signifikant, nach 2003 wurde die Frage nicht mehr erhoben.

Abb. 4.4: Anteile der Panelmitglieder, die nicht mehr im Elternhaus wohnen, im Trend 1993 bis 2003, nach den Geschlechtergruppen differenziert (Altersangaben gerundet; jeweiliges Geschlecht = 100 %)

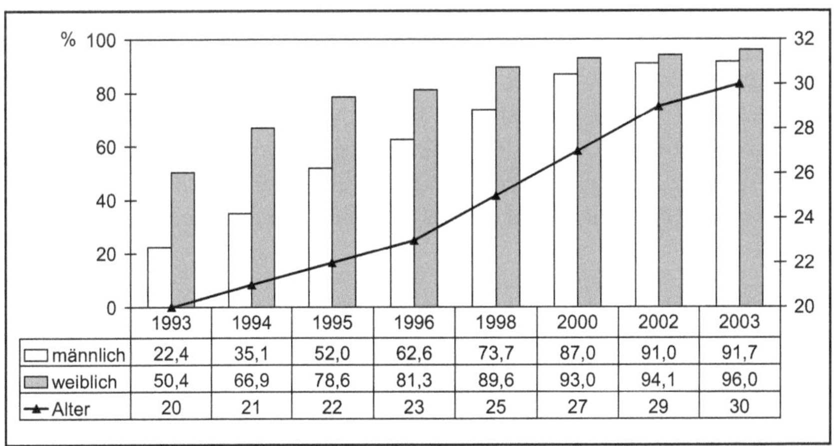

	1993	1994	1995	1996	1998	2000	2002	2003
männlich	22,4	35,1	52,0	62,6	73,7	87,0	91,0	91,7
weiblich	50,4	66,9	78,6	81,3	89,6	93,0	94,1	96,0
Alter	20	21	22	23	25	27	29	30

Betrachtet man die allgemeine Mobilität der Studienteilnehmer anhand der Umzüge, so zeigt sich ein deutlicher Zuwachs zwischen 2000 und 2005, bei Männern und Frauen gleichermaßen. Im Jahr 2000 lag das Maximum der Umzüge bei 9, im Jahr 2005 bei 12 mal; die durchschnittliche Zahl war zwischen 2000 und 2005 um knapp 1 gestiegen (vgl. Mittelwerte X in Tabelle 4.3). Insgesamt sind diejenigen, die in den alten Bundesländern (ABL) wohnen, durchschnittlich häufiger umgezogen (Pearsons $Chi^2 = 69{,}21$, $df = 22$, $p < .001$). Sichtbar wird aber auch, dass ein großer Teil der StudienteilnehmerInnen in den Neuen Bundesländern (NBL) geblieben ist.

Tab. 4.3: Anzahl der Umzüge seit der Wende (Angaben in Prozent)

	0	1x	2x	3x	4x	5x + mehr	X
bis 2000	8,0	26,1	24,4	18,1	11,6	11,9	2,46
bis 2005	6,3	14,1	22,5	20,9	13,1	23,1	3,21
2005							
in NBL (N = 291)	8,2	17,5	25,1	29,6	8,6	20,6	2,93
in ABL (N = 87)	0	3,4	14,9	25,3	28,7	37,4	4,11
im Ausland (N = 4)	0	0	0	25,0	0	75,0	

Im Jahr 2005 leben 76,3 % in den neuen, 22,7 % in den alten Bundesländern und 1 % im Ausland. 49,5 % derjenigen, die in den neuen Bundesländern leben, werden auf jeden Fall dort bleiben, 45 % wahrscheinlich. Nur 5,5 % ziehen in Erwägung, in die ABL »umzusiedeln«. Aber auch umgekehrt sind diejenigen, die in den ABL leben, dort gut integriert; 17,8 % wollen auf keinen Fall in den Osten zurück, 50 % wahrscheinlich nicht, lediglich 11,1 % spielen mit dem Gedanken (»ja, wahrscheinlich«) und 21,2 % geben an, dass dies noch völlig offen sei. In der 20. Welle (2006) wurde erhoben, wie lange die StudienteilnehmerInnen schon in den ABL leben: 18,8 % weniger als 5 Jahre, 37,5 % zwischen 5 und 9 Jahren, 28,1 % zwischen 10 und 14 Jahren und 15,6 % 15 Jahre und länger. Diejenigen, die in den NBL wohnen, wurden gefragt, ob sie in den alten Bundesländern arbeiten. Es zeigte sich, dass lediglich 6,6 % pendeln.

4.3 Kinder ja oder nein? Ideale und realisierte Kinderzahl

4.3.1 Realisierte Kinderzahl im Verlauf

Seit dem 19. Lebensjahr wurden die Befragten nach bereits vorhandenen Kindern und danach gefragt, wie viele Kinder sie einmal haben möchten. Im Alter von 32 Jahren sind 61,4 % der Befragten Eltern. Der überwiegende Teil hat ein Kind (57,1 %), 37,4 % haben zwei Kinder und lediglich 5,5 % haben drei oder vier Kinder. Betrachtet man Männer und Frauen getrennt voneinander, so zeigen sich folgende Tendenzen: Frauen haben signifikant zeitiger und mehr Kinder als Männer; im Alter von 25 Jahren haben bereits 16,1 % der Frauen, aber nur 5,4 % der Männer ein oder zwei Kinder. Im Alter von 32 Jahren sind immerhin noch 23,5 % der Männer und 15,1 % der Frauen kinderlos. 23,5 % der Männer und 20,1 % der Frauen haben ein Kind, zwei Kinder haben 7,0 % der Männer und 15,9 % der Frauen und lediglich 1,3 % der Männer und 2,1 % der Frauen haben drei oder vier Kinder. Die folgende Abbildung 4.5 zeigt die Entwicklung der Kinderzahlen bei Männern und Frauen getrennt.

Abb. 4.5: Kinderzahlen zwischen 1998 und 2005 für Männer und Frauen getrennt (jede Teilgruppe für sich jeweils 100 %)

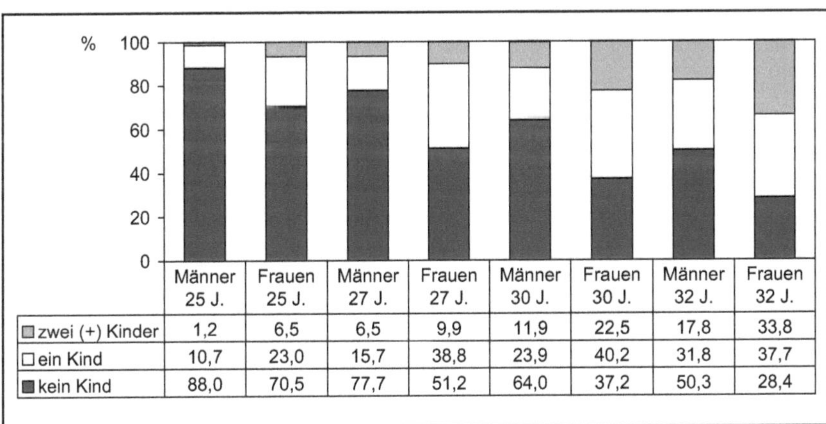

	Männer 25 J.	Frauen 25 J.	Männer 27 J.	Frauen 27 J.	Männer 30 J.	Frauen 30 J.	Männer 32 J.	Frauen 32 J.
zwei (+) Kinder	1,2	6,5	6,5	9,9	11,9	22,5	17,8	33,8
ein Kind	10,7	23,0	15,7	38,8	23,9	40,2	31,8	37,7
kein Kind	88,0	70,5	77,7	51,2	64,0	37,2	50,3	28,4

Auch in dieser Stichprobe spiegelt sich der allgemeine gesellschaftliche Trend wider: In der DDR bekamen die Frauen in der Regel relativ zeitig ihr erstes Kind (s. Einleitung). Dennoch war im Zeitraum von 1970 bis 1989 das Durchschnittsalter der Frauen bei der Geburt des ersten Kindes um 1 Jahr, beim 2. Kind um vier Monate angestiegen (Winkler, 1990; Dorbritz, 1998). Entsprechend diesen Veränderungen bekamen auch in der vorliegenden Stichprobe nur wenige mit Anfang 20 ein Kind. Mit 25 Jahren waren noch 88 % der Männer und 70,5 % der Frauen kinderlos. Der größte Teil der Frauen bekommt erst mit Ende Zwanzig ein Kind, die Männer zögern die Entscheidung für ein Kind noch weiter hinaus. Bei den Männern ist dementsprechend auch die Zahl derjenigen, die zwei oder gar mehr Kinder haben, eher gering. Bei den Frauen haben mit 32 Jahren immerhin 71,5 % ein oder mehrere Kinder. Es kann jedoch davon ausgegangen werden, dass die Zahlen noch ansteigen, da ja die Befragten ihre reproduktive Phase noch nicht abgeschlossen haben und der gesellschaftliche Trend, den Übergang zur (Erst-) Elternschaft in die Lebensphase zwischen dem 30. und 40. Lebensjahr zu verlegen, sich auch hier wieder findet.

Im Zusammenhang mit Arbeitslosigkeit zeigt sich, dass TeilnehmerInnen, die nicht arbeitslos waren, im Durchschnitt signifikant mehr Kinder haben (1,08), als Befragte, die ein- oder mehrmals arbeitslos waren (0,82) ($F = 3,84$; $p = .022$).

Bei der allgemeinen Frage, wann eine Frau spätestens ihr erstes Kind bekommen sollte, zeigen sich zwei grundsätzliche Tendenzen: 25 % geben an, mit 30 Jahren, 32 % mit 35 Jahren. 21 % sind der Meinung, dass eine Frau ihr erstes Kind bis zum 30. Lebensjahr bekommen haben sollte, 4 % geben ein Alter zwischen 30 und 35 Jahren und 18 % über 35 Jahre an. Interessanterweise geben die Frauen ein höheres Alter für die Ersteltemschaft als die Männer an: 23 % der Frauen sagen, dass eine Frau jenseits der 35 ihr erstes Kind bekommen sollte, im Gegensatz zu 15 % der Männer. Unterteilt man die Stichprobe in Eltern und Kinderlose, so zeigen sich signifikante Unterschiede zwischen den Gruppen: Diejenigen, die noch kein Kind haben, geben ein höheres Alter an, als die, die bereits ein oder mehrere Kinder haben (33,7 Jahre vs. 31,5 Jahre; Einfaktorielle ANOVA $F = 6,41$; $p < .001$). Mit zunehmender Kinderzahl sinkt das für die Frau angegebene Erstgraviditätsalter.

4.3.2 Entscheidung für oder gegen ein Kind bei bis dato Kinderlosen

Von denen, die zum Befragungszeitpunkt noch keine Kinder haben, geben 7,6 % an, keine Kinder bekommen zu wollen. 20,9 % sind ambivalent (»nein, ich kann noch nicht sagen, ob ich einmal Kinder haben möchte«), 69,2 % wollen einmal ein Kind haben und bei 2,3 % können die Befragten selbst bzw. deren Partner/Partnerin kein Kind bekommen.

Befragt nach dem Alter, wann sie ihr erstes Kind bekommen möchten, geben 53 % die Altersspanne zwischen 31 und 34 Jahren, 33 % 35 Jahre und 8 % die Altersspanne zwischen 36 und 40 Jahren an. Die restlichen 6 % gaben ein Alter zwischen 20 und 30 Jahren an, welches ja aber bereits überschritten ist und deshalb auch nicht eingehender interpretiert werden soll. Es kann somit davon ausgegangen werden, dass der Übergang zur Elternschaft zumindest für 53 % der Befragten ohne Kind ein relativ aktuelles Thema ist, und dass 41 % diese Entscheidung noch weiter aufschieben.

4.3.3 Ideale Kinderzahl und Elternschaft

Befragt man bis dato kinderlose Personen nach ihrer idealen Kinderzahl (»Wie viel Kinder möchten Sie einmal haben?«), so geben noch mehr an, idealerweise kein Kind haben zu wollen (13,1 %), 41,7 % geben ein Kind, 40 % zwei Kinder und 5,1 % drei oder vier Kinder als ideal an. Da 87 % eine ideale Kinderzahl zwischen eins und vier angeben, ist zu erwarten, dass zumindest ein Teil hiervon noch realisiert wird. Bei den Personen, die bereits Kinder haben, geben 31 % ein Kind als Ideal an, 53 % zwei Kinder und 9,6 % drei und mehr Kinder an.

Die folgende Abbildung 4.6 zeigt die ideale Kinderzahl unterschieden nach Eltern und Kinderlosen. Deutlich wird, dass Eltern signifikant häufiger zwei Kinder als Ideal angeben als Kinderlose, von denen wird eher ein Kind etwas häufiger als zwei Kinder als Ideal favorisiert.

Vergleicht man Eltern und kinderlose Befragte miteinander, so zeigt sich, dass sich beide Gruppen signifikant voneinander unterscheiden; Eltern geben eine höhere ideale Kinderzahl an (1,91 im Vergleich zu Kinderlosen mit 1,38). Das heißt also, dass sich die Erfahrung der Elternschaft positiv auf die ideale Kinderzahl auswirkt und weitere Kinder vorstellbar erscheinen bzw. gewünscht und evtl. auch realisiert werden.

Abb. 4.6: Ideale Kinderzahl bei denjenigen, die bis dato noch kein Kind haben und bei Eltern im Vergleich 2005

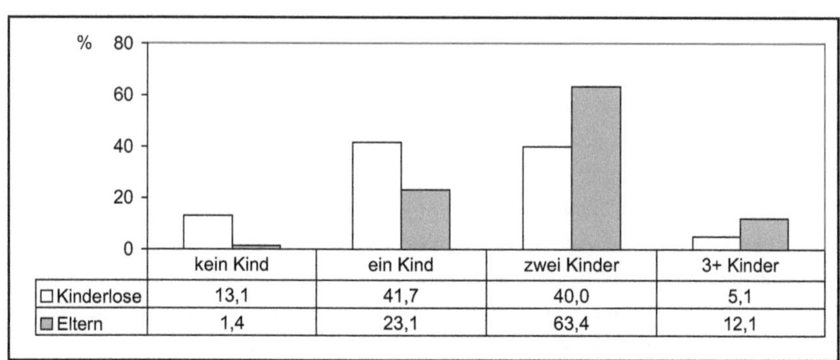

	kein Kind	ein Kind	zwei Kinder	3+ Kinder
□ Kinderlose	13,1	41,7	40,0	5,1
■ Eltern	1,4	23,1	63,4	12,1

Betrachtet man die Differenzen zwischen realisierter und gewünschter Kinderzahl, so zeigt sich bei den Eltern mit einem Kind, dass immerhin 55 % zwei Kinder als Ideal angeben und 3,4 % drei Kinder. 35,6 % haben ihr Ideal bereits verwirklicht (ein Kind), 2 Personen (1,4 %) geben an, idealerweise lieber kinderlos sein zu wollen und für 4,1 % fehlen die Angaben. Bei Eltern mit zwei Kindern stimmen bei 77,2 % Realität und Ideal überein, 20,2 % möchten noch mehr Kinder, für 2,5 % fehlen die Angaben.

4.3.4 Realisierte Kinderzahl und Arbeitslosigkeit

Ein weiterer Unterschied zeigt sich beim Vergleich von Befragten, die nie arbeitslos waren und jenen, die diese Erfahrung bereits machen mussten. Befragte, die nie arbeitslos waren, geben eine durchschnittliche Kinderzahl von 1,08, Befragte, die einmal arbeitslos waren 0,84 und Befragte, die mehrmals arbeitslos waren, 0,82 an. Die Differenzen sind signifikant (vgl. Abschnitt 4.3.1), was also belegt, dass sich Personen, die Erfahrungen mit Arbeitslosigkeit gemacht haben, nicht nur später für eine Familiengründung entscheiden, sondern auch die Elternschaft keine Alternative zur Berufstätigkeit darstellt. Welchen gravierenden Einfluss die Erfahrung der Arbeitslosigkeit auf die realisierte Kinderzahl hat, zeigt sich nochmals deutlicher, wenn man die Dauer der Arbeitslosigkeit kumuliert. Die Ergebnisse zeigen, dass mit zunehmender Dauer die realisierte Kinderzahl signifikant abnimmt ($Chi^2 = 8,29$; $p = .04$). Tabelle 4.4 zeigt die Werte für die einzelnen Gruppen.

Tab. 4.4: Zusammenhang zwischen realisierter Kinderzahl und Dauer der Arbeitslosigkeit (2005)

Dauer der Arbeitslosigkeit in Monaten	Realisierte Kinderzahl
0	1,10
1–4	0,89
5–11	0,85
12 und länger	0,77

Die Sicherheit des Arbeits- bzw. Ausbildungsplatzes wirkt sich nicht signifikant auf die realisierte Kinderzahl aus ($F = 0{,}93$; $p = .428$) (vgl. Tabelle 4.5).

Tab. 4.5: Sicherheit des Ausbildungs- bzw. Arbeitsplatzes und realisierte Kinderzahl (2005)

Sicherheit des Arbeitsplatzes	Durchschnittlich realisierte Kinderzahl	SD	N
Völlig sicher	0,82	0,86	28
Ziemlich sicher	0,94	0,89	247
Ziemlich unsicher	0,76	0,84	46
Völlig unsicher	1,17	1,03	12

4.3.5 Ideale und realisierte Kinderzahl

Generell zeigt sich jedoch auch, dass die ideale Kinderzahl höher ist als die realisierte. 30 % der Befragten haben ihre ideale Kinderzahl bis dato auch realisiert. Etwas mehr als die Hälfte (53 %) favorisiert zwei Kinder, 31 % ein Kind als ideal.

Eine signifikante Korrelation zwischen Wunsch und Realität ergibt sich allerdings erst ab dem 25. Lebensjahr, vorher ist die Zahl derjenigen mit Kind auch eher gering. Die Ergebnisse können aber auch ein Hinweis dafür sein, dass erst ab diesem Zeitpunkt eine konkrete Auseinandersetzung mit dem Kinderwunsch erfolgt, sind doch nun erste Grundsteine für den eigenen Weg gelegt (Berufsausbildung abgeschlossen/Beruf ergriffen, Partnerschaft etc.). Tabelle 4.6 zeigt Korrelationen und Signifikanzen in den einzelnen Wellen, in der 10. Welle wurden die Werte nicht erfragt.

Tab. 4.6: Zusammenhang zwischen idealer und realisierter Kinderzahl (1992 bis 2006)

Welle	Alter	X ideale Kinderzahl	X realisierte Kinderzahl (%)*	r	p
8	19,5	1,73	0,02 (1,8)	.16	.045
9	20,5	1,70	0,04 (3,8)	.07	.297
11	21,5	1,61	0,09 (8,6)	.07	.251
12	23,5	1,71	0,15 (12,9)	.05	.384
13	25,1	1,67	0,26 (21,5)	.17	.001
14	27,2	1,65	0,45 (36,5)	.27	<.001
16	29,0	1,63	0,57 (43,4)	.31	<.001
17	30,1	1,66	0,70 (50,5)	.38	<.001
18	21,1	1,68	0,82 (57,0)	.50	<.001
19	32,1	1,66	0,92 (61,4)	.51	<.001
20	33,2	1,69	0,99 (64,6)	.58	<.001

* in Klammern sind die Prozentwerte derjenigen angegeben, die zum Befragungszeitpunkt ein oder mehrere Kinder haben

Betrachtet man die Entwicklung der idealen Kinderzahl im Längsschnitt, so erweist sich diese als erstaunlich stabile Größe bezogen auf ein und zwei Kinder, die Zahl derjenigen, die ein Leben ohne Kinder als ideal angeben ist gesunken: von 9,9 % im Jahr 1995 (22,5 Jahre) auf 6,3 % im Jahr 2004 (31,1 Jahre). Im Gegensatz dazu ist die Zahl derjenigen, die drei und mehr Kinder als ideal angeben, leicht gestiegen: von 8,9 % im Jahr 1995 auf 9,6 % im Jahr 2004. Ca. ein Drittel gibt ein Kind als Ideal an (30,4 % im Jahr 1995, 31,3 % im Jahr 2004), etwas mehr als die Hälfte zwei Kinder (51 % im Jahr 1995, 53 % im Jahr 2004).

Unterteilt man die Stichprobe in jene, die studiert haben (26,8 %) und jene, die nicht studiert haben (65,9 %) – unberücksichtigt bleiben jene, die ein Studium begonnen, dieses aber (noch) nicht abgeschlossen haben (7,3 %) – zeigt sich ein signifikanter Zusammenhang hinsichtlich der idealen Kinderzahl ($F = 7{,}9$; $p = .024$), nicht jedoch hinsichtlich der realisierten ($F = 0{,}20$; $p = .553$). Befragte mit Studienabschluss geben im Vergleich zu den Befragten ohne Studium durchschnittlich eine höhere ideale Kinderzahl an (1,82 vs. 1,61). Interessant ist dieser Trend in der Entwicklung (vgl. hierzu Tabelle 4.7): Grundsätzlich ist der Kinderwunsch derjenigen, die studiert haben bzw. noch studieren über den gesamten Zeitraum hinweg tendenziell bzw. signifikant höher als der der Nichtstudierten. Dies zeigt sich insbesondere seit der 18. Welle bzw. mit 31 Jahren und somit in fast jedem Fall nach dem Studium, der Zuwachs beim Wunsch zwischen der 17. und 20. Welle von 1,75 auf 1,89 ist signifikant (p = .038).

Die Zahl der tatsächlich vorhandenen Kinder der Studierten ist bis zur 20. Welle tendenziell bzw. signifikant geringer als bei denjenigen, die nicht studiert haben, ab der 19. Welle wird allerdings die Differenz zwischen beiden Gruppen kleiner. Somit scheinen sich AkademikerInnen später für eine Elternschaft zu entscheiden. Dies bestätigt den diskutierten Trend, dass Akademiker und vor allem Akademikerinnen sich später für eine Familienbildung entscheiden, vor allem verstärkt ab dem 35. Lebensjahr (vgl. hierzu Stöbel-Richter & Brähler, 2006). Überprüft man die Ergebnisse der 20. Welle, lässt sich allerdings kein Unterschied zwischen Männern und Frauen mit Studienabschluss nachweisen, d. h. beide Geschlechter verschieben gleichermaßen den Übergang zur ersten Elternschaft. Die Entwicklung in der idealen und realen Kinderzahl zwischen studierten und nicht studierten TeilnehmerInnen zeigt Tabelle 4.7.

Tab. 4.7: Entwicklung der idealen und realisierten Kinderzahl bei studierten und nicht studierten TeilnehmerInnen (1992 bis 2006)

Welle	Alter	Ideale Kinderzahl			Realisierte Kinderzahl			
		Studiert	Nicht stud.	p	Studiert	Nicht stud.	p	Anteil an Stud./Ges.*
8	19,5	1,88	1,60	s	0,00	0,02	ns	27 %
9	20,5	1,85	1,63	ns	0,03	0,06	ns	24 %
11	21,5	1,63	1,58	ns	0,03	0,13	s	27 %
12	23,5	1,75	1,66	ns	0,08	0,18	s	20 %
13	25,1	1,73	1,57	ns	0,09	ß,31	s	16 %
14	27,2	1,78	1,60	ns	0,29	0,52	s	5 %
16	29,0	1,69	1,60	ns	0,41	0,68	s	4 %
17	30,1	1,75	1,61	ns	0,54	0,77	s	3 %
18	21,1	1,87	1,62	s	0,79	0,88	ns	2 %
19	32,1	1,83	1,61	s	0,91	0,97	ns	1 %
20	33,2	1,89	1,62	s	0,99	1,04	ns	1 %

* Anteil an aktuell (noch) Studierenden in der Gesamtstichprobe

4.3.6 Ideale Kinderzahl im Prozess

Vergleicht man Männer und Frauen getrennt voneinander, so wird deutlich, dass die ideale Kinderzahl der Männer stabiler ist als diejenige der Frauen und dass bei den Frauen ab 31 Jahren die ideale Kinderzahl ansteigt (vgl. Tabelle 4.8). Dieser Trend setzt sich in den folgenden Jahren fort, ob er als Alterseffekt interpretiert werden kann, ist jedoch noch abzuwarten. Schlüssig wäre es, da die Frauen nun in einem Alter sind, in welchem sie sich beruflich wahrscheinlich etabliert haben und auch die Entscheidung für ein (weiteres) Kind in diesem Altersabschnitt sicher häufig thematisiert wird.

Tab. 4.8: Ideale Kinderzahlen bei Männern und Frauen zwischen 1995 und 2006

	1995	1996	1998	2000	2002	2003	2004	2005	2006
Alter in Jahren	22	23	25	27	29	30	31	32	33
Männer	1,59	1,73	1,68	1,63	1,65	1,65	1,63	1,55*	1,57*
Frauen	1,61	1,67	1,65	1,65	1,60	1,66	1,71	1,76*	1,79*

* $p < .05$, Signifikanz zwischen Männern und Frauen

Interessant ist die große Übereinstimmung mit dem Partner/der Partnerin bezogen auf die Anzahl der gewünschten Kinder: 75 % stimmen hierin überein, 10 % geben an, sich mehr Kinder als der Partner/die Partnerin zu wünschen, 5 % weniger und bei 9 % ist dies kein Thema bzw. sie wissen es nicht.

4.3.7 Ideale Kinderzahl und Arbeitslosigkeit

Betrachtet man Einflussfaktoren auf die realisierte oder die ideale Kinderzahl, so spielt in den meisten Analysen das Thema Arbeitslosigkeit keine Rolle. Da unsere StudienteilnehmerInnen jedoch vielfach und sehr häufig hiervon betroffen waren bzw. noch sind, haben wir den Faktor mit in die Analysen eingeschlossen. Es zeigte sich, dass eine wirkliche Veränderung der idealen Kinderzahl nur bei denjenigen stattfindet, welche mehrmals arbeitslos wurden bzw. waren. Vor allem bei den Frauen, welche ja häufiger von Arbeitslosigkeit betroffen sind als Männer, ist die ideale Kinderzahl geringer als bei Frauen, die nicht arbeitslos waren. Im Jahr 2005 betrug von denjenigen Frauen, mehrmals arbeitslos gewesen, die ideale Kinderzahl

1,58, bei denen, die einmal arbeitslos waren 1,72 und bei denen, die nicht arbeitslos waren 1,99. Diese Unterschiede sind signifikant (Pearsons Chi^2-Test: $F = 4{,}97$; $p = .008$). Bei den Männern ist die ideale Kinderzahl geringer und auch hier zeigen sich deutliche Unterschiede hinsichtlich der Arbeitslosigkeit: Männer, die mehrmals arbeitslos waren, geben 1,31 als ideale Kinderzahl an, Männer, die einmal arbeitslos waren 1,55 und Männer, die diese Erfahrung nicht gemacht haben, 1,84. Auch diese Unterschiede sind signifikant (Pearsons Chi^2-Test: $F = 5{,}68$; $p = .004$).

Unterscheidet man in der Stichprobe nach der Dauer der Arbeitslosigkeit (vgl. Abbildung 4.7), so wird deutlich, dass diejenigen, welche bis dato noch nie arbeitslos waren, häufiger 3 und mehr Kinder als Ideal angeben. Im Gegensatz dazu geben Personen, die insgesamt 12 Monate und länger arbeitslos waren, häufiger »kein Kind« als Ideal an. Grundsätzlich unterscheiden sich die einzelnen Gruppen signifikant (Varianzanalyse: $F = 8{,}06$, $p < .001$; Pearsons Chi^2-Test: $F = 20{,}77$, $p < .001$). Personen, die noch nie arbeitslos waren, geben als durchschnittliche ideale Kinderzahl 1,93 an, diejenigen, welche kurzeitig (1 bis 4 Monate) arbeitslos waren 1,64, diejenigen, welche länger (5 bis 11 Monate) arbeitslos waren 1,58 und schließlich diejenigen, die 12 Monate und länger Arbeitslosigkeit erfahren mussten, 1,42 Kinder. Es zeigt sich also deutlich, dass die ideale Kinderzahl, welche allgemein als relativ stabil im Lebensverlauf betrachtet wird, durch Arbeitslosigkeit entscheidend beeinflusst wird.

Abb. 4.7: Zahl der gewünschten Kinder 2005, differenziert nach der bisherigen Gesamtdauer der Arbeitslosigkeit in Monaten

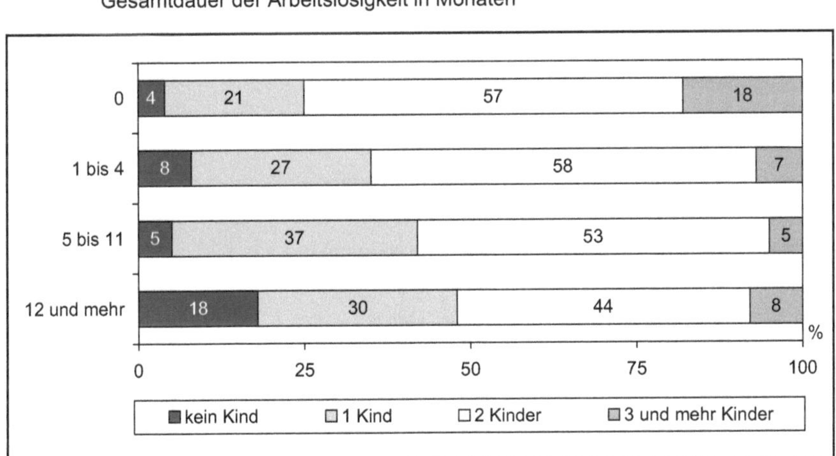

Aber auch die Sicherheit des Arbeits- bzw. Ausbildungsplatzes wirkt sich auf die ideale Kinderzahl aus: Panelmitglieder, die ihren Arbeits- bzw. Ausbildungsplatz als völlig bzw. ziemlich unsicher einschätzen, geben eine signifikant geringere ideale Kinderzahl an, als diejenigen, die ihren Arbeitsplatz als völlig sicher einschätzen ($F = 2,40$; $p = .05$) (vgl. Tabelle 4.9).

Tab. 4.9: Sicherheit des Ausbildungs- bzw. Arbeitsplatzes und ideale Kinderzahl (2005)

Sicherheit des Arbeitsplatzes	Durchschnittliche ideale Kinderzahl	SD	N
Völlig sicher	1,93	0,86	28
Ziemlich sicher	1,70	0,80	238
Ziemlich unsicher	1,43	0,85	47
Völlig unsicher	1,75	0,75	12

Im Gegensatz dazu zeigen sich keine signifikanten Unterschiede in der idealen Kinderzahl zwischen Männern und Frauen hinsichtlich der Sicherheit des Arbeits- bzw. Ausbildungsplatzes, d. h. die Unsicherheit wirkt sich auf die Entscheidung gegen ein Kind bei beiden Geschlechtern aus.

4.4 Sind Kinder planbar?

Trotz gesellschaftlicher Umbrüche und Geburtenrückgang ist Kinder groß ziehen nach wie vor ein sehr bedeutsames und über die Dauer der Zeit auch ein relativ stabiles Lebensziel, welches im Verlauf des Lebens an Bedeutung zunimmt. Dies ist auch aus Abbildung 4.8 (Abschnitt 4.5) ersichtlich.

Dennoch haben nur wenige der Befragten zurzeit einen aktuellen Kinderwunsch (»Wie stark wünschen Sie sich im Moment ein Kind?«): 18 % geben einen starken bzw. sehr starken Kinderwunsch an, 27 % sind ambivalent, 56 % wünschen sich derzeit kaum oder gar kein Kind. Dabei ist der Kinderwunsch bei bis dato kinderlosen Probanden signifikant höher (2,67) als bei Eltern (2,11; auf einer Skala von 1 = gar nicht bis 5 = sehr stark).

Befragt nach der Wichtigkeit der Vermeidung einer Schwangerschaft geben 37,9 % an, sehr wichtig, 25,4 % wichtig, 12,8 % teilweise wichtig und 23,8 % eher nicht bzw. überhaupt nicht wichtig. Auch wenn für Frauen bzw. Eltern die Vermeidung einer Schwangerschaft wichtiger ist, als für Männer bzw. Kinderlose, sind die Differenzen zwischen den Geschlechtern bzw. zwischen Eltern und Kinderlosen nicht signifikant.

Tab. 4.10: Wie wichtig ist für Sie zur Zeit die Vermeidung einer Schwangerschaft? (2004)

	Gesamt		Männer		Frauen		Eltern		Kinderlose	
	n	%	n	%	n	%	n	%	n	%
Sehr wichtig	154	37,9	61	31,8	93	43,5	92	43,7	47	30,3
Wichtig	103	25,4	55	28,6	48	22,4	56	27,2	35	23,4
Teilweise wichtig	52	12,8	25	13,0	27	12,6	21	10,5	24	15,4
Eher nicht wichtig	29	7,1	15	7,8	14	6,5	14	6,1	13	8,6
Überhaupt nicht wichtig	68	16,7	36	18,8	32	15,0	41	12,7	24	22,3

35 % der befragten Frauen – bzw. bei den Männern deren Partnerinnen – waren in den letzten zwei Jahren schwanger, bei 77 % war diese Schwangerschaft geplant, bei 79 % war diese vom Partner/der Partnerin (mit)geplant. Das zeigt aber auch, dass bei immerhin 23 % die Schwangerschaft ungeplant zustande kam.

Danach gefragt, ob man innerhalb der nächsten zwei Jahre plant, ein Kind zu bekommen, antworten 29 %, dass sie dies für sehr bzw. eher wahrscheinlich halten. Erstaunlicherweise scheinen sich Männer dieser Planbarkeit noch sicherer zu sein, als Frauen; immerhin 31 % von ihnen rechnen mit einer Schwangerschaft in den nächsten zwei Jahren (sehr bzw. eher wahrscheinlich), hingegen nur 27 % der Frauen.

Bei der Mehrzahl der TeilnehmerInnen ist die Entscheidung für ein (weiteres) Kind eine gemeinsame Entscheidung mit dem Partner/der Partnerin (87 %). 3 % treffen keine konkrete Entscheidung, sondern »lassen es drauf ankommen«, bei einem Prozent entscheidet die Frau allein (n = 5), bei 5 % gibt es unterschiedliche Vorstellungen hierzu und deshalb wurde bisher noch keine gemeinsame Entscheidung getroffen.

Bei etwas mehr als der Hälfte bestanden die jetzigen Vorstellungen zum »Kinder haben« bereits vor der aktuellen Partnerschaft (59 %), bei 41 % haben sich die

Vorstellungen hierzu erst mit der Partnerschaft herausgebildet. Männer geben häufiger an, dass ihre Vorstellungen hierzu bereits vor der Partnerschaft bestanden (60 %) als Frauen (57 %).

4.5 Was ist wichtig im Leben? Lebensziele im Vergleich

Im Laufe der Jahre (teilweise seit 1987) wurden auch verschiedene Lebensziele immer wieder erhoben: »In seinem Leben kann man sich verschiedene Ziele stellen, die man erreichen möchte. Wir haben einige zusammengestellt. Bitte geben Sie an, wie bedeutsam jedes einzelne für Ihr Leben ist.« (Antwortmodell: Das ist für mein Leben 1 = überhaupt nicht bedeutsam 2 3 4 5 = sehr bedeutsam). Die wichtigsten dieser Lebensziele aus der 19. Welle seien hier genannt; in den Klammern sind die Mittelwerte angegeben.

- Ein glückliches Ehe- und Familienleben führen (4,77).
- Eigene Kinder großziehen (4,41).
- Eine Arbeit haben, die mich erfüllt, in der ich aufgehen kann (4,40).
- Mich selbst verwirklichen (4,04).
- Für andere da sein, auch wenn ich selbst auf etwas verzichten muss (4,00).
- Viel Geld verdienen (3,66).
- Ein eigenes Haus besitzen (3,28).
- Das Leben genießen, man lebt nur einmal (3,26).
- Keine feste Bindung eingehen (1,59).

Unschwer zu erkennen ist, dass Partnerschaft und Kinder vorderste Rangplätze belegen. Gleichzeitig wird aber auch der Wert der Arbeit deutlich: Ohne Arbeit und damit ohne Zukunftsperspektive sind auch alle anderen Lebensziele in Frage gestellt. Die beiden folgenden Werte sind, für sich genommen, eigentlich widersprüchlich – zum einen der Wunsch, sich selbst zu verwirklichen, zum anderen der, für andere da zu sein. Gerade letzterer könnte doch eher auf eine Familienorientierung hinweisen, wohingegen ersterer sehr für Individualität steht. Dass aber diese erste Interpretation nicht in jedem Fall gilt, zeigen die Ergebnisse der Regressionsanalysen am Ende des Abschnitts.

Bei fünf der beschriebenen Lebensziele gibt es signifikante Unterschiede zwischen den Geschlechtern; erwartungsgemäß sind den Frauen die familienorientierten Ziele (glückliches Eheleben und eigene Kinder groß ziehen) wichtiger als den Männern. Diesen hingegen sind die schaffenden Ziele (eigenes Haus bauen) und die individuellen Ziele (mich selbst verwirklichen und keine feste Bindung eingehen) wichtiger (vgl. hierzu Abbildung 4.8).

Abb. 4.8: Lebensziele im Vergleich 2005 (invertierte Werte, Formulierungen s. o.)

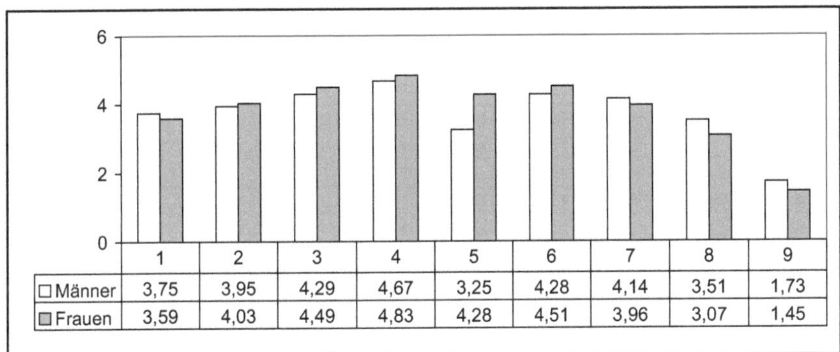

	1	2	3	4	5	6	7	8	9
□ Männer	3,75	3,95	4,29	4,67	3,25	4,28	4,14	3,51	1,73
■ Frauen	3,59	4,03	4,49	4,83	4,28	4,51	3,96	3,07	1,45

1 viel Geld verdienen – 2 für andere da sein – 3 Arbeit – 4 Ehe – 5 Leben genießen – 6 Kinder – 7 selbst verwirklichen – 8 Haus besitzen – 9 keine feste Bindung

Die folgende Abbildung 4.9 zeigt die Entwicklung der Lebensziele Partnerschaft (»Ein glückliches Ehe- und Familienleben führen«) und Kinder (»Eigene Kinder großziehen«) über die einzelnen Befragungszeitpunkte hinweg. Da die Arbeitslosigkeit in den neuen Bundesländern ein wichtiges Thema ist, wird das damit verbundene Lebensziel (»Eine Arbeit haben, die mich erfüllt, in der ich aufgehen kann«) als Bezugspunkt genommen.

Aus der Grafik wird ersichtlich, dass der Wert »eine Arbeit haben, die mich erfüllt, in der ich aufgehen kann« im Alter von 19 Jahren noch sehr große Wichtigkeit hat, mit den Jahren allerdings vom Wert »ein glückliches Ehe- und Familienleben führen« überholt wird; 1998 – zu einer Zeit, da bereits 35 % der Befragten ledig in einer Partnerschaft, 17,7 % in einer Lebensgemeinschaft leben und 19,6 % verheiratet sind; d. h., insgesamt also 72,8 % in einer partnerschaftlichen Gemeinschaft leben. Eigene Kinder großzuziehen hat zunächst nicht den gleichen Stellenwert, wird aber mit den Jahren wichtiger.

Abb. 4.9: Entwicklung der Lebensziele Arbeit, Partnerschaft und Kinder zwischen 1992 und 2005 (Mittelwerte)

überhaupt nicht bedeutsam 1, 2, 3, 4, 5 sehr bedeutsam

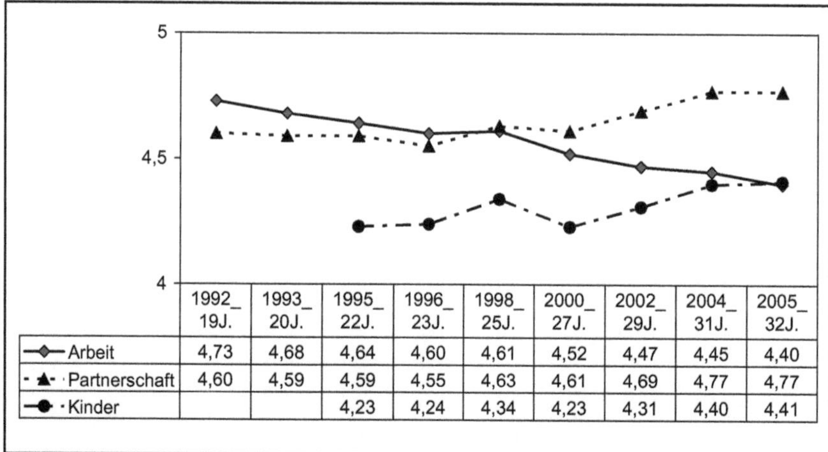

	1992_ 19J.	1993_ 20J.	1995_ 22J.	1996_ 23J.	1998_ 25J.	2000_ 27J.	2002_ 29J.	2004_ 31J.	2005_ 32J.
Arbeit	4,73	4,68	4,64	4,60	4,61	4,52	4,47	4,45	4,40
Partnerschaft	4,60	4,59	4,59	4,55	4,63	4,61	4,69	4,77	4,77
Kinder			4,23	4,24	4,34	4,23	4,31	4,40	4,41

Mittels t-Test für unabhängige Stichproben wurden Unterschiede zwischen den Geschlechtern überprüft. Dabei zeigt sich, dass alle drei Bereiche für die Frauen noch wichtiger sind, als für die Männer. Im Lebensverlauf finden Veränderungen statt; die größte Veränderung in der Bewertung der Wichtigkeit erfährt bei den Männern der Wert »ein glückliches Ehe- und Familienleben führen« (Differenz 0,65), bei den Frauen der Wert »eine Arbeit haben, die mich erfüllt« (Differenz: 0,39). Der Wert der »erfüllenden Arbeit« nimmt mit den Jahren leicht ab, hingegen »Kinder groß ziehen« und »ein glückliches Eheleben« wichtiger werden. Die folgende Tabelle 4.11 zeigt die Veränderungen der Lebensziele zwischen 1992 und 2005.

Für diejenigen, welche idealerweise keine Kinder möchten, ist auch das Lebensziel der glücklichen Partnerschaft weniger wichtig (3,95), als für jene, die Kinder haben möchten (4,85; $F = 84,74$, $p < .001$). Aber auch Eltern und bis dato Kinderlose unterscheiden sich signifikant bei der Bewertung dieses Lebensziels: Erwartungsgemäß ist Eltern dieses Lebensziel wichtiger (Eltern: 4,94; Kinderlose: 4,49; $F = 57,81$, $p(F) < .001$). Eine größere Wichtigkeit räumen Eltern auch dem Lebensziel »eigene Kinder großziehen« ein (Eltern: 4,88; Kinderlose: 3,67; $F = 175,63$, $p < .001$).

Tab. 4.11: Lebensziele »Glückliches Eheleben«, »Arbeit, die erfüllt« und »Kinder groß ziehen« (Mittelwerte und Signifikanzen)

	1992	1994	1996	1998	2000	2002	2003	2004	2005	Diff.	AM
Alter	19	21	23	25	27	29	30	31	32		
Glückliches Eheleben											
Männer	4,26	4,03	4,42	4,49	4,45	4,54	4,54	4,65	4,68	0,65	4,45
Frauen	4,72	4,70	4,67	4,75	4,75	4,81	4,86	4,87	4,84	0,20	4,77
p(F)	.000	.000	.003	.000	.000	.000	.000	.000	.006		
Arbeit, die erfüllt											
Männer	4,58	4,50	4,51	4,51	4,49	4,39	4,42	4,44	4,30	0,28	4,46
Frauen	4,85	4,70	4,68	4,69	4,64	4,54	4,48	4,46	4,50	0,39	4,61
p(F)	.001	.015	.006	.002	.396	.034	.377	.781	.003		
Kinder groß ziehen											
Männer	-	-	4,07	4,17	3,99	4,16	4,23	4,29	4,29	0,30	4,17
Frauen	-	-	4,39	4,47	4,44	4,45	4,52	4,50	4,52	0,13	4,47
p(F)	-	-	.006	.003	.000	.004	.002	.020	.034		

AM = Arithmetisches Mittel

Die Tatsache, ob jemand arbeitslos ist oder war, wirkt sich nicht auf die Bewertung der Wichtigkeit einer glücklichen Partnerschaft aus, allerdings bewerten diejenigen, die bereits arbeitslos waren oder es noch sind, das Lebensziel »eigene Kinder großziehen« weniger wichtig (4,30) als Personen, die noch nicht arbeitslos waren (4,63; F = 8,47, p = .003).

Das Lebensziel »mich selbst verwirklichen« steht mit der idealen Kinderzahl nicht in signifikantem Zusammenhang (F = 1,11; p = .342), aber mit der realisierten Kinderzahl, wenn man nur diejenigen betrachtet, die diesen Wert als sehr bedeutsam, bedeutsam und teilweise bedeutsam erachten (F = 5,12; p = .006). Dabei haben diejenigen, die diesen Wert als sehr bedeutsam betrachten (28 %), am ehesten kein Kind (47,2 % der Teilgruppe), maximal aber zwei Kinder (18,5 %).

Ein weiterer Zusammenhang zeigt sich zwischen dem Lebenswert »nach christlichen Werten leben« und der idealen Kinderzahl: Je bedeutsamer den Befragten dieses Lebensziel ist, desto höher ist die angegebene ideale Kinderzahl (F = 9,52; p < .001). Für 7,5 % der Befragten ist das Ziel sehr bedeutsam, sie geben eine ideale Kinderzahl von 2,29 an. Diejenigen, für die das Lebensziel kaum (16,9 %) bzw. überhaupt nicht bedeutsam (37,3 %) ist, geben eine ideale Kinderzahl von 1,49 bzw. 1,46 an.

In einer multiplen Regressionsanalyse wurde der Zusammenhang zwischen einzelnen Lebenszielen und verschiedenen Aspekten des Kinderwunsches analysiert. Es zeigten sich folgende Zusammenhänge: Die Lebensziele »eigene Kinder großziehen« und die »Zukunftszuversicht für die eigenen Kinder« haben einen geringfügigen Einfluss auf den aktuellen Kinderwunsch (Adj. $R^2 = .046$, $F = 10{,}89$, $p < .001$), andere Lebensziele haben keinen Einfluss.

Auf die tatsächliche Kinderzahl haben drei Lebensziele Einfluss: »eigene Kinder groß ziehen«, »mich selbst verwirklichen«, »verrückte, aufregende Erlebnisse haben«. Die aufgeklärte Varianz hierfür ist relativ hoch (Adj. $R^2 = .240$, $F = 44{,}15$, $p < .001$).

Auf die ideale Kinderzahl wirken sich die folgenden Lebensziele aus: »eigene Kinder groß ziehen«, »nach christlichen Werten leben« und die »Zukunftszuversicht für die eigenen Kinder«. Auch hier ist die aufgeklärte Varianz wieder sehr hoch (Adj. $R^2 = .276$, $F = 51{,}58$, $p < .001$). Erwartungsgemäß beeinflusst das Lebensziel »eigene Kinder groß ziehen« alle drei Kinderwunschaspekte, die anderen Aspekte sind voneinander verschieden. Besonders auffällig sind die beiden weiteren Aspekte bei der tatsächlichen Kinderzahl, scheint es doch gerade so, als wären auch Kinder ein Abenteuer, in welchem man sich selbst auch verwirklichen kann. Interessanterweise hat der Wert »Für andere da sein, auch wenn ich selbst auf etwas verzichten muss« keinerlei Einfluss auf die »Kinderwunsch-Komponenten«.

4.6 Wie blicken wir in die Zukunft?

4.6.1 Zukunftszuversicht

Seit 2002 fragten wir auch danach, wie zuversichtlich die TeilnehmerInnen der Studie die Zukunft für sich selbst, ihre Eltern und ihre (künftigen) Kinder sehen (vgl. Tabelle 2.1 im Kapitel 2 »Von der Enttäuschung vom Sozialismus ...«). Bei der Betrachtung der Ergebnisse fällt auf, dass die Studienteilnehmer bezüglich ihrer eigenen Zukunft relativ zuversichtlich sind: 72 % äußern sich insgesamt sehr zuversichtlich, die meisten allerdings mit Einschränkungen (61 %), hingegen für die Eltern und vor allem für die Kinder die Aussichten als nicht so positiv gesehen werden.

Als Erklärung hierfür können mehrere Aspekte in Betracht gezogen werden: Die eigene Zukunft kann man aktiv gestalten, insofern erscheint der Handlungsspielraum größer. 58 % der Panelmitglieder geben für 2004 an, dass Vater und/ oder Mutter arbeitslos waren bzw. sind. Führt man sich die wirtschaftliche Situation und die Chancen auf dem Arbeitsmarkt jenseits eines Alters von 45 Jahren, vor allem in den neuen Bundesländern, vor Augen, so scheint ein gewisser Zukunftspessimismus verständlich.

Bezüglich des Zukunftspessimismus für die eigenen Kinder kann sicher auch die allgemeine Situation, dass Zukunft maximal nur noch kurzfristig planbar erscheint, in Betracht gezogen werden. Fragen, wie die Gesellschaft in 10 oder 20 Jahren aussehen wird, wie die Gegebenheiten für Familien mit Kindern sein werden, sind mit großer Unsicherheit verbunden. Diese Ungewissheit wirkt sich natürlich nicht nur hinsichtlich der Zukunftszuversicht aus, sondern spiegelt sich auch in den bis dato vorgestellten Antworten zu Familie und Elternschaft.

Bei der Frage nach dem Zusammenhang zwischen Zukunftszuversicht und aktuellem Kinderwunsch zeigt sich, dass dieser mit der eigenen Zukunftszuversicht nicht zusammenhängt (Pearsons Chi²-Test $p = .130$), hingegen aber mit der für die eigenen Kinder (Pearsons Chi²-Test $p = .038$); je stärker der aktuelle Kinderwunsch, desto positiver wird auch die Zukunft für die eigenen Kinder gesehen.

4.6.2 Zukunftszuversicht und ideale/realisierte Kinderzahl

Die eigene Zukunftszuversicht steht mit der idealen Kinderzahl in keinem Zusammenhang, aber die Zukunftszuversicht bzgl. der eigenen Kinder (einfaktorielle ANOVA, $F = 7{,}34$, $p < .001$). Diejenigen, die die Zukunft für die eigenen Kinder zuversichtlicher sehen, geben eine signifikant höhere ideale Kinderzahl an (sehr zuversichtlich – ideale Kinderzahl: 2,06; zuversichtlich – ideale Kinderzahl: 1,94; überhaupt nicht zuversichtlich – ideale Kinderzahl: 1,30). Interessanterweise steht die realisierte Kinderzahl nicht im Zusammenhang mit der Zukunftszuversicht – weder mit der eigenen, noch mit der für die Kinder.

Der aktuelle Kinderwunsch hängt im Gegensatz zur idealen Kinderzahl stärker von der eigenen Zukunftszuversicht ab ($F = 3{,}13$; $p = .014$): Interessanterweise geben aber sowohl diejenigen, die ihre Zukunft sehr zuversichtlich sehen (2,79, auf einer Skala von 1 gar nicht bis 5 sehr stark) und diejenigen, die ihre Zukunft gar nicht zuversichtlich sehen (2,66) den stärksten Kinderwunsch an. Diejenigen, die ihre Zukunft nur teilweise zuversichtlich (2,11) bzw. kaum zuversichtlich (1,94) sehen, geben den geringsten aktuellen Kinderwunsch an.

4.6.3 Zukunftszuversicht und Arbeitslosigkeit

Es war zu erwarten, dass die Dauer der erlebten Arbeitslosigkeit auch Auswirkungen auf die Zukunftszuversicht für die eigenen Kinder hat, dieser Zusammenhang ist in der folgenden Abbildung 4.10 dargestellt:

Abb. 4.10: Ausprägung der Zukunftszuversicht für die eigenen Kinder 2005, differenziert nach der bisherigen Gesamtdauer der Arbeitslosigkeit in Monaten

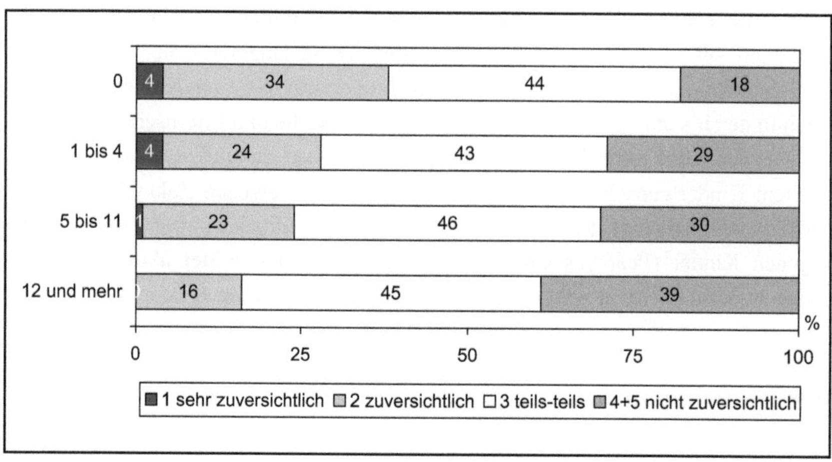

Bei der Berechnung mittels einfaktorieller ANOVA zeigen sich allerdings nicht Unterschiede zwischen denjenigen, die bis dato nicht arbeitslos waren und denjenigen, die diese Erfahrung gemacht haben, sondern hinsichtlich der kumulierten Dauer der Arbeitslosigkeit – mit zunehmender Dauer sinkt die Zukunftszuversicht für die eigenen Kinder ($F = 2,97$; $p = .019$). Das heißt, dass mit steigender Zeit in der Arbeitslosigkeit nicht nur die eigenen Chancen für ein finanziell geregeltes Leben geringer werden, sondern auch Kinder ganz beträchtlich betroffen sind, dies können Studien zur Kinderarmut in Deutschland eindrucksvoll belegen (Butterwegge & Klundt, 2002; vgl. hierzu auch Kapitel 3 »Arbeitslosigkeit und Arbeitsplatzunsicherheit«).

4.7 Sind Männer und Frauen gleichberechtigt?

4.7.1 Rollenvorstellungen

Die Gleichberechtigung der Frauen in der DDR war zunächst zwar »von oben verordnet«, hatte dennoch aber auf das Selbstverständnis der Frauen einen bleibenden Einfluss. Trotz »offizieller Verordnung« sicherte diese – vor allem berufliche – Gleichstellung zwischen den Geschlechtern den Frauen doch die berufliche Qualifikation, sowie die Vereinbarkeit von Beruf und Familie. Somit war die Form der verheirateten, ganztags berufstätigen Mutter die am häufigsten vertretene Lebensform. Obwohl in der Mehrzahl beide Ehepartner, meist mit einer Arbeitszeit von 43 ¾ Wochenstunden, berufstätig waren, waren Familien mit ein oder zwei Kindern das am häufigsten anzutreffende Lebensmodell.

Grundsätzlich wird kontrovers diskutiert, ob Frauen in der DDR »wirklich« gleichberechtigt waren. Die im politischen Konzept zur Frauenfrage fixierte Vorstellung von Gleichberechtigung stellte vor allem die Beteiligung der Frauen an der Erwerbsarbeit als zentrale Aufgabe. Frauen sollten auch »Männerarbeit« ausführen dürfen (z. B. Kranfahrerin). Von dieser Vorstellung blieben jedoch die geschlechtsspezifische gesellschaftliche und die private Arbeitsteilung als eine Machtfrage unberührt (Eifler, 1993). Die von der Regierung verabschiedeten gesetzlichen Grundlagen stellten zwar die Voraussetzung für eine Gleichberechtigung, in der Realität fehlte es jedoch an der praktischen Durchsetzung. Das traditionelle Rollenverhalten existierte nach wie vor, da veränderte Beschäftigungsverhältnisse nicht automatisch auch eine Veränderung diesbezüglich nach sich zogen (Hildebrandt, 1994). Die vielfältigen Frauenfördermaßnahmen erzielten demnach nicht in entsprechendem Maße die angestrebte gesellschaftliche Repräsentanz von Frauen, auch erledigte sich durch die Schaffung flächendeckender Kinderbetreuungseinrichtungen nicht automatisch das Vereinbarkeitsdilemma zwischen Mutterschaft und Berufstätigkeit. So erfolgte trotz formaler Gleichberechtigung die Arbeitsteilung zwischen Mann und Frau in der Partnerschaft nach wie vor überwiegend nach tradierten Mustern, da durch die offizielle Politik eine funktionale Aufgabenteilung nicht gefördert und damit die stärkere familiale Einbindung der Männer den Partnern selbst überlassen wurde. Demnach war es größtenteils Sache der Frau, Haushalt, Kindererziehung und Beruf miteinander zu vereinbaren.

Unsere TeilnehmerInnen sind mit diesem Rollenleitbild aufgewachsen, welches die meisten Frauen in eine Doppelrolle zwang, gleichzeitig aber die Berufstätigkeit der Frau, auch mit Kind/Kindern, als selbstverständlich setzte.

Wie wirkten sich diese Sozialisationserfahrungen auf das eigene Rollenleitbild aus? Wir hatten hierzu 10 Items vorgegeben, in welchen die eigenen Standpunkte wiedergegeben werden sollten (»Es folgen nun einige Standpunkte und Meinungen über Männer und Frauen. Bitte geben Sie bei jeder Aussage an, wie sehr Sie persönlich diese Aussage zutreffend finden.« Antwortmöglichkeiten 1 = trifft voll und ganz zu bis 5 = trifft überhaupt nicht zu). Die 10 Items laden auf zwei Skalen; Skala 1 enthält Aussagen, die einem traditionellen Rollenleitbild entsprechen, Skala 2 Aussagen, die einem egalitären Rollenleitbild entsprechen. Die Skalenbildung erfolgte mittels Faktorenanalyse (Hauptkomponentenanalyse mit Varimaxrotation), die interne Konsistenz/aufgeklärte Varianz Chronbachs Alpha betrug für Skala 1 $\alpha = .67$ und für Skala 2 $\alpha = .64$. Die Reliabilität beider Skalen kann damit als zufrieden stellend bewertet werden.

In der folgenden Tabelle 4.12 sind jeweils die Mittelwerte für die einzelnen Items für die Gesamtstichprobe, als auch für Männer und Frauen und nach in den alten und den neuen Bundesländern lebend getrennt dargestellt. Die Geschlechterunterschiede sowie die Ost-West- Unterschiede wurden mittels t-Test für unabhängige Stichproben überprüft (Tabelle 4.12).

Es zeigt sich zunächst sehr deutlich, dass bei allen ein vorwiegend egalitäres Rollenleitbild vorhanden ist; den Items dieser Skala wird zugestimmt, hingegen werden die Items der Skala 1, die ja ein traditionelles Rollenleitbild widerspiegeln, eher abgelehnt, bis auf die Aussage »Mütter sollten nicht ganztags arbeiten, solange ihr jüngstes Kind noch nicht zur Schule geht«.

Die signifikanten Unterschiede zwischen den Geschlechtern beziehen sich fast ausschließlich auf die Items der Skala 2, Frauen sind hier noch entschiedener für eine gleichberechtigte Aufgabenverteilung als Männer. Das zeigt sich auch im einzigen signifikanten Unterschied auf der ersten Skala – Frauen sind häufiger der Meinung als Männer, dass ein Mann seine Familie finanziell nicht allein versorgen muss. Dies kann einerseits als Bestätigung der oben beschriebenen Sozialisationsansätze interpretiert werden, muss aber andererseits auch vor dem Hintergrund der Arbeitslosigkeitserfahrungen gesehen werden: Da hiervon viele betroffen waren bzw. noch betroffen sind, stellt sich ganz einfach nicht der traditionelle Anspruch nach dem Mann als alleinigem Familienernährer.

Tab. 4.12: Mittelwerte für verschiedene Rollenstandpunkte sowie signifikante Unterschiede zwischen den Teilgruppen 2005

Antwortmodell 1 = trifft voll und ganz zu bis 5 = trifft überhaupt nicht zu

S	Item	G	m	w	m x w (p)	In NBL lebend	In ABL lebend	O x W (p)
2	Frauen sind im Beruf genauso gut wie Männer.	1,41	1,63	1,20	**.001**	1,45	1,28	**.022**
1	Die wichtigste Aufgabe im Leben einer Frau ist ihre Familie.	3,12	3,12	3,11	.881	3,05	3,34	**.012**
2	Männer und Frauen sollten im Beruf gleiche Chancen haben.	1,17	1,23	1,11	**.015**	1,19	1,10	.077
1	Eine Frau sollte nur dann arbeiten gehen, wenn das Geld für die Familie nicht ausreicht.	4,31	4,24	4,36	.197	4,27	4,37	.366
2	Die anfallende Hausarbeit sollte von Mann und Frau gemeinsam erledigt werden.	1,35	1,44	1,28	**.019**	1,40	1,24	**.025**
2	Wenn die Frau arbeitet, sollte der Mann im Haushalt helfen.	1,20	1,23	1,17	.307	1,23	1,12	.053
1	Ein Mann muss seine Familie finanziell alleine versorgen können.	4,00	3,76	4,20	**.001**	4,00	3,98	.870
2	Frauen sollten genauso viel Geld verdienen wie Männer.	1,44	1,57	1,33	**.005**	1,50	1,27	**.005**
1	Mütter sollten nicht ganztags arbeiten, solange ihr jüngstes Kind noch nicht zur Schule geht.	2,90	2,89	2,89	.986	2,84	3,04	.208
1	Es ist für eine Frau wichtiger, den Mann bei seiner Karriere zu unterstützen, als selbst Karriere zu machen.	4,33	4,32	4,33	.967	4,27	4,49	**.019**
	Gesamtwert Skala 1	3,73	3,67	3,78	.100	3,69	3,84	.059
	Gesamtwert Skala 2	1,31	1,42	1,22	**.001**	1,35	1,20	**.003**

S = Skalenzuordnung, G = Gesamt, m = männlich, w = weiblich, O = Ost, W = West

Skala 1: Traditionelles Rollenleitbild, Skala 2: Egalitäres Rollenleitbild

Auf der Ebene der Skalenmittelwerte werden jeweils die Unterschiede zwischen den Geschlechtern und jenen, die in den alten und neuen Bundesländern leben, für die Skala »egalitäres Rollenleitbild« signifikant. Frauen und jene Personen, die in den alten Bundesländern leben, befürworten noch stärker egalitäre Rollenleitbilder als Männer und Personen, die in den neuen Bundesländern leben. Bei dem Unterschied zwischen den in den alten und neuen Bundesländern Lebenden ergibt sich zwangsläufig die Frage, ob das starke Beharren bzw. Befürworten egalitärer Rollenleitbilder in Wechselwirkung mit der Umgebung zustande kommt. In einer Paarstudie aus dem Jahr 2003 (Stöbel-Richter et al., 2006) zeigte sich, dass westdeutsche Männer und Frauen stärker ein traditionelles Rollenleitbild befürworten als ostdeutsche.

Die folgende Tabelle 4.13 zeigt die Skalenmittelwerte für Männer und Frauen sowie für die in den alten und neuen Bundesländern Lebenden. Damit die Effekte besser lesbar sind, wurden die Werte invertiert, somit steht ein höherer Wert für stärkere Zustimmung. Zur Vergleichbarkeit sind außerdem die Werte der o. g. Paarstudie von 500 Paaren aus dem Jahr 2003 angegeben (vgl. Stöbel-Richter et al., 2006). Der Vergleich mit diesen Daten zeigt, dass unsere StudienteilnehmerInnen durchweg stärker ein egalitäres und weniger ein traditionelles Rollenleitbild angeben, als die Vergleichstichprobe.

Tab. 4.13: Skalenmittelwerte für Teilgruppen bzgl. Rollenleitbildern 2005

	Skala 1		Skala 2	
	SLS	Paare	SLS	Paare
Männer	2,34	3,22	4,58	3,87
Frauen	2,28	2,97	4,79	4,36
In ABL lebend	2,16	3,23	4,80	4,05
In NBL lebend	2,33	2,61	4,65	4,35

SLS = Sächsische Längsschnittstudie

Skala 1: Traditionelles Rollenleitbild, Skala 2: Egalitäres Rollenleitbild

In einer durchgeführten Multiplen Regressionsanalyse zeigte sich, dass die einzelnen Rollenvorstellungen kein Vorhersagekriterium für den aktuellen Kinderwunsch bzw. die ideale Kinderzahl bilden, da die errechneten Varianzaufklärungen lediglich Werte zwischen 1 und 3 % ergaben.

4.7.2 Gleichstellung der Geschlechter

Seit 1995 sollten verschiedene Lebensaspekte vor der Wende mit der jeweils aktuellen Situation verglichen werden. Die Instruktion hierzu lautete: »Jetzt zu Veränderungen seit der Wende: Vergleichen Sie bitte unter a) bis q) auf einigen Gebieten des Lebens die Situation damals in der DDR vor der Wende und heute in Ostdeutschland.« Antwortmodell:

Auf diesem Gebiet 1 war es vor der Wende besser – 2 ist es heute besser – 3 gibt es kaum einen Unterschied – 0 Das kann ich nicht beurteilen.

Einer dieser Aspekte ist die Frage nach der Gleichberechtigung der Frau. Die folgende Abbildung 4.11 zeigt die Entwicklung des Antwortverhaltens von 1995 bis 2004.

Abb. 4.11: Vergleich bzgl. der Gleichberechtigung der Frau vor der Wende und heute

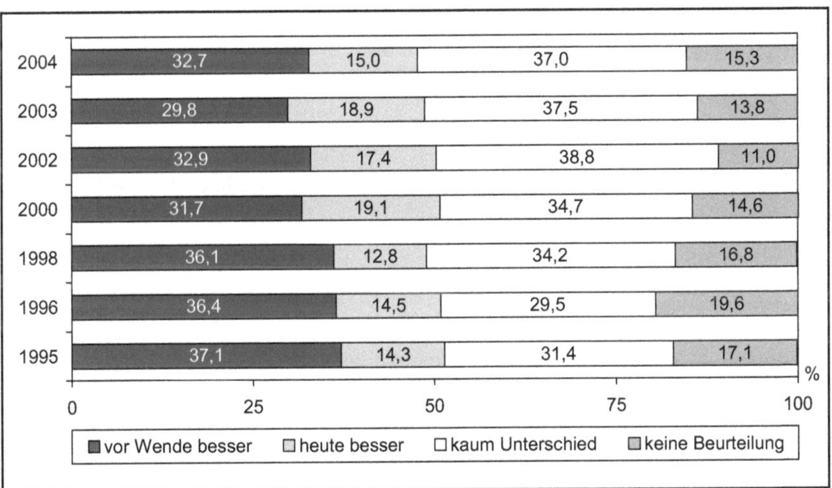

Nur sehr wenige meinen, dass die Gleichberechtigung der Frau zum jeweiligen Befragungszeitpunkt besser sei als vor der Wende, ca. ein Drittel meint, dass dies vor der Wende besser war, ein Drittel sieht kaum einen Unterschied. Bemerkenswert ist die relativ hohe Zahl derjenigen, die dies nicht beurteilen können, ergibt sich doch automatisch die Frage, welcher individuelle Bezugsrahmen bei der Beantwortung der Frage zugrunde gelegt wird und wie bis zur Wende (mit damals ca. 16 Jahren) die Gleichberechtigung der Frauen in der DDR empfunden wurde.

Für die Jahre 1995 und 1996 werden die Unterschiede zwischen den Geschlechtern signifikant, Frauen sind fast doppelt so häufig der Meinung, dass die Gleichberechtigung vor der Wende besser war, als Männer (Pearsons Chi^2-Test: 1995 $p = .002$; 1996 $p < .001$). Im weiteren Verlauf gleichen sich die Werte stärker an – sinken bei den Frauen und steigen bei den Männern. 2004 haben sich die beiden Gruppen fast angeglichen: 33,5 % der Männer und 32 % der Frauen sind der Meinung, dass es vor der Wende besser war.

Ebenfalls im Zeitverlauf wurde gefragt, ob Frauen den Beruf aufgeben sollten, wenn in der Familie Kinder zu betreuen sind. Hier hält sich mit relativer Konstanz eine negative Antworttendenz, wobei die Frauen dies noch stärker ablehnen als die Männer. Für die 18. Welle (2004) betrug der Mittelwert für die Frauen 4,47 und für die Männer 4,20 auf einer Skala von 1 = »Das entspricht vollkommen meiner Meinung« bis 5 = »Das entspricht überhaupt nicht meiner Meinung« (t-Test: $F = 0{,}97$; $p = .004$).

In der 18. Welle wurde neben diesen Fragen auch gefragt, ob Frauen dieselben Chancen haben wie Männer. Die tendenzielle Meinung war hier eine teilweise Zustimmung, wobei Frauen (3,55) die Aussage häufiger ablehnten als Männer (3,03). Auch dieser Unterschied ist signifikant ($F = 4{,}63$; $p < .001$).

Die Probanden wurden seit 1995 auch nach ihren Urteilen über die Betreuung der Kinder bzw. die Förderung der Familie befragt – Aspekte, bei denen die meisten Panelmitglieder mittlerweile Erfahrungen und Kompetenz durch die eigene Familiengründung gesammelt haben (vgl. Abbildung 2.27 im Kapitel »Von der Enttäuschung vom Sozialismus ...«). Generell zeigte sich im Trend, dass zum Teil mehr als drei Viertel der Befragten der Meinung sind, dass diese Aspekte vor der Wende besser waren. Dabei muss allerdings berücksichtigt werden, dass hier die eigenen Erfahrungen (z. B. in der selbst erlebten Freizeit- und Ferienbetreuung etc.) zugrunde gelegt werden. In Bezug auf die Förderung der Familie wird 2004 der bisher höchste Wert erreicht (82 %). Aufschlussreich ist auch der Trend zur Zufriedenheit mit der Familienpolitik, die für die Panelmitglieder inzwischen von hoher Relevanz ist (vgl. Kapitel 2 »Von der Enttäuschung vom Sozialismus der DDR ...«).

4.8 Zusammenfassung

In den bis 2005 vorliegenden Daten zu Familie, Elternschaft und familienbezogenen Werten zeigt sich ganz deutlich, dass Familie einen hohen Stellenwert bei den Befragten hat. 80 % der Befragten leben in einer Beziehung, wobei Frauen sich zeitiger binden als Männer. Dies kann auch daran liegen, dass Männer ihren Auszug aus dem Elternhaus länger hinauszögern.

Im Jahr 2005 haben zwei Drittel der Befragten Kinder, dabei überwiegt allerdings die Ein-Kind-Familie. Auch hier entscheiden sich die Männer später als die Frauen. Mehr Männer als Frauen sind kinderlos, was aber sicher auch als Ursache hat, dass Männer in der Regel mit durchschnittlich 3 Jahre jüngeren Frauen zusammenleben und damit das Thema Elternschaft für sie eine andere Priorität besitzen mag. 7 % unserer Stichprobe geben an, keine Kinder bekommen zu wollen, das ist weniger als im bundesdeutschen Durchschnitt, hier sind es immerhin in weiteren eigenen repräsentativen Untersuchungen 10 % (vgl. Stöbel-Richter & Brähler, 2006). Dennoch spiegeln sich auch bei unseren Befragten die allgemeinen demographischen Trends wider: Generell erfolgt bei vielen ein Aufschub der ersten Elternschaft und ein Teil der heutigen (potentiellen) Elterngeneration wird kinderlos bleiben, was ja in der DDR eher untypisch war. Einen großen Einfluss auf die Familienbildung und Elternschaft hat die Erfahrung der Arbeitslosigkeit. Unsere Ergebnisse belegen eindrucksvoll, dass diese einschneidende Erfahrung sich nachhaltig auswirkt und eine damit einhergehende persönliche Perspektivlosigkeit die ganze Lebensplanung beeinflusst.

Dennoch ist der Übergang zur Elternschaft kein vollkommen planbarer Lebensabschnitt, bei immerhin 23 % unserer TeilnehmerInnen kam eine Schwangerschaft ungeplant zustande und auch nur knapp ein Drittel »plant« ein Kind in den nächsten zwei Jahren. Mit der Wende traten plötzlich ganz andere Lebensziele in die Wahrnehmung und Priorität des Einzelnen. Nichts desto trotz haben der Wunsch nach einem glücklichen Ehe- und Familienleben, sowie nach dem Aufziehen von eigenen Kindern immer noch eine sehr hohe Priorität. Vielmehr zeigen unsere Ergebnisse, dass diese Lebensziele im Lebensverlauf zunehmen.

Trotz Arbeitslosigkeit sehen die meisten der Studienteilnehmer optimistisch in die eigene Zukunft, allerdings mit steigender Tendenz weniger optimistisch in die Zukunft der eigenen Kinder. Diese wirkt sich denn auch auf die ideale Kinderzahl aus.

Die Studienteilnehmer zeigen sich in ihren Rollenvorstellungen vorwiegend egalitär eingestellt, das heißt, Männer und Frauen werden als gleichberechtigt wahrgenommen. Dies kann sicher zu großen Teilen auf die Sozialisation in der DDR zurückgeführt werden. Weiterführend könnte hier eine Analyse der persönlichen, konkreten Arbeitsteilungen genaueren Aufschluss darüber geben, wie sich die angegebenen Rollenleitbilder konkret im Alltag auswirken.

5. Go West! Migration in die alten Länder, ihre Ursachen und Folgen

Hendrik Berth, Peter Förster, Elmar Brähler & Yve Stöbel-Richter

5.1 Einführung

Düstere Szenarien werden von Soziologen, Demoskopen und Bevölkerungswissenschaftlern im Hinblick auf die zukünftige Entwicklung der neuen Bundesländer prognostiziert. Von »Entvölkerung« ist die Rede und von »vergreisten Regionen«. Diese Aussagen beruhen auf recht harten Fakten. Seit der Wiedervereinigung haben viele Menschen ihre Heimat verlassen, zumeist in Richtung alte Bundesländer (für einen umfassenden Überblick vgl. Dienel, 2005). Die Statistiken gehen von über einer Million Menschen aus, die seit 1990 Ostdeutschland verlassen haben. Große Unterschiede gibt es zwischen den Geschlechtern. Mai (2004) gibt an, dass zwischen 1991 und 2002 rund 243.000 Männer und mit über 447.000 fast doppelt so viele Frauen migrierten. Dieser Unterschied ist in der jüngeren Altersgruppe von 18 bis 25 Jahren noch dramatischer (95.600 Männer gegenüber 191.600 Frauen). Weiterhin lässt sich zeigen, dass es vor allem die höher gebildeten Personen sind, die ihre Heimat verlassen (Kempe, 1999).

Nicht vergessen werden darf, dass deutsch-deutsch Wanderungsbewegungen auch bereits vor dem Fall der Mauer in den allermeisten Fällen von Ost nach West erfolgten. Von 1950 bis 1990 wuchs die westdeutsche Bevölkerung, auch durch Zuzug aus der DDR und von Gastarbeitern, um 26,6 %, während die ostdeutsche um 12,5 % schrumpfte (Hoscislawski, 2004). Seit einigen Jahren ist jedoch für die gesamte Bundesrepublik ein Rückgang der Bevölkerung zu verzeichnen, der in den nächsten Jahrzehnten weiter anhalten wird (Birg, 2001). In der »Bevölkerungspyramide« gibt es deutliche Verschiebungen, immer mehr ältere Menschen stehen immer weniger jüngeren Menschen gegenüber.

Die Abwanderung aus den neuen Ländern wird noch verschärft durch den Geburtenrückgang nach der deutschen Wiedervereinigung in einem bisher nie gekannten Ausmaß. Betrug die Geburtenrate in Ostdeutschland 1990 noch 1,5 Kinder pro Frau, so war sie zwischen 1992 und 1994 auf 0,8 gesunken. Im Jahr 2000 betrug die Geburtenziffer in den alten Ländern 1,4 und in den neuen Ländern 1,2 (Konietzka & Kreyenfeld, 2004).

Ebenfalls berücksichtigt werden muss die Binnenwanderung innerhalb Ostdeutschlands. Größere Städte und insbesondere ihr Umland konnten zum Teil eine Zunahme der Bevölkerung verzeichnen, während Mittelstädte, wie etwa Hoyerswerda, Bevölkerungsrückgänge von bis zu 30 % zu verzeichnen hatten. Von den Wanderungsbewegungen von West- nach Ostdeutschland konnten ebenfalls fast ausnahmslos großstädtische Wirtschafts-, Politik- und Kulturzentren wie Leipzig und Dresden profitieren, deren Bevölkerungszahlen in den letzten Jahren zumindest stabil geblieben sind.

Eine Vielzahl von Studien hat sich ausführlich mit den Hintergründen, Ursachen und Folgen der deutsch-deutschen Migration beschäftigt (vgl. z. B. Böltken, 1991, 1994; Büschel & Schwarze, 1994; Gericke, 1999; Raffelhüschen, 1992 oder Schwarzer & Hahn, 1995). Die Hauptursachen für die Wanderungsbewegungen sind recht eindeutig die besseren Arbeitsbedingungen, mehr Arbeits- und Ausbildungsplätze im Westteil Deutschlands. Weitere Migrationsgründe können etwa der Nachzug von Partnern/Familie sein. Belegt wurde zumeist auch, dass der Umzug von Ost nach West kaum mit psychosozialen Problemen einhergeht, während die Wanderung von West nach Ost insbesondere bei Männern zu psychischen Beeinträchtigungen führen kann (Grulke et al., 2004).

5.2 Häufigkeit und Ursachen von Migration in der Sächsischen Längsschnittstudie

Abbildung 5.1 zeigt die Anteile der Befragten unserer Studie, die zum jeweiligen Befragungszeitpunkt ihren Wohnsitz in den alten Ländern hatten. Zu berücksichtigen ist bei dieser und den folgenden Abbildungen/Tabellen, dass die Größe der Stichproben zu den einzelnen Erhebungszeitpunkten variierte, so dass kleinere Abweichungen aus den leicht unterschiedlichen Stichprobenzusammensetzungen resultieren können.

Abb. 5.1: Prozentuale Anteile der Befragten, die zum Befragungszeitpunkt in den alten Ländern lebten nach Geschlecht 1995 bis 2005

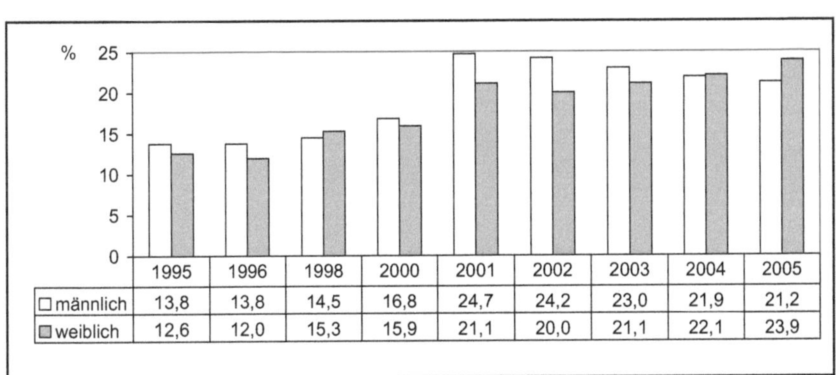

	1995	1996	1998	2000	2001	2002	2003	2004	2005
□ männlich	13,8	13,8	14,5	16,8	24,7	24,2	23,0	21,9	21,2
■ weiblich	12,6	12,0	15,3	15,9	21,1	20,0	21,1	22,1	23,9

Während 1995, die Befragten waren etwa 22 Jahre alt, um die 13 % der Befragten nach Westdeutschland gezogen waren, hat sich dieser Anteil bis zum Jahr 2005 (Befragte etwa 32 Jahre alt) auf über 21 % erhöht. Bis auf die beiden Erhebungswellen 2004 und 2005 sind es dabei – in Abweichung zu den allgemeinen Zahlen über die deutsche Ost-West-Migration – stets etwas mehr Männer als Frauen, die nicht mehr im Osten Deutschlands leben. Zu beachten ist hierbei, dass während der Erhebungswellen Personen mehrfach von Ost nach West und wieder zurückgezogen sind (sein können), was sich in der Frage nach dem aktuellen Wohnort nicht abbilden lässt.

Gefragt wurde seit 1990 (4. Welle), ob die Absicht besteht, in die alten Länder bzw. ins Ausland umzuziehen (Fragewortlaut: »Wenn Sie im Osten Deutschlands leben, werden Sie im Osten bleiben?«, Abbildung 5.2).

Abbildung 5.2 zeigt, dass kurz nach der Wiedervereinigung 1991/92 das Interesse an einem Umzug von Ost nach West am größten war. Die TeilnehmerInnen waren zu diesem Zeitpunkt etwa 18 bis 20 Jahre alt, viele hatten eine Lehre abgeschlossen bzw. ihr Abitur absolviert. Es liegt daher nahe, diesen ausgeprägten Migrationswillen mit dem Wunsch nach einer Arbeitsstelle/einem Studienplatz im Westen zu erklären. Aus der vorherigen Abbildung 5.1 geht hervor, dass bis 1996 bereits eine Reihe von TeilnehmerInnen tatsächlich umgezogen war, weshalb ab diesem Erhebungszeitpunkt der Anteil derer, die den Osten verlassen wollten, relativ konstant bei um die 4 bis 5 % liegt. Mit Ausnahme in den Jahren 1991,

1996 und 2005 sind wiederum die männlichen Befragten unserer Studie die Migrationswilligeren.

Abb. 5.2: Prozentuale Anteile der Befragten, die erwägen wahrscheinlich/auf jeden Fall, in die alten Länder/ins Ausland umzuziehen nach Geschlecht 1990 bis 2005

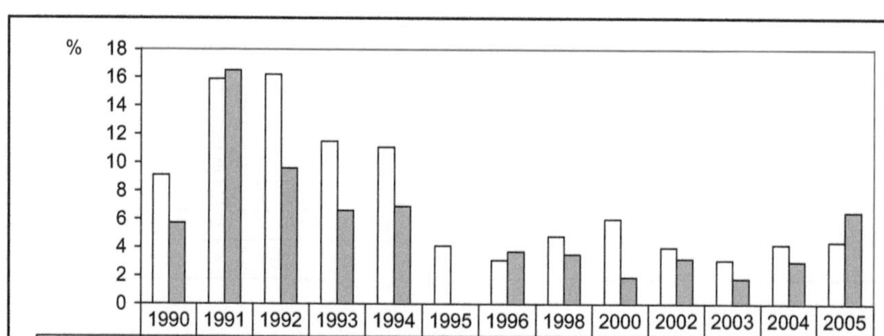

	1990	1991	1992	1993	1994	1995	1996	1998	2000	2002	2003	2004	2005
□ männlich	9,1	15,9	16,2	11,5	11,1	4,1	3,1	4,8	6,0	4,0	3,1	4,2	4,4
■ weiblich	5,7	16,5	9,6	6,6	6,9	0,0	3,7	3,5	1,9	3,2	1,8	3,0	6,5

1991 haben 15,9 % der männlichen und 16,5 % der weiblichen Befragten angegeben, wahrscheinlich bzw. in jedem Fall in die alten Länder umziehen zu wollen, dies entspricht 16,3 % der Gesamtgruppe (N = 35). 1996 lebten von diesen Befragten 29,6 % tatsächlich in den alten Ländern, 2000 waren es 21,4 % und 2005 fast ein Viertel (24,1 %). D. h. ungefähr ein Viertel derer, die 1991 beabsichtigten in den Westteil zu ziehen, haben dies tatsächlich auch getan. Von den Personen, die 1991 nicht in die alten Länder umziehen wollten, lebten 9,9 % im Jahr 1996, 14,4 % im Jahr 2000 und 19,6 % im Jahr 2005 nicht mehr in den neuen Ländern.

Die Migrationsabsichten 1991 waren zu einem guten Teil durch eher materielle Motive bedingt, wie die nachfolgende Abbildung 5.3 zeigt.

Die eher materiell orientierten Lebensziele »Besitz erwerben«, »viel Geld verdienen« usw. (vgl. Abbildung 5.3) waren bei den Personen mit Migrationsabsichten deutlich höher ausgeprägt, als bei den Befragten ohne erklärte Migrationsabsicht (t-Tests, $p < .05$). In den weiteren 1991 erfragten Lebenszielen (z. B. schöpferisch sein, gesund und leistungsfähig sein, am politischen Leben teilnehmen, für andere da sein) gab es keine signifikanten Unterschiede zwischen den Gruppen. Ebenfalls keine Unterschiede gab es im Bedrohungserleben durch verschiedene Faktoren wie Arbeitslosigkeit, Kriminalität oder die Zuwanderung von Ausländern. Die Migrationsabsichten 1991 stehen auch nicht in Zusammenhang mit der tatsächlichen Arbeitslosigkeit in den Jahren 1996 und 2005 und auch nicht mit der Lebenszufriedenheit in späteren Jahren.

Abb. 5.3: Lebensziele und Migrationsabsichten 1991 (Prozentualer Anteil derer, denen die aufgeführten Lebensziele sehr bedeutsam waren, alle $p < .05$)

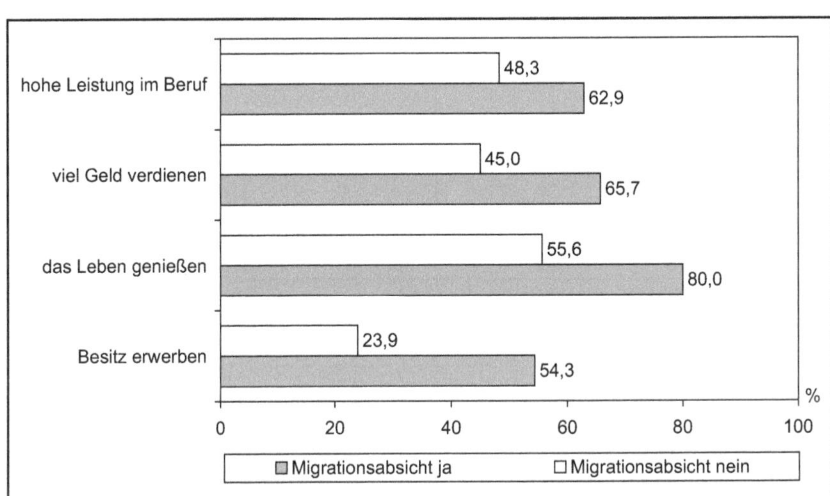

An den Daten der 19. Welle 2005 wurde geprüft, ob es heutzutage Unterschiede in den Lebenszielen in Abhängigkeit vom Wohnort gibt. Dies ist für alle erfassten materiellen Lebensziele (z. B. ein eigenes Haus besitzen, in die obere Schicht aufsteigen, zu den Reichen gehören) und auch für die ideellen Lebensziele (z. B. nach christlichen Werten leben, mich selbst verwirklichen, für andere da sein) nicht der Fall. Einzige Ausnahme war das Lebensziel »irgendeinen Job zu haben, Hauptsache ich kann davon leben«. Dieses ist für die im Osten lebenden Befragten wesentlich bedeutsamer.

In ersten Untersuchungen zum Migrationsverhalten der TeilnehmerInnen der Sächsischen Längsschnittstudie (Förster, 2002; Berth et al., 2004) konnte gezeigt werden, dass als Hauptgründe für die Migration in die alten Länder die Situation auf dem Arbeitsmarkt der neuen Ländern (76 %), die Verdienstmöglichkeiten (47 %) und die besseren Arbeitsbedingungen in den alten Ländern (45 %) genannt wurden.

Abbildung 5.4 zeigt in Abhängigkeit von den gemachten Arbeitslosigkeitserfahrungen die Migrationsabsichten der TeilnehmerInnen in vier Wellen.

Abb. 5.4: Prozentuale Anteile derer, die wahrscheinlich/sicher übersiedeln wollen in Abhängigkeit von den Arbeitslosigkeitserfahrungen (mehrmals vs. nie arbeitslos) 1996 bis 2005

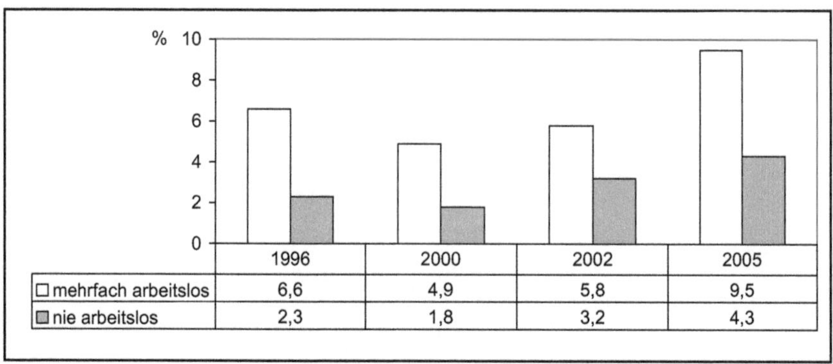

	1996	2000	2002	2005
mehrfach arbeitslos	6,6	4,9	5,8	9,5
nie arbeitslos	2,3	1,8	3,2	4,3

Die Abbildung 5.4 illustriert, dass zu den vier dargestellten Erhebungswellen stets ein deutlich größerer Teil derer, die mehrfach Arbeitslosigkeitserfahrungen machen mussten, die Absicht äußern, Ostdeutschland zu verlassen, als es die Personen tun, die bislang niemals arbeitslos waren. Die schwierige Arbeitsmarktsituation in Ostdeutschland, hier operationalisiert durch bislang tatsächlich erfahrene Arbeitslosigkeit, stellt somit einen der wichtigsten Gründe für Migrationsabsichten dar.

5.3 Unterschiede und Gemeinsamkeiten in kollektiven Identitäten

Eine spannende Fragestellung ist, ob der Umzug eines erheblichen Teiles der Panelmitglieder in die alten Länder mit Wandlungen in ihren kollektiven Identitäten einhergegangen ist. Vergleichen wir dazu zunächst die Ausprägungen der verschiedenen, in der Studie fast durchgehend erfassten, Zugehörigkeitsgefühle:

Abb. 5.5: Vergleich der einschränkungslosen Ausprägung verschiedener kollektiver Identitäten im Jahr 2005 (nur Position 1), differenziert nach der Wohnregion

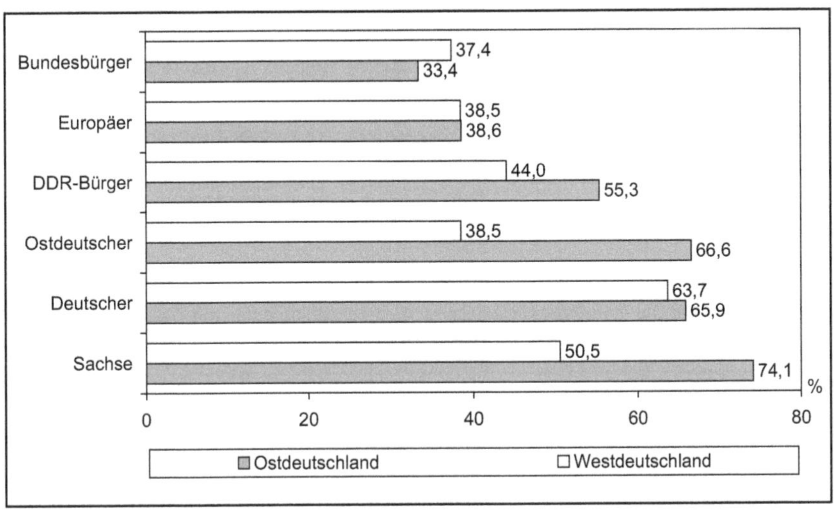

Fragetext: »Als was fühlen Sie sich?« Als Sachse ... Bundesbürger

1 ja, vollkommen – 2 ja, etwas schon – 3 nein, eigentlich nicht – 4 nein, absolut nicht

Ins Auge fallen insbesondere die beträchtlichen Unterschiede im Hinblick auf die Identifikation mit dem gemeinsamen Herkunftsland Sachsen.

Abb. 5.6: Anteile der Panelmitglieder, die sich einschränkungslos mit dem Land Sachsen identifizieren, im Trend und nach Wohnregion differenziert (nur Position 1)

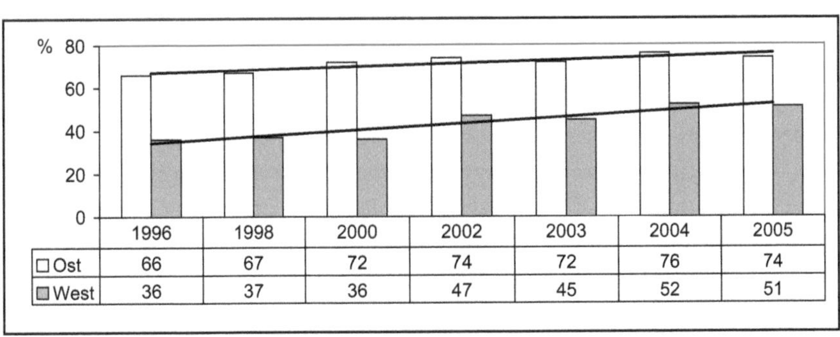

	1996	1998	2000	2002	2003	2004	2005
Ost	66	67	72	74	72	76	74
West	36	37	36	47	45	52	51

Fragetext: »Fühlen Sie sich als Sachse/Sächsin?«

1 ja, vollkommen – 2 ja, etwas schon – 3 nein, eigentlich nicht – 4 nein, absolut nicht

Interessant ist, dass der in der Gesamtgruppe und in der Teilgruppe derer, die im Osten leben, erkennbare signifikante Positivtrend auch für jene gilt, die in den Westen oder ins Ausland abgewandert sind, wenn auch auf einem signifikant niedrigeren Niveau. Fühlten sich 1996 von diesen nur 36 % einschränkungslos mit Sachsen verbunden (AP 1 + 2: 72 %), so stieg diese Quote 2005 in erheblichem Maße auf 51 % an (AP 1 + 2: 80 %). Das spricht dafür, dass dieses »Heimatgefühl« nach einer Abwanderung zwar zunächst abgenommen hat, danach jedoch eine Umkehr dieses Trends stattgefunden hat. Ähnlich groß ist der Unterschied in Bezug auf die Identifikation mit Ostdeutschland.

Abb. 5.7: Anteile der Panelmitglieder, die sich einschränkungslos mit Ostdeutschland identifizieren, im Trend und nach Wohnregion differenziert (nur Position 1)

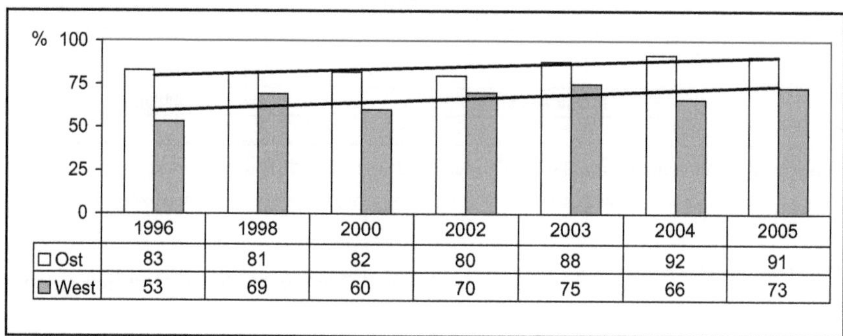

Fragetext: »Fühlen Sie sich als Ostdeutsche(r)?«

1 ja, vollkommen – 2 ja, etwas schon – 3 nein, eigentlich nicht – 4 nein, absolut nicht

Auch das Solidargefühl der Verbundenheit mit Ostdeutschland hat im Untersuchungszeitraum seit 1996 nicht ab-, sondern deutlich zugenommen, und zwar bei beiden Populationen, wenn auch auf einem signifikant unterschiedlichem Niveau. Von besonderem Interesse ist, ob bzw. inwieweit Unterschiede im Hinblick auf die Identifikation mit der DDR bzw. mit der Bundesrepublik bestehen (Tabelle 5.1).

2005 fühlen sich mit 81 % der in Westdeutschland Lebenden zwar tendenziell weniger als Bürger der ehemaligen DDR als die 90 % der in Ostdeutschland Lebenden, die Differenzen sind jedoch nicht groß und nicht signifikant. Vor allem die einschränkungslose Verbundenheit ist im Osten etwas häufiger anzutreffen als im Westen. Wir schließen den Trend an (Abbildung 5.8).

Tab. 5.1: »Fühlen Sie sich als Bürger (in) der ehemaligen DDR?« (2005)

1 ja, vollkommen – 2 ja, etwas schon – 3 nein, eigentlich nicht – 4 nein, absolut nicht

	1	2	(1+2)	3	4	n	X
Gesamtgruppe aller Panelmitglieder	53	35	(88)	8	4	384	1,63
Teilgruppe derer, die im Osten/leben	55	35	(90)	7	3	293	1,57
Teilgruppe derer, die im Westen leben*	44	37	(81)	12	7	91	1,81
Differenziert nach Zeit seit Umzug (2004)**							
1 bis 5 Jahre	43	39	(82)	14	4	28	1,79
6 bis 10 Jahre	62	27	(89)	6	5	37	1,54
11 bis 15 Jahre	37	40	(77)	16	7	30	1,93

* p ≥ .05, ** p ≤ .05

Abb. 5.8: Ausprägung der einschränkungslosen Identifikation mit der DDR im Trend 1996 bis 2005, differenziert nach der Wohnregion

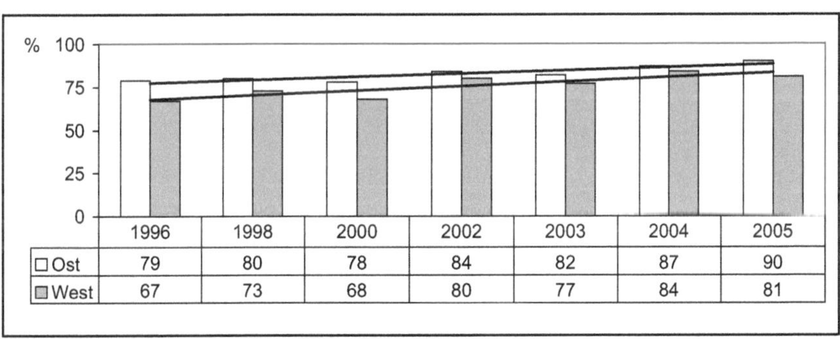

Fragetext: »Fühlen Sie sich als Bürger (in) der ehemaligen DDR?«
1 ja, vollkommen – 2 ja, etwas schon – 3 nein, eigentlich nicht – 4 nein, absolut nicht

Betrachten wir die beiden Teilpopulationen im Trend, dann sind (mit Ausnahme der Daten von 1996 und 2005) keine signifikanten Unterschiede zu entdecken. Sowohl die Panelmitglieder im Osten als auch die im Westen fühlen sich noch mehr oder weniger stark als DDR-Bürger, und zwar mit einer signifikant zunehmenden Tendenz. Hier ist zu betonen, dass es sich um die Identifikation mit einem bereits vor mehr als anderthalb Jahrzehnten untergegangenen Land handelt, dessen nachhaltige »Spuren« selbst unter anderen, vielfach günstigeren regionalen Bedingungen nicht aus den Köpfen der jungen Leute verschwunden, sondern sogar stärker geworden sind. Ein eindeutiger Zusammenhang mit der 2004 ermittelten Zeit seit dem Umzug in den Westteil (2005 war diese Frage nicht gestellt worden) besteht nicht. Auch von denen, die 2004 bereits vor 11 oder mehr Jahren in den Westen übergesiedelt waren, fühlen sich 77 % mehr oder weniger stark noch als DDR-Bürger.

In Bezug auf die staatsbürgerliche Identifikation mit der Bundesrepublik unterscheiden sich die beiden Teilgruppen bis auf das Jahr 2000 ebenfalls nicht. Hier zunächst die Daten für 2005 bzw. 2004 (Zeit seit Umzug):

Tab. 5.2: »Fühlen Sie sich als Bürger (in) der Bundesrepublik Deutschland?« (2005)

1 ja, vollkommen – 2 ja, etwas schon – 3 nein, eigentlich nicht – 4 nein, absolut nicht

	1	2	(1+2)	3	4	n	X
Gesamtgruppe aller Panelmitglieder	34	49	(83)	14	3	384	1,85
Teilgruppe derer, die im Osten/leben	33	48	(81)	16	3	293	1,88
Teilgruppe derer, die im Westen leben*	37	53	(90)	7	3	91	1,76
Differenziert nach Zeit seit Umzug (2004)**							
1 bis 5 Jahre	32	54	(86)	11	3	28	1,86
6 bis 10 Jahre	43	41	(84)	16	0	37	1,73
11 bis 15 Jahre	70	23	(93)	7	0	30	1,37

* $p \geq .05$, ** $p \leq .05$

Die in den alten Ländern Lebenden fühlen sich 2005 nicht häufiger als Bundesbürger. Die Differenzierung nach der Zeit seit dem Umzug lässt allerdings erkennen, dass eine Beziehung besteht: Je länger die Panelmitglieder im Westteil leben, desto größer ist insbesondere die einschränkungslose Identifikation mit der Bundesrepublik geworden. Wir schließen wieder den Trend an:

Abb. 5.9: Ausprägung der einschränkungslosen Identifikation mit der Bundesrepublik im Trend 1996 bis 2005, differenziert nach der Wohnregion

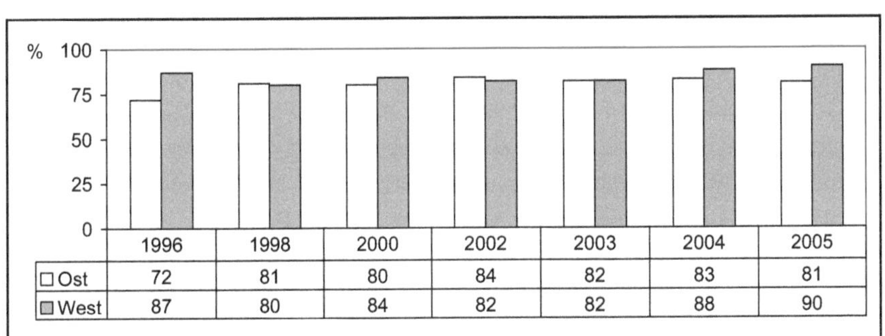

	1996	1998	2000	2002	2003	2004	2005
□ Ost	72	81	80	84	82	83	81
■ West	87	80	84	82	82	88	90

Fragetext: »Fühlen Sie sich als Bürger (in) der Bundesrepublik?«

1 ja, vollkommen – 2 ja, etwas schon – 3 nein, eigentlich nicht – 4 nein, überhaupt nicht

Auch die Kopplung beider staatsbürgerlichen Identitäten (Verbundenheit mit der DDR bzw. der BRD) fördert keine Unterschiede zutage. Dabei wurden die vier Merkmalsklassen beider Zugehörigkeiten dichotomisiert (die Positionen 1 und 2 bzw. 3 und 4 wurden zusammengefasst) und miteinander in Beziehung gesetzt mit dem Ergebnis, dass bei beiden Teilpopulationen 2005 deutlich eine Doppelidentität überwiegt:

Abb. 5.10: Kombinierte Analyse der Verbundenheit mit der DDR und mit der Bundesrepublik 2005

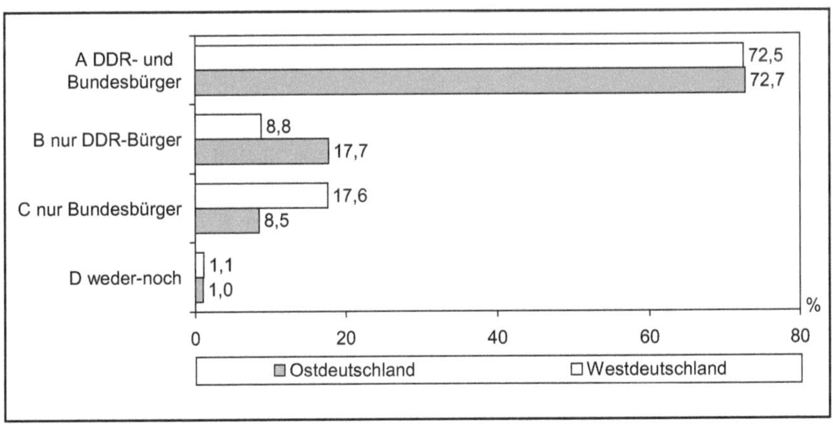

Für die meisten Panelmitglieder (2005 = 73 %), und zwar in völlig identischen Anteilen, gilt wie auch in den vorgehenden Jahren, dass sie schon Bundesbürger sind, ohne jedoch ihre Verbundenheit mit der DDR aufgegeben zu haben (A). Ein signifikanter, wenn auch nicht sehr großer Unterschied besteht insofern, dass die im Osten lebenden Panelmitglieder sich etwa doppelt so häufig allein mit der DDR verbunden fühlen als jene, die im Westen leben: 17,7 % gegenüber 8,8 % (B). Bei jenen, die im Westen leben, ist es umgekehrt: 17,6 % fühlen sich allein mit der Bundesrepublik verbunden, nur 8,8 % allein mit der DDR (C). Nur eine Minderheit von einem Prozent gibt in Ost und West an, sich weder als DDR-Bürger noch als Bundesbürger zu verstehen. Diese Daten lassen darauf schließen, dass es noch ein weiter Weg bis zur alleinigen Identifikation mit der Bundesrepublik sein wird, ohne »Reste« einer Identifikation mit der DDR.

5.4 Folgen der Migration von Ost nach West

In der Untersuchung von 2004 (Berth et al., 2004) konnte u. a. aufgezeigt werden, dass Personen, die nun in den alten Ländern leben, eine höhere Zufriedenheit mit vielen Lebensbereichen (z. B. Einkommen) und eine größere Zukunftszuversicht für sich und ihre Kinder haben. Keine Unterschiede konnten hinsichtlich der tatsächlich erlebten Arbeitslosigkeitsdauer und dem mittels standardisierter Fragebögen erhobenen psychischen Befinden aufgezeigt werden. In Abbildung 5.11 ist – differenziert nach Wohnort – dargestellt, welche persönlichen Erfahrungen die TeilnehmerInnen mit dem neuen Gesellschaftssystem von 1998 bis 2005 gemacht haben.

In allen Wellen von 1998 bis 2005 ist der Trend eindeutig: Personen, die in den alten Bundesländern leben, geben deutlich häufiger an, mit dem neuen Gesellschaftssystem positive bzw. überwiegend positive Erfahrungen gemacht zu haben. Bezogen auf die Gesamtgruppe verdeutlicht die Abbildung 5.11 jedoch auch, dass jeweils deutlich unter 50 % mehrheitlich positiv Erfahrungen berichten. Die meisten StudienteilnehmerInnen erlebten sowohl positive als auch negative Dinge. Erkennbar ist weiterhin, dass seit 2000 die positiven/überwiegend positiven Erfahrungen deutlich rückläufig sind.

Abb. 5.11: Vergleich der Angaben der im Osten bzw. im Westen lebenden Panelmitglieder zu ihren persönlichen Erfahrungen mit dem neuen Gesellschaftssystem im Trend 1998 bis 2005 (Zusammengefasste prozentuale Anteile der Antworten »positiv«/»überwiegend positiv«)

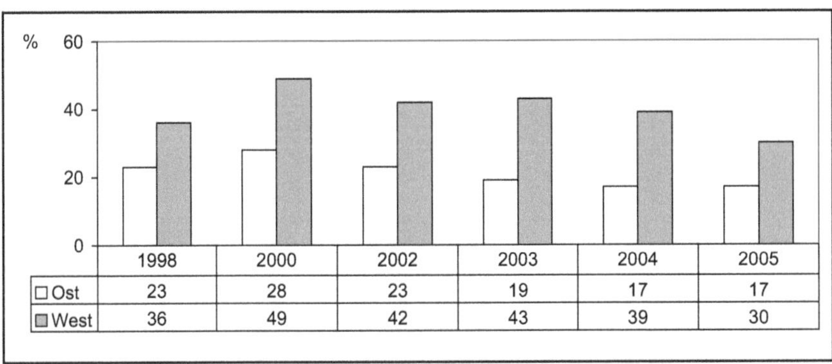

	1998	2000	2002	2003	2004	2005
□ Ost	23	28	23	19	17	17
■ West	36	49	42	43	39	30

Die Abbildungen 5.12 und 5.13 zeigen, wiederum in Abhängigkeit vom aktuellen Wohnort alte vs. neue Bundesländern, wie zufrieden die TeilnehmerInnen mit der jetzigen Wirtschaftsordnung bzw. dem politischen System sind.

Abb. 5.12: Vergleich der Zufriedenheit mit der jetzigen Wirtschaftsordnung im Trend 1996 bis 2005 differenziert nach der Wohnregion. Zusammengefasste prozentuale Anteile der Antworten »sehr zufrieden«/»zufrieden«

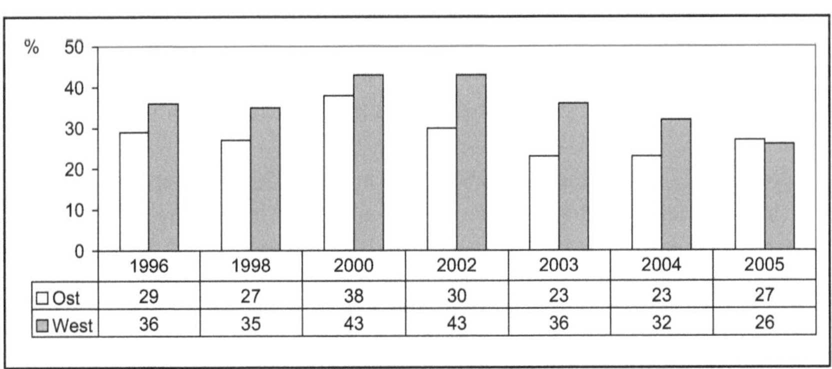

	1996	1998	2000	2002	2003	2004	2005
□ Ost	29	27	38	30	23	23	27
■ West	36	35	43	43	36	32	26

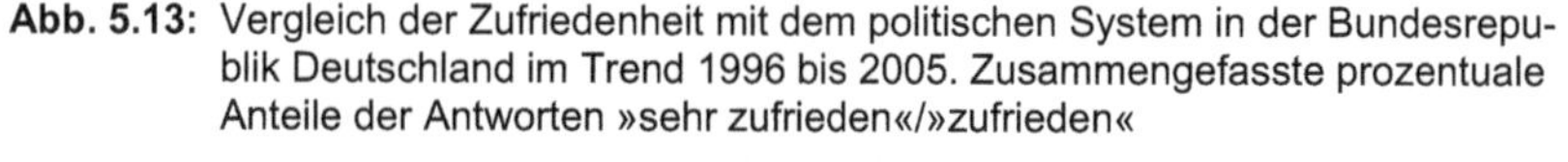

Abb. 5.13: Vergleich der Zufriedenheit mit dem politischen System in der Bundesrepublik Deutschland im Trend 1996 bis 2005. Zusammengefasste prozentuale Anteile der Antworten »sehr zufrieden«/»zufrieden«

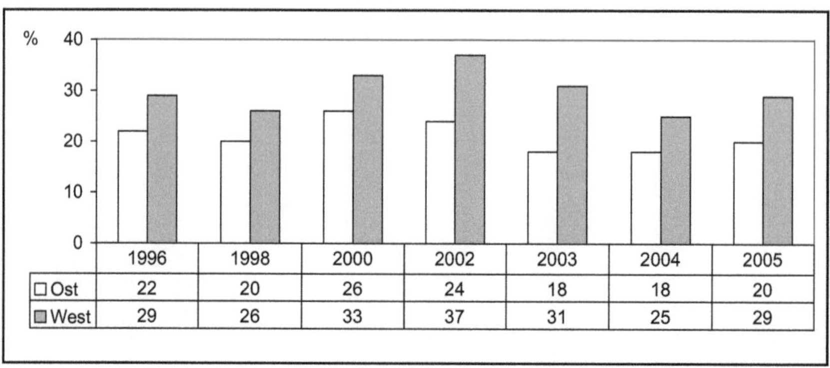

	1996	1998	2000	2002	2003	2004	2005
□ Ost	22	20	26	24	18	18	20
■ West	29	26	33	37	31	25	29

Mit Ausnahme von 2005 sind die Befragten, die im Osten Deutschlands leben, stets deutlich unzufriedener mit der Wirtschaftsordnung (vgl. Abbildung 5.12). Zufrieden damit sind insgesamt betrachtet nur etwa ein Viertel bis maximal ein Drittel aller Befragten. Seit 2002 ist die Zufriedenheit mit der Wirtschaftsordnung, zumindest bei den TeilnehmerInnen mit Wohnsitz Westdeutschland, deutlich zurückgegangen.

Noch etwas geringer ist die Zufriedenheit der TeilnehmerInnen der Sächsischen Längsschnittstudie mit dem politischen System der Bundesrepublik. Während hier bei den Befragten in den neuen Ländern maximal 26 % (2000) Zufriedenheit äußern, sind es bei den TeilnehmerInnen, die im Westen leben immerhin bis zu 37 % (2002), die zufrieden bzw. sehr zufrieden sind. Der Trend von höherer Zufriedenheit in Abhängigkeit vom Wohnort ist über alle Erhebungswellen konsistent.

Nur geringe Unterschiede bestehen hinsichtlich der Haltung gegenüber den politischen Parteien. Das äußerst geringe Vertrauen zu ihnen ist übereinstimmend bei beiden Teilgruppen anzutreffen, gegenüber Bündnis 90/Grüne äußern Panelmitglieder im Osten 2005 signifikant weniger Vertrauen als Panelmitglieder West. Ebenfalls nur geringe Unterschiede sind 2005 bei der »Sonntagsfrage« zu beobachten: Panelmitglieder im Osten würden, wenn am Sonntag Bundestagswahlen wären, gegenüber ihren Altersgefährten im Westen weniger häufig die SPD (12 % zu 18 %), Bündnis 90/Grüne (3 % zu 12 %) wählen, dafür häufiger CDU/CSU (23 % zu 17 %) und PDS (17 % zu 9 %).

Das Gefühl, zu den »Gewinnern der deutschen Einheit« zu gehören, wird von den im Westen Lebenden deutlich häufiger geäußert als von jenen im Osten: 59 % gegenüber 39 %. Das bedeutet aber nicht, dass sie das jetzige Gesellschaftssystem uneingeschränkt gutheißen würden:

- Lediglich 10 % der Panelmitglieder im Westen halten das kapitalistische Wirtschaftssystem als das beste, das die Geschichte bisher hervorgebracht hat; im Osten sind es 9 %.
- Während im Westen 14 % froh darüber sind, in einem kapitalistischen Deutschland zu leben, sind das im Osten 15 %.
- Die Hoffnung, dass das jetzige System für immer bestehen bleibt, artikulieren im Westen 8 %, im Osten 6 %.

Symptomatisch für das politische Profil insgesamt ist, dass keine nennenswerten Unterschiede in Bezug auf die politische »Grundfrage« bestehen, die Bejahung der Wende: Ihr wird 2005 im Osten von 47 % einschränkungslos zugestimmt, im Westen von 53 %. Der Trend belegt, dass der für die Gesamtgruppe konstatierte Rückgang dieser Bejahung vor allem auf die im Osten lebenden TeilnehmerInnen zurückzuführen ist.

In Welle 19 wurde das Bedrohungserleben der TeilnehmerInnen durch verschiedene politische aber auch persönliche Aspekte des Lebens erfragt. Es zeigte sich u. a., dass sehr viele der 32-Jährigen eine ausgeprägte Angst vor Armut im Alter haben (ausführlich vgl. Förster, 2006 und Kapitel 2). Vergleicht man in Abhängigkeit des Wohnorts diese Bedrohungen, finden sich in einigen Bereichen keine Unterschiede, dazu gehören etwa die schon erwähnte Armut im Alter, die Angst vor Rechts- bzw. Linksradikalismus und die Angst vor einer Verschlechterung des Gesundheitszustandes.

In Abbildung 5.14 sind verschiedene Bereiche dargestellt, bei denen sich signifikante Unterschiede zwischen den Befragten mit Wohnort in den neuen und in den alten Ländern fanden. Das größte Ausmaß an Bedrohlichkeit (deutlich über 50 %) haben für die Befragten weitere Reformen der Regierung. Hier, wie auch in Bezug auf die Zunahme der Kriminalität, die Erweiterung der Europäischen Union, die Auswirkungen von Hartz IV und die Folgen von Arbeitslosigkeit geben die TeilnehmerInnen, die in Ostdeutschland leben, ein größeres Bedrohungserleben an.

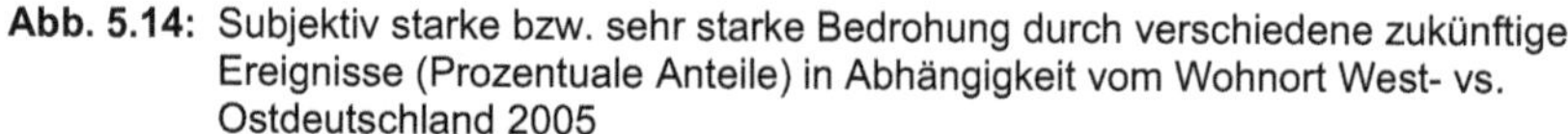

Abb. 5.14: Subjektiv starke bzw. sehr starke Bedrohung durch verschiedene zukünftige Ereignisse (Prozentuale Anteile) in Abhängigkeit vom Wohnort West- vs. Ostdeutschland 2005

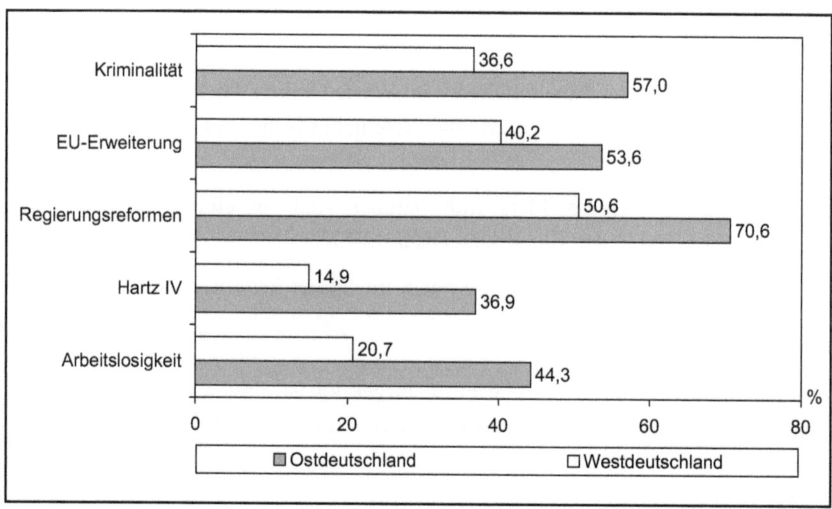

Weitere Fragen widmeten sich der Zufriedenheit der TeilnehmerInnen mit verschiedenen Aspekten ihrer persönlichen Situation und mit ihrer Zufriedenheit bzgl. verschiedener politischer Aspekte (vgl. Abbildung 5.15). Hier fand sich bei allen TeilnehmerInnen – unabhängig vom Wohnort – eine ähnlich hohe (Un-)Zufriedenheit bzgl. Familienpolitik, Sozialpolitik, Bildungspolitik, Gesundheitspolitik, Einflussmöglichkeiten auf Politik und die gesellschaftliche Entwicklung insgesamt. Keine Ost-West-Unterschiede ließen sich auch im Hinblick auf die Wohnverhältnisse der TeilnehmerInnen, ihren Lebensstandard und ihren subjektiv wahrgenommenen Gesundheitszustand feststellen. Erwähnenswert ist, dass sich im Hinblick auf ein Bekenntnis zu christlichen Werten keine Unterschiede bzgl. der Wohnregion ergeben. Im Westen wollen 24 % im Sinne christlicher Werte leben, im Osten 22 % (Abbildung 5.15).

Zunächst ist festzustellen, dass die TeilnehmerInnen mit den abgefragten Bereichen (Ausnahme: Demokratie) überwiegend zufrieden bzw. sehr zufrieden sind. Die TeilnehmerInnen mit Wohnsitz in Ostdeutschland sind jedoch unzufriedener mit ihren Chancen, es im Laufe des Lebens durch Leistung zu etwas zu bringen, mit ihrem Einkommen, der Außen- und der Arbeitsmarktpolitik und der Demokratie insgesamt.

Abb. 5.15: Zufriedenheit mit verschiedenen politischen und persönlichen Lebensbereichen in Abhängigkeit vom Wohnort (Prozentuale Anteile derer, die zufrieden/sehr zufrieden sind, alle $p < .05$)

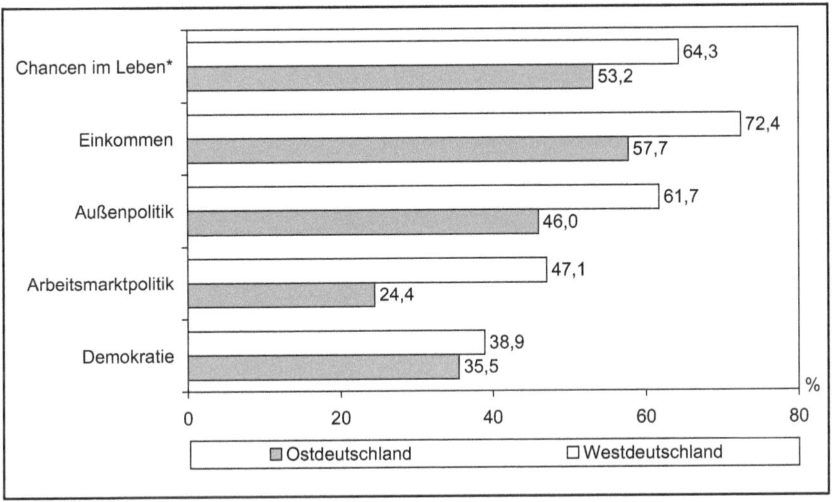

* Wortlaut: »Wie zufrieden sind Sie mit den Chancen, die Sie in der jetzigen Gesellschaft haben, es im Leben durch Leistung zu etwas zu bringen?«

Ein ähnliches Bild der Unterschiede in Abhängigkeit vom Wohnort findet sich bei den Fragen nach der Zukunftszuversicht der TeilnehmerInnen für sich selbst, für ihre Eltern und Kinder (Abbildung 5.16). Die Fragen lauteten: »Wie zuversichtlich sehen Sie die Zukunft für ...?« (Antwortmöglichkeiten 1 sehr zuversichtlich, 2, 3, 4, 5 überhaupt nicht zuversichtlich, d. h. niedrigere Werte entsprechen einer höheren Zukunftszuversicht).

Mit Ausnahme des (nichtsignifikanten) niedrigeren (und damit mehr Zuversicht ausdrückenden) Wertes in der Zuversicht für die Zukunft der Eltern 2005 ist das Muster einheitlich: Personen, die in die alten Länder umgezogen sind, sind sowohl 2003 als auch 2005 zuversichtlicher für ihre eigene Zukunft, die Zukunft ihrer Kinder und die ihrer Eltern.

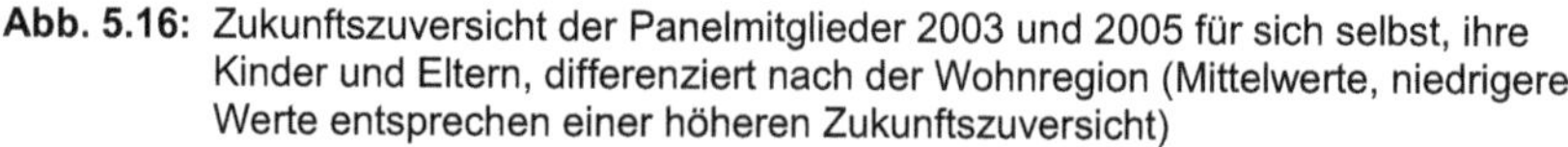

Abb. 5.16: Zukunftszuversicht der Panelmitglieder 2003 und 2005 für sich selbst, ihre Kinder und Eltern, differenziert nach der Wohnregion (Mittelwerte, niedrigere Werte entsprechen einer höheren Zukunftszuversicht)

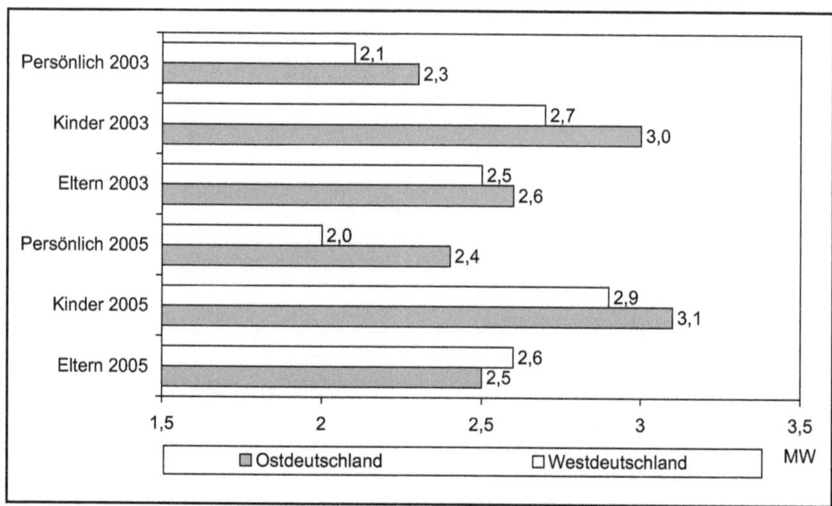

In verschiedenen Erhebungswellen der Sächsischen Längsschnittstudie wurde den TeilnehmerInnen, die im Westen Deutschlands leben, ein Zusatzbogen ausgehändigt, um ihre spezielle Situation näher zu untersuchen. In Welle 18 (2004) lebten N = 95 in den alten Ländern. Drei von ihnen waren innerhalb des letzten Jahres umgezogen, im Mittel lebten die Befragten bereits 7,7 Jahre nicht mehr im Osten Deutschlands. Das Maximum betrug 15 Jahre. Anhand der in drei Gruppen unterteilten Zeit seit der Migration sind in Tabelle 5.3 die Antworten auf verschiedene Fragen, die sich insbesondere mit der Integration in der neuen Heimat beschäftigen, dargestellt.

Die Daten in Tabelle 5.3 illustrieren, dass in allen erfragten Bereichen eine sehr hohe Integration der TeilnehmerInnen festzustellen ist. Sie fühlen sich akzeptiert von ihren Nachbarn, Kollegen und Vorgesetzten, leben in einer schönen Umgebung, sie fühlen sich wohl und ihre Arbeit macht ihnen Spaß. Dies trifft auf alle zu, unabhängig davon, wie lange sie bereits in den alten Ländern leben. Signifikante Unterschiede in Abhängigkeit von der Zeit seit dem Umzug finden sich lediglich in Bezug auf die Frage, ob sie sich als Bürger des Bundeslandes fühlen, in dem sie leben und in ihren Absichten, in den Osten Deutschlands zurückzukehren. Die

Gruppe derer, die bereits am längsten im Westen Deutschlands lebt und arbeitet, fühlt sich eher als Bürger ihres Bundeslandes und 43 % geben an, dass sie auf keinen Fall beabsichtigen, wieder in die neuen Bundesländer zurückkehren zu wollen.

Tab. 5.3: Aspekte der Integration in den alten Bundesländern in Abhängigkeit von der Zeit seit der Migration (Prozentangaben)

	Zeit seit Umzug (Jahre)			
	0 bis 5	6 bis 10	11 bis 15	
Rückkehr in den Osten (nein, auf keinen Fall)	18,5	29,7	43,3	$Chi^2(df=8)=21,43$ $p < .01$
Fühlen als Bürger des Bundeslandes? (ja, vollkommen)	3,7	8,3	23,3	$Chi^2(df=6)=16,43$ $p < .05$
Fühle mich hier wohl (vollkommen)	37,0	54,1	46,7	$Chi^2(df=6)=6,16$ n.s.
Akzeptanz durch Nachbarn (vollkommen)	63,0	67,6	76,7	$Chi^2(df=4)=4,28$ n.s.
Akzeptanz durch Arbeitskollegen (vollkommen)	80,8	81,1	79,3	$Chi^2(df=6)=5,06$ n.s.
Akzeptanz durch Vorgesetzte (vollkommen)	79,2	81,1	79,3	$Chi^2(df=6)=5,02$ n.s.
Lebe in einer schönen Umgebung (vollkommen)	55,6	73,0	73,3	$Chi^2(df=6)=4,87$ n.s.
Neuen Freundeskreis geschaffen (vollkommen)	40,7	59,5	60,0	$Chi^2(df=6)=6,98$ n.s.
Arbeit macht Spaß (vollkommen)	61,5	64,9	48,3	$Chi^2(df=6)=9,18$ n.s.
N (%)	28 (29,5)	37 (38,9)	30 (31,6)	

Auch bei der Analyse weiterer Fragen, z. B. ob die Trennung von Freunden, Eltern und Heimat Probleme bereite, bezüglich verschiedener Befürchtungen (vgl. die in Abbildung 5.14 genannten), der persönlichen und politischen Zufriedenheit und auch hinsichtlich der Hoffnungen für die Zukunft, gibt es keine Unterschiede in Abhängigkeit von der Zeit seit der Migration.

Die längsschnittlich vorhandenen Daten der Studie erlauben es in bestimmten Grenzen auch, über Verläufe Aussagen zu treffen. Geprüft wurde, ob es Unterschiede im Befinden, in Einstellungen und Meinungen gibt, zwischen den Personen, die a) immer in den neuen und niemals in den alten Ländern lebten, b) seit ihrer Migration nun ständig in den alten Ländern leben und c) nach einer Zeit im Westen Deutschlands zurückgekehrt sind in den Osten. Dies lässt sich aufgrund multipler Umzüge von Ost nach West und umgekehrt im Einzelfall natürlich nicht immer genau klassifizieren. Ausgehend von den Daten der Welle 19 gehören zur Gruppe a) N = 237 (61,7 %), zur Gruppe b) N = 91 (23,7 %) und zur Gruppe der Rückkehrer c) N = 56 (14,6 %).

In Abbildung 5.17 sind D-Score und G-Score der drei Gruppen dargestellt. Beim D-Score handelt es sich um ein vier Items umfassendes Instrument zur Messung der globalen physischen Belastung (Distress) einer Person (vgl. Berth et al. im Druck). Der G-Score erfragt die Häufigkeit von Nervosität, Schlaflosigkeit, Magen- und Herzschmerzen. Er stellt ein Summenmaß für das somatische Beschwerdeerleben (Körperbeschwerden) einer Person dar (vgl. Förster, Berth & Brähler, 2004).

Abb. 5.17: Psychische Belastung (Distress, D-Score) und Körperbeschwerden (G-Score) in Abhängigkeit von Migrationsstatus 2005 (Mittelwerte, höhere Werte entsprechen mehr Beschwerden)

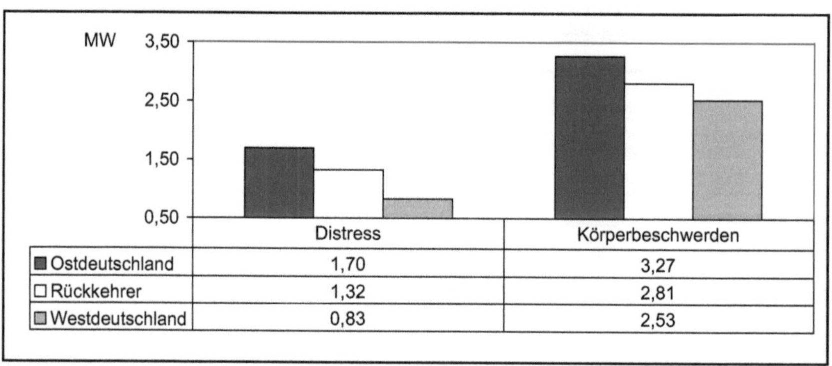

	Distress	Körperbeschwerden
Ostdeutschland	1,70	3,27
Rückkehrer	1,32	2,81
Westdeutschland	0,83	2,53

Die drei Gruppen unterscheiden sich im D-Score (F(df=2) = 4,05; p < .05) und G-Score (F(df=2) = 3,44; p < .05) signifikant voneinander. Den höchsten Wert, d. h. die höchste Belastung sowohl psychisch als auch körperlich, hat die Gruppe der Personen, die ausschließlich im Ostteil Deutschlands gelebt hat. Die Gruppe derer, die zumindest einige Zeit in den alten Ländern lebte, nimmt eine Mittelstellung in der Belastung ein. Diese Auswertung lässt jedoch keine Kausalinterpretation zu:

Senkt die Migration in den Westen die körperliche und psychische Belastung oder verlassen nur die psychisch und somatisch weniger belasteten Individuen Ostdeutschland? Wir haben daher geprüft, ob sich mit der Belastung (D-Score) im Jahre 1991 der Migrationsstatus im Jahre 2005 vorhersagen lässt. Dies ist nicht der Fall.

Die geschilderte Mittelposition der Rückkehrer zwischen den Migrierten und den unverändert im Ostteil Lebenden lässt sich auch nahezu in allen anderen Meinungs- und Einstellungsbereichen zeigen. Wie auch schon im einfachen Vergleich anhand des Ost-West-Wohnortes finden sich u. a. Unterschiede in der Zufriedenheit mit dem Einkommen, der Arbeitsmarkt-, Familien-, Außen- und Lohnpolitik im Osten und den Zukunftsperspektiven für sich persönlich, die Kinder und Eltern.

5.5 Zusammenfassung

Die Sächsische Längsschnittstudie wurde nicht angelegt, um Einflüsse und Wirkungen von Migration zu untersuchen. Dazu wäre eine engmaschigere und detaillierte Erfassung der Wanderungsbewegungen und deren Hintergründe notwendig gewesen. Die in dieser Studie einzigartig längsschnittlich vorliegenden Daten erlauben jedoch – unter Beachtung dieser Einschränkung – einige Aussagen.

Die Überprüfung von Kausalität, von Ursache und Wirkung von Migration fällt dennoch schwer. Neben den nicht erfragten, hierfür evtl. wichtigen Daten sind es auch die wechselnden Versuchspersonenzahlen in den einzelnen Wellen, die dies erschweren. Zu beachten sind auch die vielfältigen möglichen Ursachen für einen Umzug von Ost nach West, etwa eine berufsbedingte Versetzung, die Zuteilung eines Studienortes oder der Wunsch, mit dem bereits abgewanderten Partner zusammen zu leben. Bei den Befragten der Sächsischen Längsschnittstudie handelt es sich weiterhin um junge Erwachsene, die im Zuge der Ablösung vom Elternhaus und der Gründung einer eigenen Familie in den meisten Fällen mehrfach umgezogen sind.

Die deutsche Wiedervereinigung und insbesondere die damit einhergehende Umwälzung des ostdeutschen Arbeitsmarktes stellten viele der TeilnehmerInnen vor die Herausforderung, ihre Heimat zu verlassen und ihr Glück in den alten Ländern zu suchen. Nahezu ein Viertel lebt mittlerweile nicht mehr in Ostdeutschland. Dies entspricht in etwa der durchschnittlichen Abwanderung von Ostdeutschen dieser Altersgruppe. Anders als im Allgemeinen sind es jedoch unter den TeilnehmerInnen dieser Studie eher Männer, die tatsächlich umziehen. Ebenfalls konnten wir keinen deutlichen Bildungseinfluss auf die Migrationsbereitschaft feststellen (vgl. Berth et al., 2004).

Der Umzug von Ost- nach Westdeutschland stellt für die TeilnehmerInnen mitnichten ein belastendes Lebensereignis dar. Es ist für sie Normalität. Sie sind in der Lage, sich im wiedervereinigten Deutschland, egal ob in Ost oder West, Nord oder Süd, zu integrieren. Die TeilnehmerInnen, die nicht mehr im Osten leben, fühlen sich – unabhängig von der Zeit seit ihrem Umzug – mehrheitlich sehr wohl in ihrem neuen Umfeld. Sie fühlen sich akzeptiert und beabsichtigen nicht – zumindest nicht unmittelbar – in ihre alte Heimat zurückzukehren. Sie leben, gemessen an ihren eigenen Aussagen, ein Stück der vielbeschworenen »inneren Einheit«. Dies fällt ihnen sicher leichter als vielen älteren Ostdeutschen, da sie die Wiedervereinigung als Jugendliche/junge Erwachsene erlebten, ihre Berufsausbildung im wiedervereinigten Deutschland absolvierten und mit der Ablösung von ihrem Elternhaus in die Möglichkeiten und Chancen, aber auch in die neuen Probleme der »Ellenbogengesellschaft«, wie etwa Arbeitslosigkeit, hineinwuchsen.

Bei den vielen Fragen, die die TeilnehmerInnen der Studie bei jeder Erhebungswelle beantworteten, ergibt sich zwangsläufig, dass auch bei der Suche nach Wohnorteinflüssen einige Unterschiede signifikant werden. Jedoch konnten wir überzufällig und einem konsistenten Muster folgend, Differenzen zwischen Befragten in Ost- und Westdeutschland aufzeigen. In vielen erfassten Meinungen, Einstellungen und Zufriedenheitsmaßen usw. sind die im Osten lebenden Panelmitglieder unzufriedener und kritischer als die im Westteil der Republik. Unklar bleibt auch hier die Kausalität: Ziehen eher die positiver gestimmten Personen um? Hat das ökonomisch bessere Umfeld der alten Länder entscheidenden Einfluss auf ausgewählte Meinungen und Einstellungen? Stimmen die oftmals objektiv schlechteren Lebens- und Arbeitsbedingungen in Teilen Ostdeutschlands die hier lebenden Personen – zu recht – kritisch? Dies muss in weiteren Auswertungen untersucht werden.

6. Rechtsextreme Einstellungen

Hendrik Berth, Peter Förster, Elmar Brähler & Yve Stöbel-Richter

6.1 Einführung: Ostdeutschland und der Rechtsextremismus

Das Thema Rechtsextremismus stellt ein Forschungsfeld dar, das seit Jahrzehnten eine anhaltend hohe Aktualität besitzt, und sich daher in einer Vielzahl von Studien und Veröffentlichungen niedergeschlagen hat. Wichtige Überblicksarbeiten/Handbücher, die den Forschungsstand umfassend reflektieren, wurden in letzter Zeit u. a. von Backes (2003), Bölting (2002), Butterwege (2002), Grumke (2002), Jaschke (2001), Pfahl-Traughber (1999), Schröder et al. (2004), Stöss (2005), sowie Schubarth und Stöss (2001) vorgelegt.

Nach der Wiedervereinigung Deutschlands kam es in den neuen Ländern der Bundesrepublik zu einer Fülle ausländerfeindlicher Anschläge und Übergriffe, die weltweit für Aufsehen sorgten, etwa die Belagerung von Ausländerwohnheimen in Rostock-Lichtenhagen und Hoyerswerda Anfang der 90er Jahre. Die besondere Situation des Rechtsextremismus in Ostdeutschland wurde daher ebenfalls mannigfach und oft im Vergleich zu den alten Ländern untersucht (z. B. Bugiel, 2002; Friedrich, 2002; Pfahl-Traughber, 1995 oder Schröder et al., 2004). So schlussfolgert etwa Stöss (1999, S. 8), »dass sich der Schwerpunkt des Rechtsextremismus seit Mitte der neunziger Jahre von West nach Ost verlagert hat.«

Der Verfassungsschutzbericht 2005 (Bundesministerium des Inneren, 2005) beziffert 15.914 politisch rechts motivierte Straftaten. Davon sind 85,7 % Propagandadelikte bzw. Fälle von Volksverhetzung. Bei 985 Fällen handelt es sich um rechtsextreme Gewalttaten. Nach den Bundesländern aufgeschlüsselt, liegen Nordrhein-Westfalen und Niedersachsen hier in den Absolutzahlen an der Spitze. Bezogen jedoch auf die Einwohnerzahl liegen die ostdeutschen Bundesländer Sachsen-Anhalt, Brandenburg und Sachsen mit deutlichem Vorsprung auf den Plätzen eins bis drei. Berücksichtigt man, dass der Anteil an ausländischer Bevölkerung im Osten prozentual viel geringer ist, ergibt sich für Ausländer ein vielfach höheres relatives Risiko, in den neuen Ländern Opfer rechtsextremer Gewalt zu werden.

Rechtsextreme Gewalttaten sind nicht gleichzusetzen mit rechtsextremen Einstellungen und Meinungen, letzte sind wesentlich verbreiteter und äußern sich nur in seltensten Fällen in tatsächlichen Übergriffen. Die Zahlen belegen jedoch auch, dass es nach wie vor dringenden Bedarf an Forschungen zum Rechtsextremismus in Ostdeutschland gibt. 2004 und 2005 stellte daher die Erfassung rechtsextremer Einstellungen einen Schwerpunkt der Sächsischen Längsschnittstudie dar. Zahlreiche Fragen zum Thema wurden jedoch auch bereits in früheren Wellen gestellt.

Zur Erklärung rechtsextremer Phänomene existiert eine Reihe von Erklärungsansätzen (vgl. Wagner & Berth, 2006), die sich auf ganz unterschiedliche Phänomene (etwa nur auf das Gewaltverhalten oder auf das Wahlverhalten oder auf eine Palette von Einstellungen), teils auf eine geradezu gegensätzlich definierte Begrifflichkeit des Rechtsextremismus (einmal nur als verfassungswidrige Items, dann nur auf Gewaltbejahung, dann wieder auf Autoritarismus) richten. Hier soll Rechtsextremismus als eine Einstellung betrachtet werden, wie sie in Befragungen erfasst werden kann und zwar als Zustimmung zu Items, in denen positive Urteile über Ausländerfeindlichkeit, Ungleichheitsdenken und Überlegenheit der eigenen Ethnie ausgesprochen werden.

Die Konsensuskonferenz der Politologen (Expertenkonferenz zur Ausarbeitung einer Empfehlung für die Messung rechtsextremer Einstellungen in Deutschland) definiert Rechtsextremismus wie folgt: »Der Rechtsextremismus ist ein Einstellungsmuster, dessen verbindendes Kennzeichen Ungleichwertigkeitsvorstellungen darstellen. Diese äußern sich im politischen Bereich in der Affinität zu diktatorischen Regierungsformen, chauvinistischen Einstellungen und einer Verharmlosung bzw. Rechtfertigung des Nationalsozialismus. Im sozialen Bereich sind sie gekennzeichnet durch antisemitische, fremdenfeindliche und sozialdarwinistische Einstellungen« (zitiert nach Decker & Brähler, 2006, S. 20).

6.2 Methoden

Zur Erfassung rechtsextremen Gedankenguts haben wir neben eigenen Fragen auch einige standardisierte Instrumente eingesetzt, die im Folgenden kurz vorgestellt werden sollen. Die Konsensuskonferenz der Politologen (Expertenkonferenz zur Ausarbeitung einer Empfehlung für die Messung rechtsextremer Einstellungen in Deutschland) hat einen 18 Items umfassenden Fragebogen vorlegt (http://www.polwiss.fu-berlin.de/projekte/gewrex/Downloads/Kapitel_Bn.pdf, vgl. auch Brähler

& Decker, 2005; Decker & Brähler, 2006; Brähler & Niedermayer, 2002). Die Fragen sind den folgenden sechs Skalen zugeordnet (Beispielitem in Klammern):

- Befürwortung einer rechtsautoritären Diktatur (»Was Deutschland jetzt braucht, ist eine einzige starke Partei, die die Volksgemeinschaft insgesamt verkörpert.«)
- Chauvinismus (»Wir sollten endlich wieder Mut zu einem starken Nationalgefühl haben.«)
- Ausländerfeindlichkeit (»Wenn Arbeitsplätze knapp werden, sollte man die Ausländer wieder in ihre Heimat schicken.«)
- Antisemitismus (»Auch heute noch ist der Einfluss der Juden zu groß.«)
- Sozialdarwinismus (»Wie in der Natur sollte sich in der Gesellschaft immer der Stärkere durchsetzen.«)
- Verharmlosung des Nationalsozialismus (»Der Nationalsozialismus hatte auch seine guten Seiten.«).

Zu den Aussagen ist jeweils auf einer fünfstufigen Skala von »stimme nicht zu« (1) bis »stimme voll und ganz zu« (5) Stellung zu nehmen. Die Skalenwerte können zwischen 3 und 15 variieren, je höher der Wert, um so mehr sind rechtsextreme Einstellungen ausgeprägt. Der Fragebogen wurde in Welle 17 (2003) und Welle 19 (2005) vorgeben.

In Welle 7 (1992) und Welle 19 (2005) wurden die nachfolgend genannten Items übereinstimmend erhoben. Diese sind geeignet, wesentliche Bestandteile des rechtsextremen Einstellungssyndroms (Heitmeyer, 1992) zu analysieren (vgl. dazu auch Förster et al., 1993). Die Aussagen lauten:

- In Deutschland sollten nur deutsche Sitten und Gebräuche zugelassen werden. Ausländer müssen sich strikt anpassen.
- Wir Deutschen sind anderen Völkern grundsätzlich überlegen.
- Die ehemaligen deutschen Gebiete im Osten sollten wieder zu Deutschland kommen.
- Es ist weit übertrieben, was über die Judenvernichtung im Dritten Reich erzählt wird.
- Der Nationalsozialismus hatte auch seine guten Seiten.
- Wir Deutschen sollten wieder einen mit starker Hand regierenden Führer haben.

- In der Natur setzt sich der Stärkere durch. Das muss auch unter Menschen gelten.
- Manchmal muss man zur Gewalt greifen, um seine Interessen durchzusetzen.
- Deutsche sollten mit andersrassigen Ausländern keine Kinder zeugen.
- Deutschland den Deutschen!
- Ausländer raus!
- Die Juden sind Deutschlands Unglück!
- Deutschland in den Grenzen von 1937!

Die Antwortmöglichkeiten für diese Fragen lauten 1 (stimme vollkommen zu), 2, 3, 4, 5 (stimme überhaupt nicht zu). Einige dieser Fragen wurden in den Wellen 8 bis 18 nochmals vorgegeben.

Zu betonen ist, dass die meisten der eingesetzten Items/Instrumente nicht eine Ausprägung links- vs. rechtsextremer Einstellungen erfasst, sondern lediglich, wie stark eher rechte Positionen vertreten werden. Dies schließt jedoch nicht aus, dass auch eher linksorientierte Personen zu einigen Items, etwa zu Gewaltbereitschaft oder Antisemitismus, zustimmen können.

6.3 Zur Ausprägung rechtsextremer Einstellungen

Seit Welle 7 (1992) werden die TeilnehmerInnen gebeten, sich im politischen Spektrum einzuordnen. Die Frage lautet »Über Jahrzehnte hat es sich eingebürgert, bei politischen Standortbestimmungen zwischen ›links‹ und ›rechts‹ zu unterscheiden. Wie ordnen Sie sich ein?« (Antwortmöglichkeiten: links, eher links als rechts, weder links noch rechts, eher rechts als links, rechts, das weiß ich noch nicht). Abbildung 6.1 zeigt die Anteile derer, die sich zum jeweiligen Befragungszeitpunkt als »rechts« bzw. »eher rechts« orientiert bezeichnen.

Von den männlichen Befragten ordnete sich stets ein höherer prozentualer Anteil als rechts/eher rechts ein, als dies unter den Frauen der Fall war ($p < .05$). 1994 und 1995 war der Anteil eher rechts orientierter Personen am geringsten. In den folgenden Jahren bewegt dieser sich – zumindest bei den männlichen Panelmitgliedern – auf etwa gleichem Niveau. 1992 ordnete sich knapp ein Viertel der befragten

19-jährigen Männer als (eher) rechtsorientiert ein. Die Mehrheit der Befragten, von etwa 40 % bis über 50 % in den einzelnen Erhebungen, wählte die Antwortkategorie »weder links noch rechts«. Die Anteile derer, die sich eindeutig dem linken bzw. rechten Spektrum zuordnete sind in etwa gleich groß (hier nicht dargestellt).

Abb. 6.1: Prozentuale Anteile der Personen, die sich als »rechts« bzw. »eher rechts« einstufen nach Geschlecht 1992 bis 2005

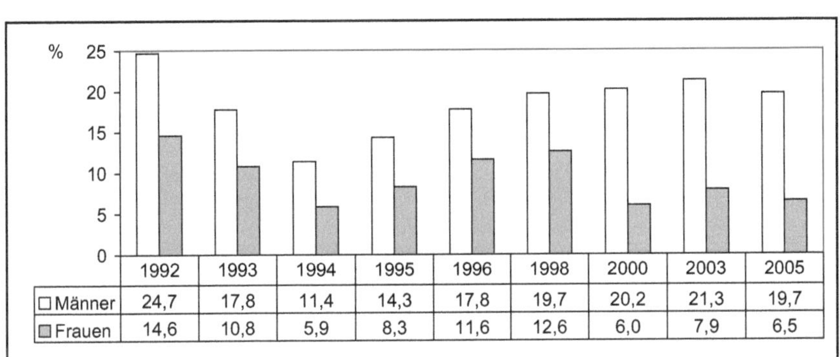

	1992	1993	1994	1995	1996	1998	2000	2003	2005
□ Männer	24,7	17,8	11,4	14,3	17,8	19,7	20,2	21,3	19,7
■ Frauen	14,6	10,8	5,9	8,3	11,6	12,6	6,0	7,9	6,5

Abbildung 6.2 zeigt die Ausprägung rechter Einstellungen entsprechend den Bereichen der »Expertenkonferenz zur Erfassung rechtsextremer Einstellungen« nach Geschlecht.

Erst ein Wert ab 7 in einer Skala zeigt, dass zumindest bei einer der drei Fragen eine teilweise Zustimmung (»stimme teils zu/teils nicht zu«) gewählt wurde, während die anderen Items ablehnend beantwort wurden. Eindeutig rechts sind Werte ab 12 (d. h. z. B. alle drei Fragen einer Skala werden überwiegend zustimmend beantwortet). In den erfassten sechs rechtsextremen Einstellungsbereichen finden sich keine signifikanten Unterschiede zwischen Männern und Frauen. In der Gesamtgruppe finden die ausländerfeindlichen Aussagen noch die meiste – wenn auch insgesamt geringe – Zustimmung, gefolgt von den Aussagen aus dem Bereich Chauvinismus. Eindeutig abgelehnt wurden im Mittel die anderen rechtsextremen Einstellungsbereiche Diktaturbefürwortung, Antisemitismus, Sozialdarwinismus und Verharmlosung des Nationalsozialismus.

Abb. 6.2: Ausprägungen rechtsextremer Einstellungen 2003 nach Geschlecht (Mittelwerte)

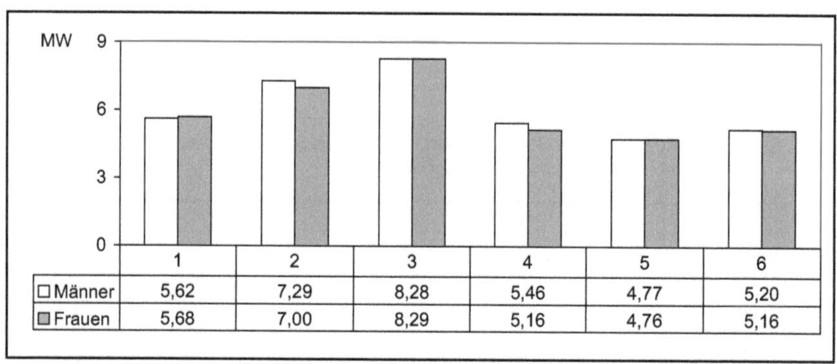

	1	2	3	4	5	6
Männer	5,62	7,29	8,28	5,46	4,77	5,20
Frauen	5,68	7,00	8,29	5,16	4,76	5,16

1 Diktaturbefürwortung – 2 Chauvinismus – 3 Ausländerfeindlichkeit – 4 Antisemitismus – 5 Sozialdarwinismus – 6 Verharmlosung

In der Erhebung 2003 bezeichneten sich auf die Frage nach ihrer persönlichen Einordnung in das Links-Rechts-Spektrum 110 TeilnehmerInnen (26,3 %) als links, 59 (14,1 %) als rechts und als weder rechts noch links 234 (54,8 %). In Abbildung 6.3 sind nach dem Links-Rechts-Spektrum die Mittelwerte der rechtsextremen Einstellungen dargestellt.

Abb. 6.3: Ausprägungen rechtsextremer Einstellungen 2003 nach dem Links-Rechts-Spektrum (Mittelwerte)

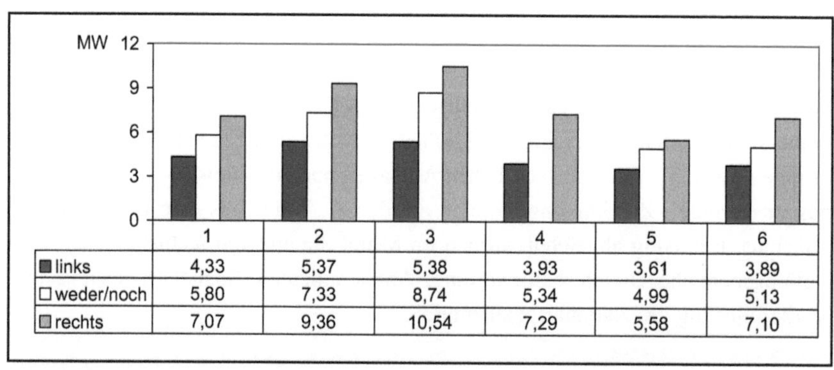

	1	2	3	4	5	6
links	4,33	5,37	5,38	3,93	3,61	3,89
weder/noch	5,80	7,33	8,74	5,34	4,99	5,13
rechts	7,07	9,36	10,54	7,29	5,58	7,10

1 Diktaturbefürwortung – 2 Chauvinismus – 3 Ausländerfeindlichkeit – 4 Antisemitismus – 5 Sozialdarwinismus – 6 Verharmlosung

Die Abbildung 6.3 zeigt ein erwartungsgemäßes Bild. Die höchste Zustimmung in den sechs Kategorien wird von den eher rechts Orientierten angegeben, die niedrigsten Zustimmung von den politisch links stehenden Befragten, während sich die weder-rechts-noch-links-Orientierten auch in den rechtsextremen Einstellungsbereichen im Mittelfeld einordnen.

Betrachtet man diese Einstellungen in Bezug auf die von den Befragten bevorzugten Parteien, ergibt sich ebenfalls ein erwartungskonformes Bild (Abbildung 6.4). Die Anhänger von Bündnis 90/Die Grünen und der FDP sind aus Übersichtsgründen in der Abbildung vernachlässigt, die Republikaner (Rep.) stehen beispielhaft für das Spektrum der rechten Parteien.

Abb. 6.4: Ausprägungen rechtsextremer Einstellungen 2003 nach der Parteiorientierung (Mittelwerte, ohne Anhänger von FDP und Bündnis 90/Die Grünen)

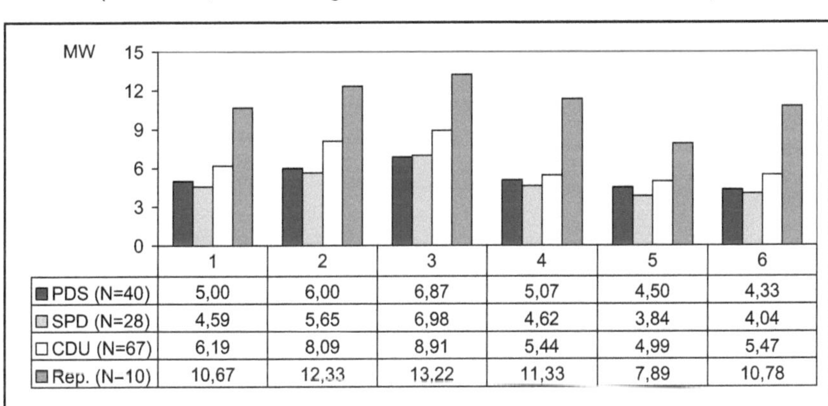

	1	2	3	4	5	6
PDS (N=40)	5,00	6,00	6,87	5,07	4,50	4,33
SPD (N=28)	4,59	5,65	6,98	4,62	3,84	4,04
CDU (N=67)	6,19	8,09	8,91	5,44	4,99	5,47
Rep. (N=10)	10,67	12,33	13,22	11,33	7,89	10,78

1 Diktaturbefürwortung – 2 Chauvinismus – 3 Ausländerfeindlichkeit – 4 Antisemitismus – 5 Sozialdarwinismus – 6 Verharmlosung

Die Wähler der rechten Parteien, hier »Die Republikaner«, stimmen den Items deutlich häufiger zu, als dies die Wähler der demokratischen Parteien tun. Mit mittleren Werten von über 12 in den Bereichen Chauvinismus und Ausländerfeindlichkeit, stimmen sie diesen Aussagen (vgl. Methode) deutlich häufiger zu, als sie diese ablehnen. Die Wähler von CDU/CSU folgen mit Abstand auf Platz 2. Hier ist unter Beachtung der Mittelwerte darauf hinzuweisen, dass diese nicht etwa rechtsextreme Einstellungen vertreten, sondern sie nur etwas weniger ablehnen, als dies die SPD- und PDS-Wähler tun. Die Anhänger der unter den im Bundestag vertretenen Parteien politisch am weitesten links platzierten PDS haben in fast allen Skalen, wenn auch nur marginal, so doch etwas höhere Zustimmungsraten als Panelmitglieder, die sich der gemäßigteren SPD politisch verbunden fühlen.

Wie ist die Ausprägung des Rechtsextremismus unter den TeilnehmerInnen der Sächsischen Längsschnittstudie einzuschätzen? Wir vergleichen die Antworten der Panelmitglieder 2005 mit den Ergebnissen einer Repräsentativerhebung aus dem Jahre 2004 (Brähler & Decker, 2005). Für diese Erhebung wurden 1900 West- und 573 Ostdeutsche im Alter von 14 bis 99 Jahren befragt. Dargestellt ist in Abbildung 6.5 der Anteil derer, die eine eindeutig rechte Auffassung vertreten, d. h. auf den Skalen einen Wert von 12 oder größer erzielten.

Abb. 6.5: Prozentuale Anteile (gerundet) derer, die rechtsextreme Auffassungen vertreten, in einer deutschlandrepräsentativen Stichprobe 2004 (REP) und der Sächsischen Längsschnittstudie (SLS) 2005

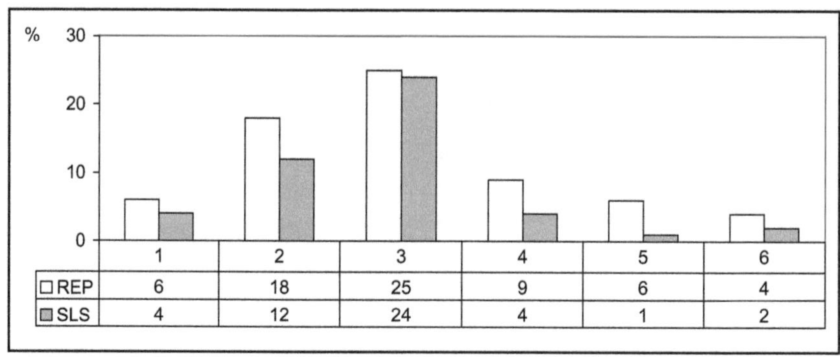

	1	2	3	4	5	6
REP	6	18	25	9	6	4
SLS	4	12	24	4	1	2

1 Diktaturbefürwortung – 2 Chauvinismus – 3 Ausländerfeindlichkeit – 4 Antisemitismus – 5 Sozialdarwinismus – 6 Verharmlosung

Als Vergleichsgruppe aus der Repräsentativerhebung wurden die Daten der gesamtdeutschen Altersgruppe der 31- bis 60-Jährigen herangezogen. Auch wenn andere Teilstichproben aus der Repräsentativerhebung verwendet werden (z. B. nur Ostdeutsche aller Altersstufen) ergibt sich kein anderes Bild. Die Ausprägung rechter Einstellungen ist unter den TeilnehmerInnen der Sächsischen Längsschnittstudie geringer als in einer deutschlandrepräsentativen Stichprobe. Am geringsten ist der Unterschied im Bereich Ausländerfeindlichkeit (25 % vs. 24 %), am deutlichsten bei Sozialdarwinismus (6 % vs. 1 %) und Verharmlosung des Nationalsozialismus (4 % vs. 2 %).

Eine weitere wiederholt vorgegebene Frage unserer Studie lautete »Wie ist – ganz allgemein – Ihre Einstellung zu Ausländern?« Das Antwortformat lautet: »Ich bin gefühlsmäßig ... 1 klar gegen Ausländer, 2 mehr gegen als für Ausländer, 3 weder gegen noch für Ausländer, 4 mehr für als gegen Ausländer und 5 klar für Ausländer«. Abbildung 6.6 zeigt die Antworten auf diese Frage im Längsschnitt nach Geschlecht unterschieden (AP 1 + 2 zusammengefasst).

Abb. 6.6: Prozentuale Anteile der Panelmitglieder mit ablehnender Einstellung gegenüber Ausländern 1992 bis 2005 nach Geschlecht (gerundet)

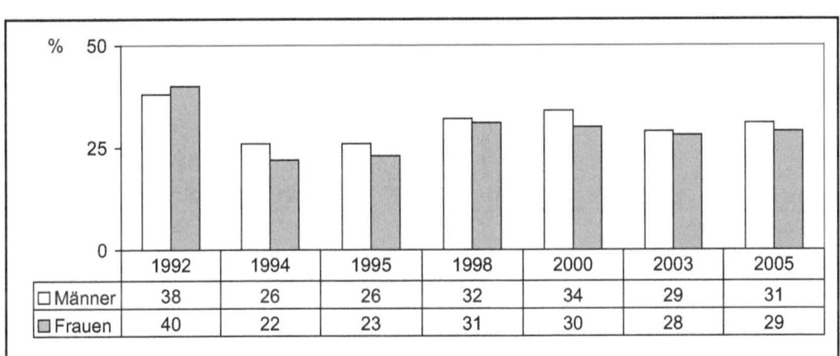

	1992	1994	1995	1998	2000	2003	2005
□ Männer	38	26	26	32	34	29	31
■ Frauen	40	22	23	31	30	28	29

Die höchste Ausprägung ablehnender Einstellungen gegenüber Ausländern ist für 1992 zu verzeichnen. Danach schwanken die ablehnenden Haltungen marginal auf ähnlich hohem Niveau um die 25-Prozentmarke. Männer haben mit Ausnahme in Welle 7 (1992) stets eine etwas ablehnendere Haltung gegenüber Ausländern als Frauen, die Unterschiede zwischen den Geschlechtern sind jedoch nicht signifikant.

Nun zu den Fragen zur Erfassung des rechtsextremen Einstellungssyndroms nach Heitmeyer (1992). Die Abbildungen 6.7 bis 6.9 zeigen zunächst ausgewählte Antworten (Zustimmung/Ablehnung) auf drei Einzelfragen aus dem Fragebogen im Längsschnitt.

Übereinstimmend ist bei allen drei dargestellten Fragen, dass in jeder Welle stets die deutliche Mehrheit (mindestens 60 %) der TeilnehmerInnen die Aussagen eindeutig ablehnen. Jedoch gibt es auch stets eine kleine Gruppe (mindestens 5 %) die diesen rechtsextremen Statements zustimmen. In allen drei Aussagen ist 1992, als die Fragen zum ersten Mal gestellt wurden, die Zustimmungsrate am höchsten.

Sie fällt jedoch bereits bis zur nächsten Welle deutlich, um danach auf einem etwa gleichen Niveau zu bleiben. Die größte Zustimmung fand die Aussage »Der Nationalsozialismus hatte auch seine guten Seiten«.

Abb. 6.7: Stellungnahme zur Aussage »Die ehemaligen deutschen Gebiete im Osten sollten wieder zu Deutschland kommen.« 1992 bis 2005 (Gesamtgruppe, ohne mittlere Antwortposition)

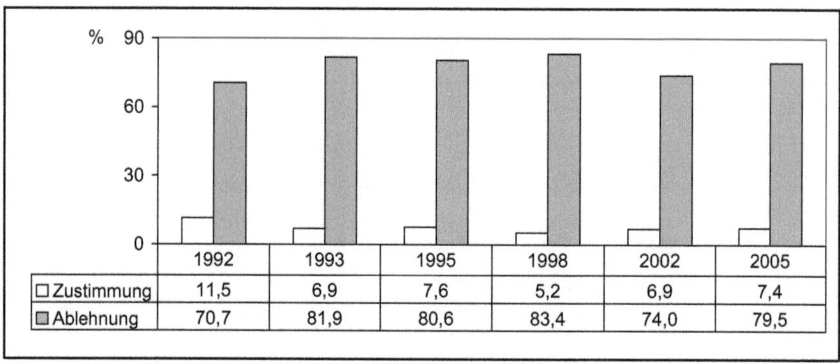

	1992	1993	1995	1998	2002	2005
□ Zustimmung	11,5	6,9	7,6	5,2	6,9	7,4
■ Ablehnung	70,7	81,9	80,6	83,4	74,0	79,5

Abb. 6.8: Stellungnahme zur Aussage »Es ist weit übertrieben, was über die Judenvernichtung im Dritten Reich erzählt wird.« 1992 bis 2005 (Gesamtgruppe, ohne mittlere Antwortposition)

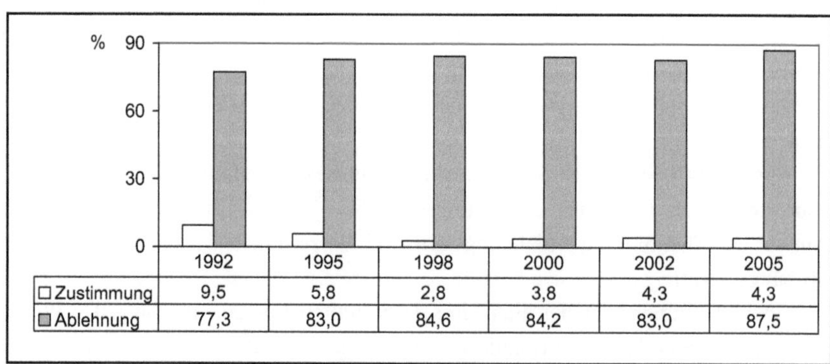

	1992	1995	1998	2000	2002	2005
□ Zustimmung	9,5	5,8	2,8	3,8	4,3	4,3
■ Ablehnung	77,3	83,0	84,6	84,2	83,0	87,5

Abb. 6.9: Stellungnahme zur Aussage »Der Nationalsozialismus hatte auch seine guten Seiten.« 1992 bis 2005 (Gesamtgruppe, ohne mittlere Antwortposition)

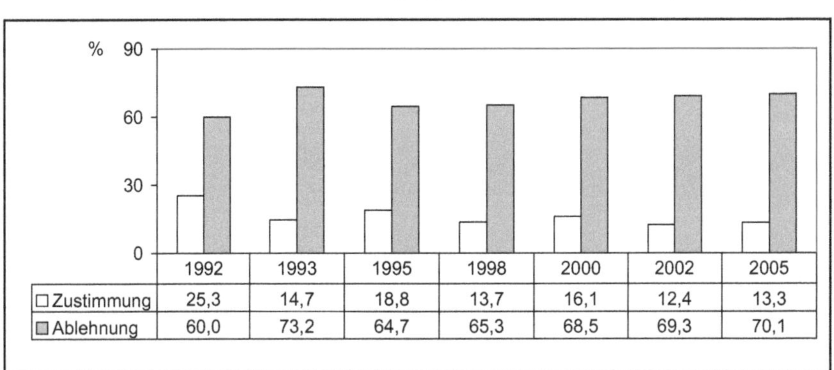

	1992	1993	1995	1998	2000	2002	2005
□ Zustimmung	25,3	14,7	18,8	13,7	16,1	12,4	13,3
■ Ablehnung	60,0	73,2	64,7	65,3	68,5	69,3	70,1

Aus den 13 Items des Fragebogens wurde ein Summenwert für das rechtsextreme Einstellungssyndrom gebildet. Dazu wurden die Items umkodiert (vgl. Methode), höhere Werte stehen nun für einen höher ausgeprägten Rechtsextremismus. Den Fragebogen haben wir an den Daten der Welle 19 (2005) psychometrisch überprüft (hier nicht näher dargestellt). Eine Faktorenanalyse betätigte die Eindimensionalität des Instruments (Hauptkomponentenmethode, Eigenwerte > 1, Varianzaufklärung 53,7 %, alle Items laden $> .40$ auf den Gesamtwert). Die Reliabilität ist sehr gut (Cronbachs Alpha .92).

Für Diejenigen, die 1992 und 2005 übereinstimmend teilgenommen haben und von denen vollständige Daten vorliegen (158 TeilnehmerInnen) ist in Abbildung 6.10 die Ausprägung des rechtsextremen Einstellungssyndroms dargestellt.

Männer haben, wie schon bei einigen bislang dargestellten Fragen, eine höhere Ausprägung des Rechtsextremismus als Frauen, sowohl 1992 als auch 2005 ($p < .05$). Rechtsextreme Einstellungen nehmen bei Männern und Frauen übereinstimmend im betrachteten Zeitraum von 13 Jahren deutlich ab ($t(df = 157) = 6{,}28$; $p < .01$). Auch dies bestätigt den bei anders lautenden Fragen bereits angedeuteten Trend, wonach die rechtsextremen und ausländerfeindlichen Meinungen 1992 bei den damals 19-jährigen Befragten verbreiteter waren, als dies später, mit zunehmenden Alter der TeilnehmerInnen der Fall ist. Die 1992 und 2005 gemessenen Ausprägungen stehen jedoch auch in signifikanten Zusammenhang zueinander (Nichtparametrische Korrelation $r = .43$; $p < .001$). Dies weist daraufhin, dass in den rechtsextremen Einstellungen eine gewisse Stabilität zu verzeichnen ist.

Abb. 6.10: Rechtsextremes Einstellungssyndrom 1992 und 2005 nach Geschlecht (Mittelwerte)

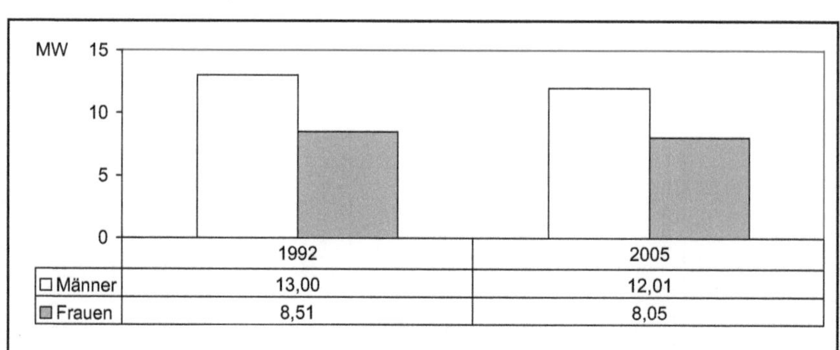

Ebenfalls in Welle 7 (1992) und in Welle 19 (2005) übereinstimmend wurde ein Fragenblock zur Einwanderung von Ausländern vorgegeben: »Die Zahl der Ausländer, die nach Deutschland einwandern wollen, wird in nächster Zeit stark zunehmen. Was sollte der Staat tun?« Zu den Aussagen (vgl. Tabelle 6.1) war jeweils auf folgender Skala Stellung zu nehmen: 1 unbedingt dafür, 2 eher dafür als dagegen, 3 eher dagegen als dafür und 4 unbedingt dagegen.

Tab. 6.1: Einstellungen zur Zuwanderung von Ausländern 1992 (7. Welle) und 2005 (19. Welle). Zusammengefasste prozentuale Anteile derer, die unbedingt dafür/eher dafür sind (N = 158 Befragte, die an beiden Wellen teilnahmen)

	1992	2005
a) alle an den Grenzen rigoros abweisen	36,6	44,3
b) Personen deutscher Abstammung hereinlassen	67,7	57,6
c) politische Flüchtlinge hereinlassen	78,3	74,7
d) die hereinlassen, die als Arbeitskräfte wirklich hier gebraucht werden	47,8	65,2
e) alle hereinlassen, die aus wirtschaftlicher Not kommen	21,1	23,4
f) alle, die es wollen, sollten auch hereingelassen werden	12,5	12,7

Vergleicht man die Werte von 1992 und 2005 – es handelt sich um eine identische Population – gibt es bei f) augenscheinlich keinen Unterschied. Aber auch die Antworten auf die Fragen a), c) und e) unterscheiden sich nicht. Signifikante Differenzen gibt es nur bei b) (t(df = 157) = -2,14; p < .05) und d) (t(df = 1,57) = 4,78; p < .001). Die Befragten stimmten 2005 wesentlich weniger der Aussage zu, dass Personen deutscher Abstammung einwandern sollten und sind deutlich stärker der Auffassung, dass nur Personen einwandern sollten, die als Arbeitskräfte in Deutschland benötigt würden. Übereinstimmend wird in beiden Erhebungswellen mehrheitlich (um die 75 %) befürwortet, politische Flüchtlinge in unserem Land aufzunehmen.

Ebenfalls auf Zuwanderung zielte die folgende Frage: »Fühlen Sie sich durch das Folgende persönlich bedroht? Angst vor zunehmender Einwanderung von Ausländern?«. Das Antwortformat war vierstufig (1 stark, 2 eher stark, 3 eher schwach, 4 schwach bedroht). Abbildung 6.11 zeigt dieses Bedrohungserleben im Trend bei ausgewählten Wellen nach den Geschlechtern.

Abb. 6.11: Prozentuale Anteile der Panelmitglieder, die Angst vor der zunehmenden Einwanderung von Ausländern haben, 1990 bis 2005 nach Geschlecht

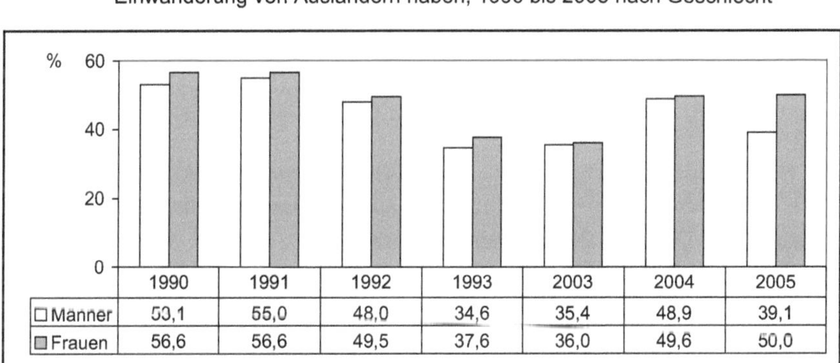

	1990	1991	1992	1993	2003	2004	2005
□ Männer	53,1	55,0	48,0	34,6	35,4	48,9	39,1
■ Frauen	56,6	56,6	49,5	37,6	36,0	49,6	50,0

Angst vor der zunehmenden Einwanderung von Ausländern haben zwischen 34 und 57 Prozent der Befragten, im Mittel sind es über die Jahre um die 50 % der TeilnehmerInnen, die ein solches Bedrohungserleben fühlen. Die höchsten Werte können wieder Anfang der 90er Jahre festgestellt werden. Jedoch scheint es seit 2003 wieder einen Anstieg dieser Befürchtungen zu geben (zwischen 1993 und 2003 wurde die Frage nicht gestellt). Frauen scheinen dabei stets etwas mehr Furcht vor Zuwanderung zu haben als Männer. Die Differenzen zwischen den Gruppen sind jedoch in keiner Erhebungswelle signifikant.

Erfragt wurde auch, inwieweit sich die TeilnehmerInnen durch die Zunahme von Links- bzw. Rechtsextremismus bedroht fühlen. Abbildung 6.12 zeigt die Ergebnisse von 1991 bis 2005.

Abb. 6.12: Bedrohung durch die Zunahme von Rechtsextremismus/Linksextremismus (Gesamtgruppe, prozentuale Anteile derer, die sich stark/eher stark bedroht fühlen, 1990: Linksextremismus nicht erfragt)

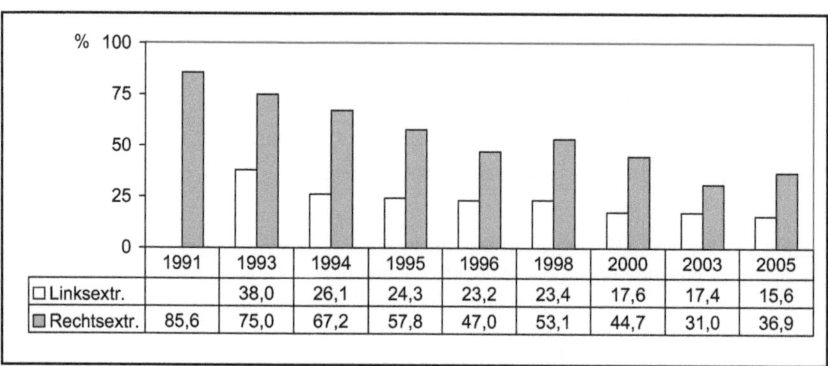

	1991	1993	1994	1995	1996	1998	2000	2003	2005
□ Linksextr.		38,0	26,1	24,3	23,2	23,4	17,6	17,4	15,6
■ Rechtsextr.	85,6	75,0	67,2	57,8	47,0	53,1	44,7	31,0	36,9

Am stärksten durch Rechtsextremismus bedroht fühlten sich die TeilnehmerInnen 1991. Das Bedrohungserleben nimmt im Laufe der Jahre deutlich, nahezu kontinuierlich, ab. Dennoch äußern auch 2005 noch 36 %, dass sie sich von Rechtsextremismus bedroht fühlen. Die Abnahme der Bedrohung gilt auch für den Linksextremismus. In allen Erhebungen fühlt sich etwa die doppelte Zahl der Panelmitglieder vom Rechtsextremismus bedroht, als dies beim Linksextremismus der Fall ist. Im Vergleich zur Frage nach der erlebten Bedrohung durch Zuwanderung von Ausländern (Abbildung 6.11) ist festzustellen, dass für deutlich mehr TeilnehmerInnen die Zuwanderung von Ausländern bedrohlich erscheint, als dies für den Rechts-/Linksextremismus der Fall ist.

6.4 Einflussfaktoren auf rechtsextreme Einstellungen

Neben den bereits erwähnten Geschlechtsunterschieden bei einigen Merkmalen gibt es weitere Einflussfaktoren, die mit rechtsextremen Einstellungen in Zusammenhang stehen können. Unter der Vielzahl allgemein möglicher Faktoren und der ebenfalls umfangreich im Datenmaterial der Sächsischen Längsschnittstudie vorliegenden Angaben, können hier nur einige exemplarisch vorgestellt werden. Zunächst gehen wir der Frage nach, wie stabil rechtsextreme Einstellungen sind. Dazu setzen wir die zu Beginn der 90er Jahre vorliegenden Angaben (hier 1992 Welle 7) mit denen aus ausgewählten späteren Erhebungszeiträumen korrelativ in Beziehung. Die Versuchspersonenzahlen können hier bei den einzelnen Items und Wellen schwanken (zwischen 129 und 192), die angegebenen Korrelationen beziehen sich selbstverständlich auf identische Populationen.

Tab. 6.2: Nichtparametrische Korrelationen der Antworten ausgewählter Fragen von 1992 (Welle 7) mit den in späteren Wellen erhobenen Daten (alle $p < .01$)

Frage	1993	1995	1998	2000	2005
Einordnung in das Links-Rechts-Spektrum	.41	.31	.32	.29	.25
Einstellung zu Ausländern allgemein	.63	.54	.46	.42	.32
»Nationalsozialismus hatte auch gute Seiten«	.45	.49	.38	.40	.19
Angst vor zunehmender Einwanderung von Ausländern	.55	-	-	-	.27

Wie schon für das rechtsextreme Einstellungssyndrom gezeigt, bestehen für alle exemplarisch hier aufgeführten Fragen deutliche Bezüge zwischen den 1992 erhobenen Daten und denen aus späteren Wellen. Die Korrelationen liegen zwischen .19 (niedrig) und .63 (mittel). Am stabilsten (höchste Korrelationen über die Zeit) sind dabei die Antworten auf die Frage nach der Einstellung zu Ausländern allgemein (vgl. Abbildung 6.6). Festzuhalten bleibt, rechtsextreme Einstellungen, wie zum Nationalsozialismus, die Haltung gegenüber Ausländern oder die Einordnung in das politische Links-Rechts-Spektrum weisen mittel- und langfristig eine gewisse Stabilität auf. Einstellungen, die in der Jugend (1992, 19-jährig) vorhanden sind, werden oft ganz ähnlich noch im jungen Erwachsenenalter (2005, 32-jährig) vertreten.

In Erweiterung der Auswertungen von Förster (2002) sollen als nächstes die Auswirkungen von Bindungen an das sozialistische System und der Kollektivorientierung auf rechtsextreme Einstellungen überprüft werden. Dazu werden Daten aus der 3. Erhebung im Frühjahr 1989 herangezogen. Die Systembindung wird operationalisiert über die Antworten auf die Frage nach der Ausprägung des Lebensziels: »Die marxistisch-leninistische Weltanschauung vertreten.«; die Kollektivorientierung über die Antworten auf die Frage nach der Ausprägung des Lebensziels: »In einem festen Kollektiv arbeiten«. Die Antworten (ursprünglich: 1 sehr bedeutsam 2, 3, 4, 5 überhaupt nicht bedeutsam) wurden für die Korrelationsanalysen so gepolt, dass ein höherer Wert für eine größere Ausprägung von Systembindung bzw. Kollektivorientierung steht.

Tab. 6.3: Systembindung und Kollektivorientierung 1989 (hoch, AP 1+2) und rechte Orientierungen in späteren Wellen (Zustimmende Antworten, Angaben in Prozent) sowie in Klammern Nonparametrische Korrelationen

	Systembindung 1989			Kollektivorientierung 1989		
	1993	1998	2005	1993	1998	2005
Einordnung in das Links-Rechts-Spektrum (rechts)	10,1 (-.01)	9,8 (-.11*)	12,6 (-.02)	10,7 (-.09)	10,8 (-.12*)	13,0 (-.07)
Einstellung zu Ausländern allgemein (ablehnend)	22,5 (-.02)	32,7 (.05)	31,6 (.06)	25,8 (.06)	31,6 (-.02)	29,4 (.06)
»Nationalsozialismus hatte auch gute Seiten« (Zustimmung)	11,4 (.00)	15,9 (-.04)	12,2 (-.01)	13,3 (.09)	12,5 (.04)	11,9 (.08)
Angst vor zunehmender Einwanderung von Ausländern (vorhanden)	37,1 (-.02)	-	49,3 (-.01)	33,0 (.00)	-	43,8 (.01)

* p < .05

Insgesamt finden sich nur zwei signifikante, sehr niedrige Korrelationen. Die Einordnung in das Links-Rechts-Spektrum korrelierte 1998 marginal mit der Systembindung und der der Kollektivorientierung, d. h. Personen mit einer hohen Systembindung bzw. hohen Kollektivorientierung 1989 ordneten sich neun Jahre später weniger rechts bzw. eher links ein. Vergleicht man die (zustimmenden) Prozentzahlen der TeilnehmerInnen, deren Kollektivorientierung und Systembindung 1989 eher stärker ausgeprägt waren (Tabelle 6.3), mit der Gesamtstichprobe in den Zustimmungen zu Aussagen, die rechte bzw. rechtsextreme Gedankeninhalte abbilden, in den Jahren 1993, 1998 und 2005 (vgl. Ergebnisse im Teil 3) so zeigen sich nur wenige Unterschiede in den Verteilungen (Chi²-Test, nicht dargestellt). Eine höhere Kollektivorientierung 1989 führte 1993 zu einer Einordnung, die eher im linken Spektrum lag, einer weniger ablehnenden Einstellung zu Ausländern und einer geringeren Angst vor der weiteren Zuwanderung von Ausländern. Im Jahr 2005 sind solche Verteilungsunterschiede nicht mehr festzustellen. Pfahl-Traughber (2000) und andere behaupteten, dass der Kollektivismus in der ehemaligen DDR zu Rechtsextremismus führe. Diese Behauptung wird durch unsere Daten nicht gestützt, im Gegenteil weisen diese darauf hin, dass eine hohe Kollektivorientierung eher zu einer ablehnenderen Haltung gegenüber rechtem Gedankengut führt.

Als nächsten Einflussfaktor betrachten wir das Bildungsniveau der TeilnehmerInnen. In Abbildung 6.13 ist anhand der Schulnote in der 10. Klasse 1989 (Gerundete Gesamtnote, zu zwei Gruppen zusammengefasst), die Ausprägung rechter Einstellungen im Jahr 2005 dargestellt.

Abb. 6.13: Ausprägungen rechtsextremer Einstellungen 2005 nach den Schulnoten 1989 (Gesamtnote, Mittelwerte)

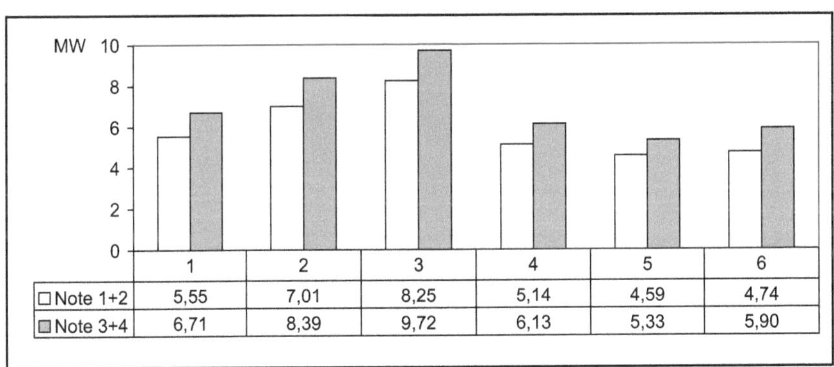

	1	2	3	4	5	6
□ Note 1+2	5,55	7,01	8,25	5,14	4,59	4,74
■ Note 3+4	6,71	8,39	9,72	6,13	5,33	5,90

1 Diktaturbefürwortung – 2 Chauvinismus – 3 Ausländerfeindlichkeit – 4 Antisemitismus – 5 Sozialdarwinismus – 6 Verharmlosung

Eine Bildungsabhängigkeit ist für alle sechs Einstellungsbereiche deutlich nachweisbar. Je schlechter die Abschlussnote der 10. Klasse der Polytechnischen Oberschule 1989 war, um so mehr finden rechte Ideen Anklang. Besonders ausgeprägt sind wiederum ausländerfeindliche und chauvinistische Einstellungen. Ein quasi identisches Bild (hier nicht dargestellt) zeigt sich, wenn man rechtsextreme Einstellungen im Hinblick auf ein abgeschlossenes Studium (ja/nein) untersucht (vgl. dazu auch Förster, 2002). Personen, die ein Studium absolviert und abgeschlossen haben, sind deutlich weniger rechtsorientiert, als Personen ohne Studium.

Sehr kontrovers in der Forschungsliteratur ist auch der Einfluss von Arbeitslosigkeit auf Rechtsextremismus diskutiert (vgl. z. B. Bacher, 1999). Eine verknappte These lautete: Weil ostdeutsche Jugendliche keine Arbeit haben, wenden sie sich dem Rechtsextremismus zu (vgl. z. B. Knapp & Zweimüller, 2005). Allerdings gibt es auch in den alten Ländern Gebiete mit sehr hoher Jugendarbeitslosigkeit (z. B. Bremen), in denen Rechtsextremismus aber deutlich weniger verbreitet ist. Wir haben anhand der Daten aus Welle 19 (2005) den Zusammenhang zwischen Arbeitslosigkeitserfahrungen und rechten Einstellungen überprüft (Abbildung 6.14).

Abb. 6.14: Ausprägungen rechtsextremer Einstellungen 2005 und Arbeitslosigkeitserfahrungen (Mittelwerte)

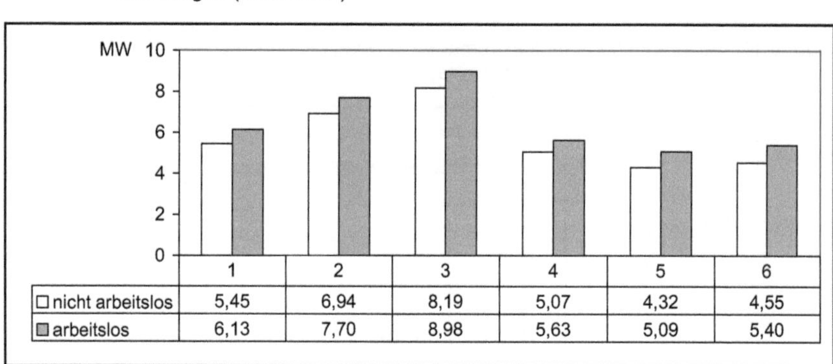

	1	2	3	4	5	6
□ nicht arbeitslos	5,45	6,94	8,19	5,07	4,32	4,55
■ arbeitslos	6,13	7,70	8,98	5,63	5,09	5,40

1 Diktaturbefürwortung – 2 Chauvinismus – 3 Ausländerfeindlichkeit – 4 Antisemitismus – 5 Sozialdarwinismus – 6 Verharmlosung

Arbeitslosigkeitserfahrungen stehen auch in unserer Studie mit rechtsextremen Einstellungen in Verbindung. Personen, die ein- oder mehrmals arbeitslos waren, stimmen rechtslastigen Items häufiger zu (bzw. lehnen diese weniger stark ab), als dies Personen tun, die noch niemals arbeitslos waren. Auch die Zufriedenheit mit dem Einkommen spielt eine Rolle bei der Zustimmung zu rechtem Gedankengut, wie die nachfolgende Abbildung 6.15 zeigt. Personen, die unzufriedener mit ihren Einkommen sind, weisen eine höhere rechte Orientierung auf.

Abb. 6.15: Ausprägungen rechtsextremer Einstellungen 2005 und Zufriedenheit mit dem Einkommen (dichotomisiert, Mittelwerte)

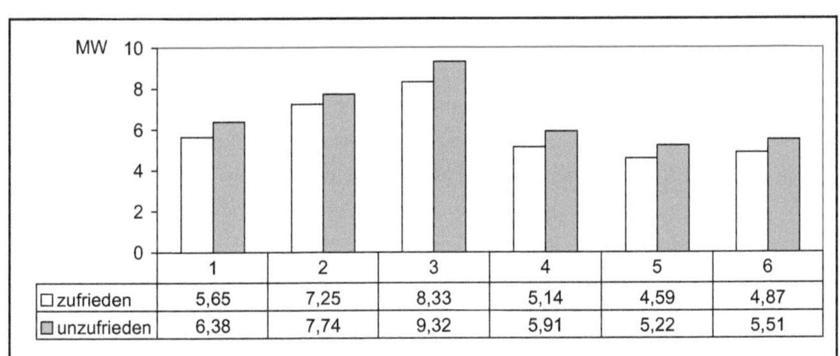

	1	2	3	4	5	6
□ zufrieden	5,65	7,25	8,33	5,14	4,59	4,87
■ unzufrieden	6,38	7,74	9,32	5,91	5,22	5,51

1 Diktaturbefürwortung – 2 Chauvinismus – 3 Ausländerfeindlichkeit – 4 Antisemitismus – 5 Sozialdarwinismus – 6 Verharmlosung

Erfragt wurde auch die persönliche Zukunftszuversicht (Fragewortlaut: »Wie sehen Sie ihre persönliche Zukunft?«). Die Antwortmöglichkeiten (ursprünglich: 1 optimistisch, 2 eher optimistisch als pessimistisch, 3 eher pessimistisch als optimistisch, 4 pessimistisch) wurden zu optimistisch (Antwortpositionen 1 + 2) und pessimistisch (Antwortpositionen 3 + 4) zusammengefasst (Abbildung 6.16).

Abb. 6.16: Ausprägungen rechtsextremer Einstellungen 2005 und persönlicher Zukunftsoptimismus (dichotomisiert, Mittelwerte)

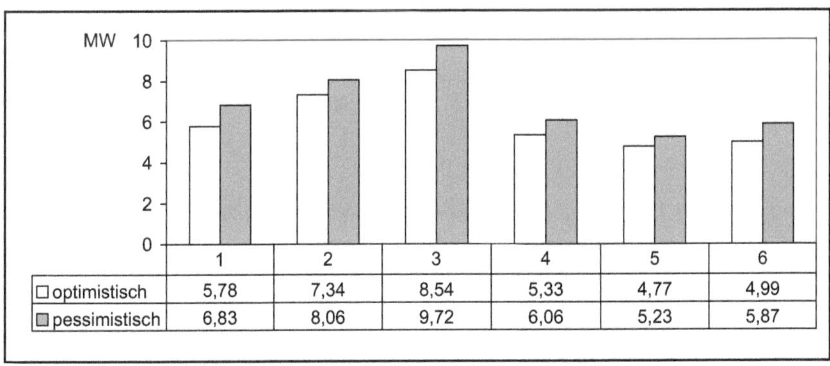

	1	2	3	4	5	6
□ optimistisch	5,78	7,34	8,54	5,33	4,77	4,99
■ pessimistisch	6,83	8,06	9,72	6,06	5,23	5,87

1 Diktaturbefürwortung – 2 Chauvinismus – 3 Ausländerfeindlichkeit – 4 Antisemitismus – 5 Sozialdarwinismus – 6 Verharmlosung

Die pessimistische Sicht auf die Zukunft hat ebenfalls Einfluss auf die Ausprägung rechter Einstellungen. Optimistischere Personen lehnen die vorgegebenen Aussagen viel stärker ab, als dies Pessimisten tun.

Wie verschiedene Auswertungen anhand der Daten der Sächsischen Längsschnittstudie in der Vergangenheit zeigten, stehen der Blick auf die Zukunft für sich selbst, für die Eltern und Kinder in Zusammenhang mit den bisherigen Erfahrungen seit der Wiedervereinigung. Die Frage dazu lautete »Welche persönlichen Erfahrungen haben Sie – alles in allem – mit dem jetzigen Gesellschaftssystem gemacht?«. Die fünfstufige Antwortkategorie wurde zusammengefasst zu 1) positive, 2) sowohl positive als auch negative und 3) negative Erfahrungen (Abbildung 6.17).

Abb. 6.17: Ausprägungen rechtsextremer Einstellungen 2005 und bisherige Erfahrungen im jetzigen Gesellschaftssystem (Mittelwerte)

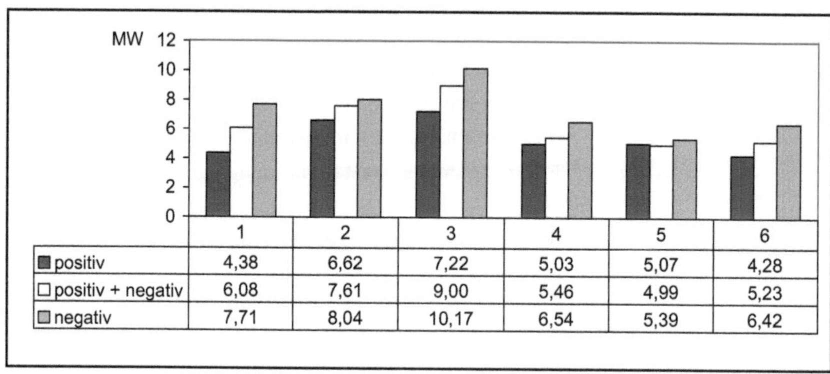

	1	2	3	4	5	6
positiv	4,38	6,62	7,22	5,03	5,07	4,28
positiv + negativ	6,08	7,61	9,00	5,46	4,99	5,23
negativ	7,71	8,04	10,17	6,54	5,39	6,42

1 Diktaturbefürwortung – 2 Chauvinismus – 3 Ausländerfeindlichkeit – 4 Antisemitismus – 5 Sozialdarwinismus – 6 Verharmlosung

Entscheidenden Einfluss auf die Ausprägung rechtsextremer Einstellungen haben die Erfahrungen, die die TeilnehmerInnen seit der Wiedervereinigung mit dem jetzigen Gesellschaftssystem gemacht haben. Personen mit mehrheitlich positiven Erfahrungen lehnen die Aussagen am deutlichsten ab, während Panelmitglieder, die hauptsächlich Negatives erlebten, diese stärker befürworten. Panelmitglieder, bei denen sich positive und negative Erfahrungen die Waage halten, nehmen bezüglich rechter Äußerungen eine mittlere Position ein.

Diese negativen Erfahrungen – und damit auch die Ausprägung rechtsgerichteter Orientierungen – stehen auch in Zusammenhang mit vielen weiteren Einstellungen (z. B. der Zufriedenheit mit dem politischen System und der Wirtschaftsordnung, dem Gefühl als Deutscher zweiter Klasse behandelt zu werden) und verschiedenen Ängsten (z. B. vor Armut im Alter, der Verteuerung des Lebens oder weiteren Reformen der Regierung). Wir haben hier beispielhaft anhand des Fragebogens der »Expertenkonferenz zur Ausarbeitung einer Empfehlung für die Messung rechtsextremer Einstellungen in Deutschland« mit seinen sechs Einstellungsbereichen Zusammenhänge verschiedener Merkmale zu rechtsextremen Einstellungen aufgezeigt. In identischer Form lässt sich dies auch für den Fragebogen nach Heitmeyer (1992) zum rechtsextremen Einstellungssyndrom oder wichtigen Einzelfragen, wie z. B. »Wie ist – ganz allgemein – Ihre Einstellung zu Ausländern?« (vgl. Abbildung 6.6), tun, worauf aus Gründen des Umfangs hier verzichtet werden soll.

6.5 Zusammenfassung

Aufgrund der besonderen Relevanz des Themas Rechtsextremismus im Zuge der Diskurse um die deutsche Wiedervereinigung haben wir in diesem Kapitel exemplarisch einige Auswertungen zur Verbreitung rechtsextremer Einstellungen und ihrer zeitlichen Entwicklung bei den TeilnehmerInnen der Sächsischen Längsschnittstudie vorgenommen.

Festzuhalten ist: In der Gesamtgruppe finden sich kaum rechtsextreme Einstellungen. Die deutliche Mehrheit lehnt jeweils die vorgegebenen Aussagen ab. Auch im Vergleich zu einer deutschlandrepräsentativen Stichprobe zeigte sich, dass rechtsextreme Denkinhalte unter den Befragten unserer Studie geringer ausgeprägt sind (Ausnahme: Ausländerfeindlichkeit). Und doch gibt es, beeinflusst von verschiedenen Dingen, stets einige wenige Personen, die dies weniger ablehnen und die sich eher zustimmend äußern und so eher rechte und rechtsextreme Meinungen tolerieren und vertreten. Mindestens 5 % stimmen – je nach Frage – den rechtsextremen Aussagen eher zu.

Die höchsten Zustimmungsraten zu rechtsorientierten Statements fanden wir für alle erfassten Fragebogen und Einzelfragen Anfang der 90er Jahre. Danach erfolgte bei den meisten Instrumenten bis etwa Mitte der 90er Jahre schnell eine

Abnahme auf ein niedrigeres Niveau, das bis heute etwa konstant geblieben ist. Die hohen Zustimmungsraten zu rechtsextremen Äußerungen, die große Verbreitung von Furcht vor Zuwanderung und die insgesamt ablehnendere Haltung gegenüber Ausländern am Anfang der 90er Jahre sind vielleicht allgemein ein Merkmal der Jugend. Jugendliche tendieren häufig zu Extremen und beziehen im Zuge der Ablösung vom Elternhaus bewusst provozierende Gegenpositionen. Die tendenziell höhere Zustimmung könnte aber genau so gut eine Reaktion auf die oftmals schockartigen Veränderungen der gesamten Lebensumwelt im Zuge der Wiedervereinigung sein. Weitere Erklärungen sind ebenfalls denkbar, dies lässt sich jedoch anhand der Daten nicht schlussendlich beweisen.

Wir konnten zeigen, dass rechtsextreme Einstellungen u. a. mit dem Geschlecht, dem Bildungsgrad oder der erlebten Arbeitslosigkeit zusammenhängen. Wir konnten auch Einflüsse der Einkommenszufriedenheit, des Zukunftsoptimismus und der mit dem jetzigen System gemachten Erfahrungen darstellen. Allerdings sind diese Indikatoren nicht unabhängig voneinander: Eine schlechtere Bildung stellt einen Risikofaktor für Arbeitslosigkeit dar und diese führt zu einem niedrigen Einkommen usw. usf.

Nicht bzw. kaum beeinflusst wurden rechtsextreme Einstellungen von Erfahrungen aufgrund der DDR-Sozialisation der Panelmitglieder (Kollektivorientierung/Systembindung). Die gefundenen wenigen und sehr niedrigen Zusammenhänge deuten, wenn überhaupt, auf einen eher positiven Einfluss einer früheren hohen Kollektivorientierung hin. Hinzuweisen ist an dieser Stelle auch auf die besondere Situation der Ausländer in der ehemaligen DDR. Sie lebten weitgehend gettoisiert, von der Bevölkerung separiert und daher kaum wahrnehmbar. Eine Aufnahme freundschaftlicher Kontakte, der Umgang mit Ausländern überhaupt, war erschwert. Viele Panelmitglieder konnten Erfahrungen (auch durch Reisen) erst ab Anfang der 90er Jahre machen, was eine weitere Erklärungsmöglichkeit für die seinerzeit ausgeprägteren rechten Einstellungen sein könnte.

Auch wenn rechtsextreme Einstellungen, wie wir durch Korrelationen über viele Erhebungszeitpunkte hinweg aufzeigen konnten, eine gewisse zeitliche Stabilität aufweisen (mit anderen Worten: Einige Panelmitglieder waren bereits 1990 eher rechtsorientiert und werden dies vermutlich auch bleiben), so lässt sich doch unseren Ergebnissen zufolge schließen, dass sich die heutigen Einstellungen der Panelmitglieder zu Ausländern, zu Juden, zum Sozialdarwinismus, zum Nationalsozialismus, Chauvinismus usw. in erster Linie unter dem Einfluss der gesellschaftlichen Bedingungen seit der Wiedervereinigung entwickelt haben. Negative

Erfahrungen, wie z. B. Arbeitslosigkeit, führen zu mehr rechtsextremen Überzeugungen.

Einschränkend gilt für unsere Studie – wie für alle sozialwissenschaftlichen Erhebungen in diesem Themenfeld – dass soziale Erwünschtheit eine besondere Relevanz hat, d. h. dass sicherlich einige TeilnehmerInnen mit ihren wahren, eher rechteren Einstellungen, hinter dem Berg gehalten haben. Die Verwendung verschiedenster Fragen, Instrumente und Indikatoren kann solche Tendenzen etwas verhindern, aber nie ganz ausschließen.

Literatur

Adkins, C. L., Werbel, J. D. & Farh, J. L. (2001). A field study of job security during a financial crisis. Group & Organization Management, 26, 463–483.

Bacher, J. (1999). Arbeitslosigkeit und Rechtsextremismus. Forschungsergebnisse auf der Basis des ALLBUS 1996 und der Nürnberger BerufsschülerInnenbefragung 1999. Arbeits- und Diskussionspapiere, 99-6, Nürnberg: Friedrich-Alexander-Universität Erlangen-Nürnberg, Lehrstuhl für Soziologe. [http://www.soziologie.wiso.uni-erlangen.de/publikationen/a-u-d-papiere/a_99-06.pdf].

Backes, U. (2003). Rechtsextreme Ideologien in Geschichte und Gegenwart. Köln: Böhlau.

Berth, H. (1999). Die Angst vor der Wiedervereinigung. Inhaltsanalytische Überlegungen. In: A. Hessel, M. Geyer & E. Brähler (Hrsg.), Gewinne und Verluste. Globalisierung und deutsche Wiedervereinigung aus psychosozialer Sicht (S. 124–139). Opladen: Westdeutscher Verlag.

Berth, H. & Brähler, E. (2000). Zehn Jahre Deutsche Einheit – Die Bibliographie. Berlin: Verlag für Wissenschaft und Forschung.

Berth, H., Förster, P. & Brähler, E. (2003a). Arbeitslosigkeit und Gesundheit. Ergebnisse einer Studie bei jungen Erwachsenen. In: Jahrbuch für Kritische Medizin, 39, S. 108–124. Hamburg: Argument-Verlag.

Berth, H., Förster, P. & Brähler, E. (2003b). Gesundheitsfolgen von Arbeitslosigkeit und Arbeitsplatzunsicherheit bei jungen Erwachsenen. Das Gesundheitswesen, 65, 555–560.

Berth, H., Förster, P. & Brähler, E. (2004). Psychosoziale Folgen einer Migration aus den neuen in die alten Bundesländer. Ergebnisse einer Längsschnittstudie. psychosozial, 27, 81–95.

Berth, H., Förster, P. & Brähler, E. (2005). Arbeitslosigkeit, Arbeitsplatzunsicherheit und Lebenszufriedenheit. Ergebnisse einer Studie bei jungen Erwachsenen in den neuen Bundesländern. Sozial- und Präventivmedizin, 50, 1–9.

Berth, H., Förster, P., Balck, F., Brähler, E. & Stöbel-Richter, Y. (2005). Arbeitslosigkeit, Selbstwirksamkeitserwartung, Beschwerdeerleben. Ergebnisse einer Studie bei jungen Erwachsenen. Zeitschrift für Klinische Psychologie, Psychiatrie und Psychotherapie, 53, 328–341.

Berth, H., Förster, P., Petrowski, K., Stöbel-Richter, Y. & Balck, F. (2006a). Geschlechterdifferenzen in den Gesundheitsfolgen von Arbeitslosigkeit. Ergebnisse der Sächsischen Längsschnittstudie. In: A. Hinz & O. Decker (Hrsg.), Gesundheit im gesellschaftlichen Wandel. Altersspezifik und Geschlechterrollen (S. 78–92). Gießen: Psychosozial-Verlag.

Berth, H., Förster, P., Stöbel-Richter, Y., Balck, F. & Brähler, E. (2006b). Arbeitslosigkeit und psychische Belastung. Ergebnisse einer Längsschnittstudie 1991 bis 2004. Zeitschrift für Medizinische Psychologie, 15, 111–116.

Berth, H., Förster, P., Stöbel-Richter, Y., Balck, F. & Brähler, E. (im Druck). Arbeitslosigkeit und psychische Belastung. Ergebnisse einer Längsschnittstudie 1991 bis 2004. Erscheint in: Zeitschrift für Medizinische Psychologie.

Birg, H. (2001). Die demographische Zeitenwende. Der Bevölkerungsrückgang in Deutschland und Europa. 4. Aufl. München: Beck.

Bölting, F. (2002). Rechtsextremismus, Gewalt und Fremdenfeindlichkeit. Wahrnehmungen – Hintergründe – Entscheidungen. Paderborn: Schönigh.

Böltken, F. (1991). Umzugsabsichten in den alten und neuen Ländern. Ausmaß und Hintergründe der Bereitschaft zu räumlicher Mobilität. In: Projektgruppe »Das Sozio-ökonomische Panel« (Hrsg.), Lebenslagen im Wandel: Basisdaten und -analysen zur Entwicklung in den Neuen Bundesländern (S. 318–331). Frankfurt am Main (Campus).

Böltken, F. (1994). Umzugspläne und Mobilitätspotentiale in Ost- und Westdeutschland. Eine Untersuchung von Umzugsabsichten und -motiven 1990–1993 unter besonderer Berücksichtigung der Wohnsituation. Informationen zur Raumentwicklung, 10–11, 759–780.

Brähler, E. & Decker, O. (2005). Rechtsextreme Einstellungen in Deutschland. Leipzig: Universität Leipzig, Selbständige Abteilung für Medizinische Psychologie und Medizinische Soziologie. [http://www.uni-leipzig.de/%7Emedpsy/pdf/rechtsextremismus_230605.pdf].

Brähler, E. & Niedermayer, O. (2002). Rechtsextreme Einstellungen in Deutschland. Ergebnisse einer repräsentativen Erhebung im April 2002. Arbeitshefte aus dem Otto-Stammer-Zentrum, Nr. 6. Berlin: Fachbereich Politik und Sozialwissenschaften der FU Berlin. [http://www.polwiss.fu-berlin.de/osz/dokumente/PDF/BraeNied.pdf].

Brähler, E. & Scheer, J. W. (1995). Gießener Beschwerdebogen (GBB). Göttingen: Hogrefe.

Brähler, E., Laubach, W. & Stöbel-Richter, Y. (2002). Belastung und Befindlichkeit von Arbeitslosen in Deutschland. In: J. Schumacher, K. Reschke & H. Schröder (Hrsg.), Mensch unter Belastung (S. 201–214). Frankfurt am Main: VAS.

Bugiel, B. (2002). Rechtsextremismus Jugendlicher in der DDR und in den neuen Bundesländern von 1982–1998. Münster: Lit.

Bundesagentur für Arbeit (2006). Der Arbeits- und Ausbildungsmarkt in Deutschland. Oktober 2006. Monatsbericht. (http://www.pub.arbeitsamt.de/hst/services/statistik/000000/html/start/monat/aktuell.pdf, Stand: 17.11.2006).

Bundesministerium des Inneren (2005). Verfassungsschutzbericht 2005. Vorabfassung. Berlin: Bundesministerium des Inneren. [http://www.verfassungsschutz.de/download/de/publikationen/verfassungsschutzbericht/Vorabfassung_Jahresbericht_2005/vorabfassung_2005.pdf, 07.08.2006].

Büschel, F. & Schwarze, J. (1994). Die Migration von Ost- nach Westdeutschland – Absicht und Realisierung. Ein sequentielles Probitmodell mit Kontrolle unbeobachteter Heterogenität. Mitteilungen aus der Arbeitsmarkt- und Berufsforschung, 27, 43–52.

Büssing, A. (1987). Arbeitsplatzunsicherheit und Antizipation von Arbeitslosigkeit als Stadien des Arbeitslosigkeitsprozesses. Soziale Welt, 38, 309–329.

Butterwege, C. (2002). Rechtsextremismus, Rassismus und Gewalt. Darmstadt: Wissenschaftliche Buchgesellschaft.

Butterwegge, C. & Klundt, M. (2002). Kinderarmut und Generationengerechtigkeit. www.familienhandbuch.de (10/2006).

Castells, M. (2002). Das Informationszeitalter, Bd. 2, Die Macht der Identität. Opladen: VS Verlag für Sozialwissenschaften.

Cornelißen, W. (2005). Gender-Datenreport. Erstellt durch das Deutsche Jugendinstitut e.V. in Zusammenarbeit mit dem Statistischen Bundesamt unter der Leitung von W. Cornelißen, Internetpublikation: Bundesministerium für Familie, Senioren, Frauen und Jugend. http://www.bmfsfj.de/Publikationen/genderreport/Service/impressum.html.

Decker, O. & Brähler, E. unter Mitarbeit von Geißler, N. (2006). Vom Rand zur Mitte. Rechtsextreme Einstellungen und ihre Einflussfaktoren in Deutschland. Berlin: Friedrich-Ebert-Stiftung.

Dienel, C. (Hrsg.) (2005). Abwanderung, Geburtenrückgang und regionale Entwicklung – Ursachen und Folgen des Bevölkerungsrückgangs in Ostdeutschland. Wiesbaden: VS Verlag für Sozialwissenschaften.

Dorbritz, J. (1998). Der Wandel in den generativen Entscheidungen in Ostdeutschland – ein generationenspezifischer Prozeß? In: M. Häder & S. Häder (Hrsg.), Sozialer Wandel in Ostdeutschland (S. 123–155). Opladen: Westdeutscher Verlag.

Eifler, C. (1993). Ein begrenzter Einstieg: Forschung über Frauen in der DDR. Zeitschrift für Frauenforschung, 11, 77–89.

Elkeles, T. & Seifert, W. (1992). Arbeitslosigkeit und Gesundheit. Langzeitanalysen mit dem Sozio-Ökonomischen Panel. Soziale Welt, 43, 278–300.

European Commission (2005). Eurobarometer 63.4. Die Öffentliche Meinung in der Europäischen Union Frühjahr 2005. Nationaler Bericht Deutschland (http://ec.europa.eu/public_opinion/archives/eb/eb63/eb63_nat_de.pdf).

Feather, N. T. (1990). The psychological impact of unemployment. New York: Springer.

Fischer, A. (2000). Jugend 2000. 13. Shell Jugendstudie. Opladen: Leske + Budrich.

Förster, P. & Roski, G. (1990). DDR zwischen Wende und Wahl. Meinungsforscher analysieren den Umbruch. Berlin: LinksDruck.

Förster, P. (1988). Erfahrungen bei der komplexen Analyse der Lernmotivation von Schülern. Psychologische Praxis, 6, Ergänzungsheft, 3–15.

Förster, P. (1999). Die Entwicklung des politischen Bewusstseins der DDR-Jugend zwischen 1966 und 1989. In: W. Friedrich, P. Förster & K. Starke (Hrsg.), Das Zentralinstitut für Jugendforschung Leipzig 1966 bis 1990. Geschichte, Methoden, Erkenntnisse (S.70–165). Berlin: edition ost.

Förster, P. (2002). Junge Ostdeutsche auf der Suche nach der Freiheit. Eine systemübergreifende Längsschnittstudie zum politischen Mentalitätswandel vor und nach der Wende. Opladen: Leske + Budrich.

Förster, P. (2006). Warum viele junge Ostdeutsche den Kapitalismus wieder loswerden wollen. Beispiel: Die 32-Jährigen. Ergebnisbericht zur 19. Welle der Sächsischen Längsschnittstudie. (http://www.wiedervereinigung.de/sls/PDF/foersterstudie2006.pdf).

Förster, P., Berth, H. & Brähler, E. (2004). Arbeitslosigkeit und Gesundheit – Ergebnisse der Sächsischen Längsschnittstudie 17. Welle 2003. Arbeitsheft der Otto-Brenner-Stiftung, 37. (http://www.wiedervereinigung.de/sls/PDF/brennerstiftungarbeitsheft37.pdf)

Förster, P., Friedrich, W., Müller, H., & Schubart, W. (1993). Jugend Ost: zwischen Hoffnung und Gewalt. Opladen: Leske + Budrich.

Friedrich, W. & Förster, P. (1991). Ostdeutsche Jugend 1990. Deutschland Archiv, 4, 349–360 & 7, 710–714.

Friedrich, W. & Förster, P. (1994). Jugendliche in den neuen Bundesländern. In: H.-J. Veen (Hrsg.), Eine Jugend in Deutschland? (S. 119–152). Opladen: Leske + Budrich.

Friedrich, W. & Förster, P. (1996). Jugend im Osten. Politische Mentalität im Wandel. Leipzig: Rosa-Luxemburg-Verein.

Friedrich, W. & Müller, H. (1980). Zur Psychologie der 12–22Jährigen. Resultate einer Intervallstudie. Berlin: Deutscher Verlag der Wissenschaften.

Friedrich, W. (2002). Rechtsextremismus im Osten. Ein Ergebnis der DDR-Sozialisation? Schkeuditz: GNN.

Friedrich, W., Förster, P. & Starke, K. (Hrsg.) (1999). Das Zentralinstitut für Jugendforschung Leipzig 1966 bis 1990. Geschichte, Methoden, Erkenntnisse. Berlin: edition ost.

Gericke, T. (1999). Migration und Biographie Jugendlicher in Sachsen. In: W. Bien, R. Kuhnke & M. Reißig (Hrsg.), Wendebiographien. Zur ökonomischen, sozialen und moralischen Verselbständigung junger Erwachsener. Ergebnisse der Leipziger Längsschnitt-Studie 3 (S. 55–72). München: DJI-Verlag.

Giesen, B. & Leggewie, C. (1991). Sozialwissenschaften vis-a-vis. Die deutsche Vereinigung als sozialer Großversuch. In: B. Giesen & C. Leggewie (Hrsg.), Experiment Vereinigung. Ein sozialer Großversuch (S. 7–18). Berlin: Rotbuch.

Grobe, T. G. & Schwartz, F. W. (2003). Arbeitslosigkeit und Gesundheit. Gesundheitsberichterstattung des Bundes, Heft 13. Berlin: Robert-Koch-Institut.

Grulke, N., Bailer, H., Albani, C., Blaser, G., Schmutzer, G., Geyer, M. & Brähler, E. (2004). Migration in die Depression? Innerdeutsche Migration und psychische Befindlichkeit. psychosozial, 27, 97–106.

Grumke, T. (2002). Handbuch Rechtsradikalismus. Opladen: Leske + Budrich.

Häfner, H. (1990). Arbeitslosigkeit – Ursache von Krankheit und Sterberisiken? Zeitschrift für Klinische Psychologie, 14, 1–17.

Heitmeyer, W. (1992). Die Bielefelder Rechtsextremismus-Studie. Erste Langzeituntersuchung zur politischen Sozialisation männlicher Jugendlicher. Weinheim: Juventa.

Helmert, U. (2002). Subjektive Einschätzung der Gesundheit und Mortalitätsentwicklung. Gesundheitswesen, 65, 47–54.

Hengsbach, F. (2004). Das Reformspektakel. Warum der menschliche Faktor mehr Respekt verdient. Freiburg im Breisgau: Herder.

Henrich, G. & Herschbach, P. (2000). Questions on Life Satisfaction (FLZ M) – A short questionnaire for assessing subjective quality of life. European Journal of Psychological Assessment, 16, 150–159.

Hensel, J. (2002). Zonenkinder. Berlin: Rowohlt.

Herrmann, C., Buss, U. & Snaith, R. P. (1995). Hospital Anxiety and Depression Scale – Deutsche Version. Ein Fragebogen zur Erfassung von Angst und Depressivität in der somatischen Medizin. Bern: Huber.

Hildebrandt, K. (1994). Historischer Exkurs zur Frauenpolitik der SED. In: B. Bütow & H. Stecker (Hrsg.), EigenArtige Ostfrauen (S. 12–31). Bielefeld: Kleine.

Hoffmann, E. (1987). Kinderwunsch – subjektiver Faktor reproduktiven Verhaltens. In: W. Speigner & Autorenkollektiv (Hrsg.), Kind und Gesellschaft (S. 98–115). Berlin: Akademie Verlag.

Hoscislawski, T. (2004). Die Problematik des Stadtumbau Ost als Erbe der DDR-Stadtentwicklung? Städte im Umbruch, 1. Online-Magazin, (http://www.schrumpfende-stadt.de/magazin/0401/3hoscislawski.htm).

Hurrelmann, K., Albert, M. & TNS Infratest Sozialforschung (2006). Jugend 2006. Eine pragmatische Generation unter Druck. Frankfurt: Fischer

Jahoda, M., Lazarsfeld, P. F. & Zeisel, H. (1933). Die Arbeitslosen von Marienthal. Ein soziodemographischer Versuch über die Wirkung langandauernder Arbeitslosigkeit. Leipzig: Hirzel.

Jaschke, H.-G. (2001). Rechtsextremismus und Fremdenfeindlichkeit. Begriffe, Positionen, Praxisfelder (2. Aufl.). Opladen: Verlag für Sozialwissenschaften.

Kempe, W. (1999). Bildungsstruktur der Ost-West-Migration: Humankapitalverlust Ostdeutschlands gestoppt. Wirtschaft im Wandel, 15, 19–23.

Klaghofer, R. & Brähler, E. (2001). Konstruktion und teststatistische Prüfung einer Kurzform der SCL-90-R. Zeitschrift für klinische Psychologie, Psychiatrie und Psychotherapie, 49, 115–124.

Knapp, A. & Zweimüller, J. (2005). Unemployment and Right-Wing Extremist Crime. IZA Discussion Paper, No. 1540. Bonn: IZA. [ftp://ftp.iza.org/dps/dp1540.pdf].

Konietzka, D. & Kreyenfeld, M. (2004). Geburtenentwicklung und Familienformen nach der Wiedervereinigung Deutschlands. In: Tätigkeitsberichts des Max-Planck-Instituts für Demographische Forschung (S. 127–131). Rostock: MPI (http://www.mpg.de/bilderBerichte Dokumente/dokumentation/jahrbuch/2004/demografische_forschung/forschungsSchwerpunkt/pdf.pdf).

Krauth, J. & Lienert, G. A. (1973). KFA. Die Konfigurationsfrequenzanalyse und ihre Anwendung in Psychologie und Medizin. Freiburg: Alber.

Lange, C. & Lampert, T. (2005). Die Gesundheit arbeitsloser Frauen und Männer. Erste Auswertungen des telefonischen Gesundheitssurveys 2003. Bundesgesundheitsblatt, 48, 1256–1264.

Lucas, R. E., Clark, A. E., Georgellis, Y. & Diener, E. (2004). Unemployment Alters the Set Point for Life Satisfaction. Psychological Science, 15, 8–13.

Ludwig, R. (1997). Möglichkeiten der Ergebnisdarstellung bei Intervallstudien. In: U. Schlegel & P. Förster (Hrsg.), Ostdeutsche Jugendliche. Vom DDR- Bürger zum Bundesbürger (S. 391–400). Opladen: Leske + Budrich.

Maaz, H.-J. (1990). Der Gefühlsstau. Berlin: Argon.

Mai, R. (2004). Abwanderung aus Ostdeutschland. Städte im Umbruch, 1. Online-Magazin, (http://www.schrumpfende-stadt.de/magazin/0401/5mai.htm).

McKee-Ryan, F. M., Song, Z., Wanberg, C. R. & Kinicki, A. J. (2005). Psychological and physical well-being during unemployment: A meta-analytic study. Journal of Applied Psychology, 90, 53–76.

Mohr, G. (1997). Erwerbslosigkeit, Arbeitsplatzunsicherheit und psychische Befindlichkeit. Frankfurt am Main: Lang.

Moser, K. & Paul, K. (2001). Arbeitslosigkeit und seelische Gesundheit. Verhaltenstherapie und psychosoziale Praxis, 33, 431–442.

Müller, H. (1999). Die Forschungsorganisation. In: W. Friedrich, P. Förster & K. Starke (Hrsg.), Das Zentralinstitut für Jugendforschung Leipzig 1966 bis 1990. Geschichte, Methoden, Erkenntnisse (S. 477-495). Berlin: edition ost.

Murphy, G. C. & Athanasou, J. A. (1999). The effect of unemployment on mental health. Journal of Occupational and Organizational Psychology, 72, 83–99.

Pelzmann, L., Winkler, N. & Zewell, E. (1985). Antizipation von Arbeitslosigkeit. In: T. Kieselbach & A. Wacker (Hrsg.), Individuelle und gesellschaftliche Kosten der Massenarbeitslosigkeit. Psychologische Theorie und Praxis (S. 256–268). Weinheim: Beltz.

Pfahl-Traughber, A. (1995). Rechtsextremismus. Eine kritische Bestandsaufnahme der Wiedervereinigung (2. Aufl.). Bonn: Bouvier.

Pfahl-Traughber, A. (1999). Rechtsextremismus in der Bundesrepublik. München: Beck.

Pfahl-Traughber, A. (2000). Die Entwicklung des Rechtsextremismus in Ost- und Westdeutschland. Aus Politik und Zeitgeschichte, 39, 3–14.

Raffelhüschen, B. (1992). Labor migration in Europe. Experiences from Germany after unification. European economic review, 36, 1453–1471.

Saunders, J. B., Aasland, O. G., Babor, T. F., delaFuente, J. R. & Grant. M. (1993). Development of the alcohol use disorders identification test (AUDIT): WHO collaborative project on early detection of persons with harmful alcohol consumption-II. Addiction, 88, 791–804.

Schröder, K., Alisch, S., Bressan, S. & Deutz-Schröder, M. (2004). Rechtsextremismus und Jugendgewalt in Deutschland. Paderborn: Schönigh.

Schubarth, W. & Stöss, R. (2001). Rechtsextremismus in der Bundesrepublik Deutschland. Opladen: Verlag für Sozialwissenschaften.

Schwarzer, R. & Hahn, A. (1995). Reemployment after migration from East to West Germany: A longitudinal study on psychosocial factors. Applied Psychology – An international review, 44, 77–93.

Speigner, W. & Autorenkollektiv (Hrsg.) (1987). Kind und Gesellschaft. Berlin: Akademie Verlag.

Spiegel Spezial 1/1991: Das Profil der Deutschen. Was sie vereint, was sie trennt.

Spies, C. & Neumann, T. (2003). Audit-Fragebogen zum Alkoholismus. Gesundheitsinformationen, Online-Document [http://www.patienteninformation.de/2gesundheitsinformationen/eigene/AUDIT/view, Retrieved 14.3.2004]

Stöbel-Richter, Y. & Brähler, E. (2006). Ausgewählte Fakten zum politischen Lamento über sinkende Kinderzahlen. Journal für Reproduktionsmedizin und Endokrinologie, 3, 307–314.

Stöbel-Richter, Y., Berth, H. & Hinz, A. (2006). Kinderwunsch in der Paarinteraktion: Determinanten, Kommunikation und Zusammenhang mit Rollenerwartungen. In: A. Hinz & O. Decker (Hrsg.), Gesundheit im gesellschaftlichen Wandel. Altersspezifik und Geschlechterrollen (S. 47–60). Gießen: Psychosozial-Verlag.

Stöss, R. (1999). Rechtsextremismus im vereinten Deutschland. Bonn: Friedrich-Ebert-Stiftung.

Stöss, R. (2005). Rechtsextremismus im Wandel. Bonn: Friedrich-Ebert-Stiftung.

Sverke, M., Hellgren, J. & Naeswall, K. (2002). No security: A meta-analysis and review of job insecurity and its consequences. Journal of Occupational and Health Psychology, 7, 242–264.

Udris, I. (2005). Die Kosten der Erwerbslosigkeit – gesundheitlich, psychisch, sozial, gesellschaftlich. Zeitschrift für Psychotraumatologie und Psychologische Medizin, 3, 13–29.

Wagner, W. & Berth, H. (2006). Ein Modell zur Erklärung alltagskulturellen Wandels. Das Beispiel deutsche Vereinigung und die Entwicklung des Rechtsextremismus in den neuen Bundesländern. Journal für Psychologie, 14, 227–247.

Wagner, W. (1999). Gesellschaftlicher Wandel und Körperideal. In: A. Hessel, M. Geyer & E. Brähler (Hrsg.), Gewinne und Verluste. Globalisierung und deutsche Wiedervereinigung aus psychosozialer Sicht (S. 101–123). Opladen: Westdeutscher Verlag.

Wendt, H. (1993). Familienbildung und Familienpolitik in der ehemaligen DDR. Sonderheft 22, Wiesbaden: Bundesinstitut für Bevölkerungsforschung.

Winefield, A. H. (2002). The psychology of unemployment. In: C. v. Hofsten & L. Baeckman (Eds.), Psychology at the turn of the millennium, vol. 2: Social, developmental, and clinical perspectives (pp. 393–408). Florence: Taylor & Frances.

Winkler, G. (Hrsg.) (1990). Frauenreport '90. Berlin: Verlag Die Wirtschaft.

Tabellenverzeichnis

Abbildungsverzeichnis

Anhang

Bibliographie zur Sächsischen Längsschnittstudie

Förster, P. (1992). Jugendliche in Sachsen auf dem Weg in das vereinte Deutschland. Dokumentation einer Intervallstudie 1987–1992. Leipzig: Friedrich-Ebert-Stiftung.

Förster, P. & Friedrich, W. (1992). Politische Einstellungen und Grundpositionen Jugendlicher in Ostdeutschland. Aus Politik und Zeitgeschichte, 38, 3–15.

Förster, P. (1993). Exkurs: Spurensuche – Ergebnisse einer Intervalluntersuchung zwischen 1987 und 1992. In P. Förster, W. Friedrich, H. Müller & W. Schubarth, Jugend Ost: Zwischen Hoffnung und Gewalt (S. 208–223). Opladen: Leske + Budrich.

Förster, P. & Friedrich, W. (1996). Jugendliche in den neuen Bundesländern. Ergebnisse einer empirischen Studie zum Wandel der Meinungen, Einstellungen und Werte von Jugendlichen in Sachsen 1990 bis 1994. Aus Politik und Zeitgeschichte, 19, 18–29.

Förster, P. (1997). Der lange Weg vom DDR- zum Bundesbürger. In U. Schlegel & P. Förster (Hrsg.), Ostdeutsche Jugendliche. Vom DDR-Bürger zum Bundesbürger (S. 208–223). Opladen: Leske + Budrich.

Förster, P. (1998). Systemwechsel und Mentalitätswandel. Ergebnisse einer Längsschnittstudie bei ostdeutschen Jugendlichen zwischen 1987 und 1996. In H. Oswald (Hrsg.), Sozialisation und Entwicklung in den neuen Bundesländern. Ergebnisse empirischer Längsschnittforschung (S. 69–84). Weinheim: Juventa.

Förster, P. (1999). Die 25jährigen auf dem langen Weg in das vereinte Deutschland. Ergebnisse einer seit 1987 laufenden Längsschnittstudie. Aus Politik und Zeitgeschichte, 43–44, 20–31.

Förster, P. (1999). Vom DDR-Bürger zum Bundesbürger. Längsschnittanalyse des politischen Einstellungswandels bei ostdeutschen Jugendlichen vor und nach der Wende. Dokumentation ausgewählter Ergebnisse der Sächsischen Längsschnittstudie zwischen 1987 und 1998. Leipzig.
[http://www.wiedervereinigung.de/sls/PDF/w13.pdf]

Förster, P. (2001). »Es war nicht alles falsch, was wir früher über den Kapitalismus gelernt haben.« Empirische Ergebnisse einer Längsschnittstudie zum Weg junger Ostdeutscher vom DDR-Bürger zum Bundesbürger. Deutschland Archiv, 2, 197–218.

Förster, P. (2001). Langzeitwirkungen der DDR-Sozialisation – Realität und Spekulation. Empirische Ergebnisse einer wendeüberschreitenden Längsschnittstudie bei jungen Ostdeutschen. hochschule ost, 1, 62–82.

Förster, P. (2002). Junge Ostdeutsche auf der Suche nach der Freiheit. Eine systemübergreifende Längsschnittstudie zum politischen Mentalitätswandel vor und nach der Wende. Opladen: Leske + Budrich.
[http://www.wiedervereinigung.de/sls/PDF/buch2002.pdf]

Förster, P. (2002). Die Generation der zweifach Enttäuschten. Junge Ostdeutsche im Jahr 12 nach der Vereinigung. Utopie kreativ, 145, 978–993.
[http://www.wiedervereinigung.de/sls/PDF/145_foerster.pdf]

Förster, P. (2002). Erneut enttäuscht. Junge Ostdeutsche im Jahr zwölf nach der Vereinigung. Neueste Ergebnisse der seit 1987 laufenden »Sächsischen Längsschnittstudie«. Junge Welt vom 5./6. und 7.10.2002.

Berth, H., Förster, P. & Brähler, E. (2003). Gesundheitsfolgen von Arbeitslosigkeit und Arbeitsplatzunsicherheit bei jungen Erwachsenen. Das Gesundheitswesen, 10, 555–560. [http://www.wiedervereinigung.de/sls/PDF/gesundheitswesen2003.pdf]

Berth, H., Förster, P. & Brähler, E. (2003). Arbeitslosigkeit und Gesundheit. Ergebnisse einer Studie bei jungen Erwachsenen. Jahrbuch für Kritische Medizin, 39, 108–124.

Förster, P. (2003). Junge Ostdeutsche im Jahr 12 nach der Vereinigung: Die Generation der zweifach Enttäuschten. Ergebnisbericht zur 16. Welle der Sächsischen Längsschnittstudie.
[http://www.wiedervereinigung.de/sls/PDF/foersterstudie2003.pdf]

Förster, P. (2003). Junge Ostdeutsche heute: doppelt enttäuscht. Ergebnisse einer Längsschnittstudie zum Mentalitätswandel zwischen 1987 und 2002. Aus Politik und Zeitgeschichte, 15, 6–17.
[http://www.wiedervereinigung.de/sls/PDF/apuz2003.pdf]

Förster, P. (2003). Junge Ostdeutsche heute. Zustimmung zur politischen Wende, jedoch Zweifel an der Zukunftsfähigkeit des jetzigen Gesellschaftssystems. Zeitschrift Marxistische Erneuerung, 53, 47–63.

Förster, P. (2003). Langzeitwirkungen der DDR-Sozialisation. In S. Andresen, K. Bock, M. Brumlik, H.-U. Otto, M. Schmidt & D. Sturzbecher (Hrsg.), Vereintes Deutschland – geteilte Jugend. Ein politisches Handbuch (S. 143–155). Opladen: Leske + Budrich.

Berth, H., Förster, P. & Brähler, E. (2004). Psychosoziale Folgen einer Migration aus den neuen in die alten Bundesländer. Ergebnisse einer Längsschnittstudie. psychosozial, 26, 81–95.

Förster, P. (2004). Junge Ostdeutsche im Jahr 13 nach der Vereinigung: Keine Zukunft im Osten! Ergebnisbericht zur 17. Welle der Sächsischen Längsschnittstudie. [http://www.wiedervereinigung.de/sls/PDF/foersterstudie2004.pdf]

Förster, P. (2004). Die 30-Jährigen in den neuen Bundesländern: Keine Zukunft im Osten! Ergebnisse einer systemübergreifenden Längsschnittstudie. Deutschland Archiv, 37, 23–42.
[http://www.wiedervereinigung.de/sls/PDF/deutschlandarchiv2004.pdf]

Förster, P. (2004). Ohne Arbeit keine Freiheit! Warum junge Ostdeutsche rund 15 Jahre nach dem Zusammenbruch des Sozialismus noch nicht im gegenwärtigen Kapitalismus angekommen sind. Ergebnisbericht zur 18. Welle der Sächsischen Längsschnittstudie.
[http://www.wiedervereinigung.de/sls/PDF/foersterstudie2005.pdf]

Förster, P., Berth, H. & Brähler, E. (2004). Arbeitslosigkeit und Gesundheit – Ergebnisse der Sächsischen Längsschnittstudie 17. Welle 2003. Arbeitsheft der Otto-Brenner-Stiftung, 37.
[http://www.wiedervereinigung.de/sls/PDF/brennerstiftungarbeitsheft37.pdf]

Berth, H., Förster, P., Balck, F., Brähler, E. & Stöbel-Richter, Y. (2005). Arbeitslosigkeit, Selbstwirksamkeitserwartung, Beschwerdeerleben. Ergebnisse einer Studie bei jungen Erwachsenen. Zeitschrift für Klinische Psychologie, Psychiatrie und Psychotherapie, 53, 328–341.

Berth, H., Förster, P. & Brähler, E. (2005). Arbeitslosigkeit, Arbeitsplatzunsicherheit und Lebenszufriedenheit. Ergebnisse einer Studie bei jungen Erwachsenen in den neuen Bundesländern. Sozial- und Präventivmedizin, 50, 1–9.
[http://www.wiedervereinigung.de/sls/PDF/sozpravmed2005.pdf]

Berth, H., Förster, P., Petrowski, K., Stöbel-Richter, Y. & Balck, F. (2006). Geschlechterdifferenzen in den Gesundheitsfolgen von Arbeitslosigkeit. Ergebnisse der Sächsischen Längsschnittstudie. In A. Hinz & O. Decker (Hrsg.), Gesundheit im gesellschaftlichen Wandel. Altersspezifik und Geschlechterrollen (S. 78–92). Gießen: Psychosozial-Verlag.
[http://www.wiedervereinigung.de/sls/PDF/braehlerbandarbeitslosigkeit.pdf]

Berth, H., Förster, P., Stöbel-Richter, Y., Balck, F. & Brähler, E. (2006). Arbeitslosigkeit und psychische Belastung. Ergebnisse einer Längsschnittstudie 1991 bis 2004. Zeitschrift für Medizinische Psychologie, 15, 111–116.
[http://www.wiedervereinigung.de/sls/PDF/zmp2006.pdf]

Förster, P. (2006). Warum viele junge Ostdeutsche den Kapitalismus wieder loswerden wollen. Beispiel: Die 32-Jährigen. Ergebnisbericht zur 19. Welle der Sächsischen Längsschnittstudie.
[http://www.wiedervereinigung.de/sls/PDF/foersterstudie2006.pdf]

Die AutorInnen (in alphabetischer Reihenfolge)

Dr. rer. medic. Hendrik Berth, Dipl.-Psych.

geb. 1970. 1991–1996 Studium der Psychologie in Dresden, 1996 Diplom-Psychologe. 2003 Promotion. 1996–2000 wissenschaftlicher Mitarbeiter der Technischen Universität Dresden, Pädagogische Psychologie. 2000 Wissenschaftlicher Mitarbeiter der Universität Leipzig, Medizinische Psychologie und Medizinische Soziologie. Seit 2000 Wissenschaftlicher Mitarbeiter am Universitätsklinikum Dresden, Medizinische Psychologie und Medizinische Soziologie.

Forschungsschwerpunkte: Transformationsforschung, Inhaltsanalyse, Krankheitsbewältigung, Psychologische Aspekte der Humangenetik, Arbeitslosigkeit und Gesundheit

Adresse: Universitätsklinikum Carl Gustav Carus Dresden, Medizinische Psychologie und Medizinische Soziologie, Fetscherstr. 74, 01307 Dresden
E-Mail: berth@wiedervereinigung.de

Prof. Dr. rer. biol. hum. habil. Elmar Brähler

geb. 1946. 1965–1970 Studium der Mathematik und Physik in Gießen. 1970 Diplommathematiker. 1976 Promotion. 1980 Habilitation in Medizinischer Psychologie. 1985 Ernennung zum Honorarprofessor in Gießen. 1969–1994 Tätigkeit am Zentrum für Psychosomatische Medizin in Gießen. 1991–1994 Gastprofessur im Rahmen des Hochschulsonderprogramms an der Universität Leipzig. Seit 1994 Leiter der Abteilung für Medizinische Psychologie und Medizinische Soziologie der Universität Leipzig. 2002–2005 Prodekan der Medizinischen Fakultät der Universität Leipzig.

Forschungsschwerpunkte: Psychodiagnostik, Psychologische Aspekte von Fruchtbarkeitsstörungen, Verarbeitung chronischer Erkrankungen, Geschlechtsspezifische Aspekte von Gesundheit und Krankheit, Gesundheitliche Identität von Spätaussiedlern und türkischen MigrantInnen, ethische Aspekte medizinischer Verfahren in der Reproduktionsmedizin, Arbeitslosigkeit und Gesundheit, Rechtsextreme Einstellungen in Deutschland.

Adresse: Universität Leipzig, Selbständige Abteilung für Medizinische Psychologie und Medizinische Soziologie, Philipp-Rosenthal-Straße 55, 04103 Leipzig
E-Mail: elmar.braehler@medizin.uni-leipzig.de

Prof. Dr. sc. paed. Peter Förster

geb. 1932. 1953–1959 Lehrerstudium (Unter- und Mittelstufe, Fach Geschichte) Universität Leipzig, Promotion A 1964, Promotion B 1971. 1959–1965 wissenschaftlicher Assistent/Oberassistent an der Karl-Marx-Universität Leipzig/Institut für Pädagogik. 1966–1990 Abteilungsleiter im Zentralinstitut für Jugendforschung (ZIJ). Seit 1991 Mitarbeiter der Forschungsstelle Sozialanalysen bzw. des Leipziger Instituts für praktische Sozialforschung (LIPS), Mitarbeit an zahlreichen Projekten der Jugendforschung, seit 1999 Ruhestand.

Forschungsschwerpunkte: Politischer und sozialer Wandel bei Jugendlichen in den neuen Bundesländern

Adresse: Forschungsstelle Sozialanalysen, Schweizerbogen 11, 04289 Leipzig
E-Mail: prof.foerster@gmx.de

Juniorprofessorin Dr. phil. Yve Stöbel-Richter, Dipl.-Soz.

geb. 1968. 1987–1993 Studium der Soziologie und Psychologie in Leipzig und Grenoble (Frankreich). 1993 Diplom in Soziologie und Magister in Psychologie. 1993–2001 wissenschaftliche Mitarbeiterin und seit 2001 wissenschaftliche Assistentin, Universität Leipzig, Selbständige Abteilung für Medizinische Psychologie und Medizinische Soziologie. 2000 Promotion, seit 2004 Leiterin einer selbständigen Nachwuchsgruppe (Juniorprofessur) »Medizinische Soziologie mit dem Schwerpunkt: Soziodemographische Bevölkerungsentwicklung und Medizinisch-technischer Fortschritt«, Trainerin für sozialpsychologisches Training/Kommunikation in Gruppen

Forschungsschwerpunkte: Psychologische Aspekte von Fruchtbarkeitsstörungen, Gesellschaftliche Auswirkungen moderner Reproduktionsmedizin, Aspekte des Kinderwunsches, Geschlecht und Gesundheit, Familienbildungsprozesse.

Adresse: Universität Leipzig, Selbständige Abteilung für Medizinische Psychologie und Medizinische Soziologie, Philipp-Rosenthal-Straße 55, 04103 Leipzig
E-Mail: yve.stoebel-richter@medizin.uni-leipzig.de

2001 • 240 Seiten • Broschur
EUR (D) 14,90 • SFr 26,80
ISBN 3-89806-089-6 • 978-3-89806-089-9

Am Beispiel von Birgit Hogefeld, deren Lebensweg als exemplarisch nicht nur für die Terroristen der RAF, sondern für die gesamte Protest-Generation gelten kann, zeigen die Autoren, dass die Gewalt, der moralische Rigorismus, die übersteigerte Ideologisierung der 68er-Bewegung als eine unbewusste Antwort auf die Verleugnung der nationalsozialistischen Vergangenheit verstanden werden kann.

Mit Beiträgen von Carlchristian von Braunmühl, Birgit Hogefeld, Hubertus Janssen, Horst-Eberhard Richter, Gerd Rosenkranz, Annette Simon und Hans-Jürgen Wirth.

2005 • 180 Seiten · Broschur
EUR (D) 19,90 • SFr 34,90
ISBN 3-89806-399-2 • 978-3-89806-399-9

Die Autoren dokumentieren anhand von sieben exemplarischen Fallgeschichten, in deren Biografie und Ätiologie die gesellschaftlichen Verhältnisse der DDR eine entscheidende Rolle spielten, Aspekte der psychischen Erbschaft eines totalitären Staates. Trotz der äußeren Angleichung an den Westen lebt die DDR in den Menschen fort, im Guten wie im Schlechten. Diese unsichtbaren Folgen der DDR werden aber allzuoft in dem aktuellen politischen und ökonomischen Diskurs ausgeschnitten – eine Lücke, die mit diesem Buch geschlossen wird.

2006 · ca. 160 Seiten · Broschur
EUR (D) 19,90 · SFr 34,90
ISBN 3-89806-564-2 · 978-3-89806-564-1

Da die Ostdeutschen an der Geschichtsschreibung bisher wenig teilhaben, geraten ihre Traumatisierungen durch Nazizeit und Krieg, Flucht und Vertreibung, durch stalinistische Repressionen und Stasi-Praxis leichter in die Vergessenheit. Tabus und Sprachlosigkeit verhindern nicht nur jede Wundheilung, sondern verursachen selbst Verletzungen. Sie spielen auch bei der Weitergabe von Traumen an die nächsten Generationen eine zentrale Rolle.

10 ostdeutsche Psychoanalytiker betreiben eine hochpolitische Krankengeschichtsschreibung und ermöglichen – 60 Jahre nach Kriegsende und 15 Jahre nach der Wende – eine umfassendere sowie psychoanalytisch orientierte Sicht auf die Geschichte der Deutschen aus ostdeutscher Sicht.

2006 · 150 Seiten · Broschur
EUR (D) 19,90 · SFr 34,90
ISBN 3-89806-510-3 · 978-3-89806-510-8

Auf der Ebene des traumatisierten Individuums sind es unbestimmte imaginäre Feinde, die es angreifen und ihm auflauern, auf der Ebene der Politik sind es Parteien oder Institutionen, auf der Ebene der Gesellschaft sind es andere Völker und Staaten. Über diese Linie von der Mikro- hin zur Makroebene machen die Beiträger dieses Bandes den Zusammenhang von Trauma und Paranoia im Falle kriegerischer Auseinandersetzungen verstehbar und loten seine Relevanz für Gesellschaftsanalysen aus.

PBV
Psychosozial-Verlag

Goethestr. 29 · 35390 Gießen · Tel. 0641/9716903 · Fax 77742
bestellung@psychosozial-verlag.de
www.psychosozial-verlag.de

www.ingramcontent.com/pod-product-compliance
Ingram Content Group UK Ltd.
Pitfield, Milton Keynes, MK11 3LW, UK
UKHW040024200726
13854UKWH00001B/343